독자의 **1초**를 아껴주는 정성!

—

세상이 아무리 바쁘게 돌아가더라도

책까지 아무렇게나 빨리 만들 수는 없습니다.

인스턴트 식품 같은 책보다는

오래 익힌 술이나 장맛이 밴 책을 만들고 싶습니다.

길벗이지톡은 독자여러분이 우리를 믿는다고 할 때 가장 행복합니다.

나를 아껴주는 어학도서, 길벗이지톡의 책을 만나보십시오.

독자의 1초를 아껴주는 정성을 만나보십시오.

미리 책을 읽고 따라해본 2만 베타테스터 여러분과 무따기 체험단, 길벗스쿨 엄마 2% 기획단,

시나공 평가단, 토익 배틀, 대학생 기자단까지!

믿을 수 있는 책을 함께 만들어주신 독자 여러분께 감사드립니다.

홈페이지의 '독자마당'에 오시면 책을 함께 만들 수 있습니다.

(주)도서출판 길벗 www.gilbut.co.kr

길벗 이지톡 www.eztok.co.kr

길벗 스쿨 www.gilbutschool.co.kr

: QR 코드로 음성 자료 듣는 법 :

1 스마트 폰에서 'QR 코드 스캔' 애플리케이션을 다운 받아 실행합니다. [앱스토어나 구글 플레이 스토어에서 'QR 코드'로 검색하세요]

2 애플리케이션의 화면과 도서 각 unit 시작 페이지에 있는 QR 코드를 맞춰 스캔합니다.

3 스캔이 되면 '음성 강의 듣기', '예문 mp3 듣기' 선택 화면이 뜹니다.

4 원하는 음성 자료를 터치해서 학습을 시작합니다.

: 길벗이지톡 홈페이지에서 자료 받는 법 :

1 길벗이지톡 홈페이지(www.eztok.co.kr) 검색창에서 《미국 현지 영어회화 무작정 따라하기》를 검색합니다.
[자료에 따라 로그인이 필요할 수 있습니다]

2 검색 후 나오는 화면에서 해당 도서를 클릭합니다.

3 해당 도서 페이지에서 '자료실'을 클릭합니다.

4 다운로드 아이콘을 클릭해 자료를 받습니다.

학 습 스 케 줄

〈미국 현지 영어회화 무작정 따라하기〉는 학습자가 하루 1시간을 집중하여 공부하는 것을 기준으로 구성했습니다. 하루에 한 과씩 27일 동안 공부하면 알맞죠. '스스로 진단'에는 학습을 마치고 어려웠던 점이나 궁금한 점을 적어두세요. 내가 잘하는 것이 무엇인지 부족한 것이 무엇인지 한 눈에 볼 수 있습니다.

학습일차	Day 01	Day 02	Day 03	Day 04	Day 05
과정	01 항공권 예매하고 비행기 탑승하기	02 기내에서	03 입국 신고하기	04 택시 이용하기	05 지하철 및 버스 이용하기
페이지	016-025	026-035	036-045	048-055	056-065

학습일차	Day 06	Day 07	Day 08	Day 09	Day 10
과정	06 고속버스나 기차 타고 장거리 여행하기	07 숙소 잡기	08 호텔 서비스 이용 및 체크아웃하기	09 패스트푸드 사먹기	10 레스토랑 예약하고 식사하기
페이지	066-075	078-089	090-099	102-111	112-123

학습일차	Day 11	Day 12	Day 13	Day 14	Day 15
과정	11 직접 장봐서 요리해먹기	12 쇼핑하기	13 계산하기	14 물건 싸게 사기	15 걸어가며 길 찾기
페이지	124-131	134-143	144-155	156-165	168-175

학습일차	Day 16	Day 17	Day 18	Day 19	Day 20
과정	16 차 몰고 가며 길 찾기	17 복잡한 건물 내에서 길 찾기	18 자동차 렌트하기	19 운전하다 생기는 이런저런 일들	20 관광하기
페이지	176-183	184-191	194-205	206-217	220-233

학습일차	Day 21	Day 22	Day 23	Day 24	Day 25
과정	21 미국 친구 사귀기	22 전화하기	23 우편물 발송하기	24 은행 업무 보기	25 약국 가기
페이지	234-247	250-263	264-275	278-287	288-295

학습일차	Day 26	Day 27			
과정	26 병원 가기	27 세탁소 이용하기			
페이지	296-305	306-316			

미국 현지 영어회화 무작정 따라하기

이경훈 지음

길벗
이지:톡

미국 현지 영어회화 무작정 따라하기

The Cakewalk Series - Real Talk in America

초판 1쇄 발행 · 2015년 2월 15일
초판 11쇄 발행 · 2023년 7월 30일

지은이 · 이경훈
발행인 · 이종원
발행처 · (주)도서출판 길벗
브랜드 · 길벗이지톡
출판사 등록일 · 1990년 12월 24일
주소 · 서울시 마포구 월드컵로 10길 56(서교동)
대표 전화 · 02)332-0931 | **팩스** · 02)323-0586
홈페이지 · www.gilbut.co.kr | **이메일** · eztok@gilbut.co.kr

기획 및 책임편집 · 신혜원, 임명진 | **디자인** · 장기춘 | **제작** · 이준호, 손일순, 이진혁
마케팅 · 이수미, 장봉석, 최소영 | **영업관리** · 김명자, 심선숙 | **독자지원** · 윤정아, 최희창

원고정리 및 편집진행 · 강윤혜 | **표지 일러스트** · 삼식이 | **전산편집** · 조영라
CTP 출력 및 인쇄 · 예림인쇄 | **제본** · 예림바인딩 | **녹음 및 편집** · 와이알미디어

ISBN 978-89-6047-901-2 (03740) (길벗 도서번호 300769)
정가 15,000원

안현미 | 28세, 직장인

사진으로 생생한 미국을 느낄 수 있어요!

항상 굳은 결심을 하고 비장한 각오로 영어회화 책을 구입하지만 대부분 책꽂이에서 화석처럼 굳어가기 일쑤였습니다. 이 책의 가장 큰 장점은 막힘없이 책장을 넘길 수 있다는 점이에요. 특히 **도입 부분의 '사진으로 만나는 미국' 코너가 학습에 대한 부담을 없애주죠.** 미국 곳곳의 사진을 보면 미국에 있는 듯한 현장감을 느낄 수 있거든요. 사진 자료에 단어 뜻이 주석 처리 되어 있어서 현지에서 쓰이는 단어를 자연스럽게 학습할 수 있어요.

박남주 | 38세, 직장인

단계적인 학습으로 회화 표현이 내 것이 되는 재미!

간간이 해외출장을 나갈 때마다 영어가 큰 스트레스였습니다. 학원은 부담스럽고, 독학용으로 공부할 책을 찾던 중에 이 책을 만나게 됐죠. 이 책은 체계적으로 구성되어 있어서 혼자서도 충분히 학습을 이끌어 갈 수 있어요. **미국 현지 정보를 사진 자료로 접하고, 핵심 표현을 익히고, 대화문으로 본격적인 학습을 하고, 마지막 반복 훈련으로 표현을 완벽하게 익힐 수 있죠.** 단계적으로 회화 표현을 내 것으로 만들어가는 재미를 맛볼 수 있네요!

김수진 | 34세, 교사

생생한 영어 표현은 물론, 미국 문화까지 덤으로 알아갈 수 있어요!

이 책에서 가장 좋았던 점은 살아있는 미국 현지 표현을 배울 수 있다는 것이에요. 복잡한 문법 설명 없이, 초보자도 쉽게 따라할 수 있는 심플한 표현 위주로 담았기 때문에 부담 없이 공부할 수 있죠. **이 책에 있는 표현들만 통째로 외워가도 미국에서 문제없을 것 같아요.** 거기에 표현과 관련된 미국 문화까지 알려주니 표현이 더 쏙 머리에 들어오는 느낌이에요!

왕준필 | 30세, 직장인

미국 여행을 앞두고 있다면 꼭 챙겨야 할 필수 지침서!

미국 여행을 앞두고 급하게 볼 책을 찾다가 보석 같은 책을 발견했네요! 이 책에는 **미국에서 부딪칠 수 있는 다양한 상황과 형식적인 표현이 아닌, 실제로 써먹을 수 있는 표현이 총망라되어 있어요.** 미국 이곳저곳의 사진들을 보면 마치 미국 여행 예행연습을 한 것 같은 느낌이죠. 미국 문화에 대한 설명도 읽는 재미가 쏠쏠하고요. 미국 여행 가기 전에 가벼운 마음으로 읽고 가면 든든할 것 같아요!

베타테스트에 참여해주신 모든 분께 감사드립니다.
이 책을 만드는 동안 베타테스터 활동을 해주시고 여러 가지 좋은 의견을 주신
안현미 님, 박남주 님, 김수진 님, 왕준필 님께 감사드립니다.

미국 가기 전 꼭 알아야 할 회화, 모르면 손해 보는 정보를 한 권으로 해결한다!

몇 년 전만 해도 '미국'하면 범접할 수 없는 거리감이 있었습니다. 하지만 요즘은 여행이나 출장, 유학 등으로 미국을 방문하는 사람들이 늘어나며 부쩍 친근한 나라가 되었죠. 단기 간이든 장기간이든, 미국에 머물 계획이 있는 분들이라면 영어에 대한 부담이 제일 클 것 입니다. 그런데 지금까지 배운 영어만으로 과연 미국 생활을 잘 해낼 수 있을까요? 이 책 에 그 해답이 있습니다. **공항에 도착한 순간부터 교통, 숙소, 식당에 이르기까지 미국에 머 물며 꼭 알아야 할 영어회화, 모르면 손해 보는 정보를 미국 현지에서 그대로 담아 왔습 니다.**

미국의 일상에서 회화를 건져 올리다!

숙소에서 따뜻한 물이 안 나온다면? 고속도로를 타고 길 찾는 방법은? 이 책에는 미국을 **방문한 사람들이 일상에서 마주치게 되는 다양한 상황을 담고, 미국인들이 평소 자주 쓰는 표현을 대화문으로 제시했습니다.** 또한 대화문 전체를 네이티브의 음성으로 들을 수 있는 **오디오 파일에는 생생한 현장감을 살리기 위해 도시의 소음, 안내방송 등 다양한 효과음을 담았습니다.** 대화문으로 진짜 미국 현지에서 쓰는 표현을 익히고, 오디오 파일로 듣기 연 습을 하며 미국의 일상 회화를 익혀보세요!

미국 문화를 알면 영어가 더 쉬워진다!

언어는 문화를 이해하지 않고는 완벽히 익힐 수 없습니다. 예를 들어, 한국에는 부동산 거래를 할 때 '전세'가 아주 중요한 개념입니다. 그런데 미국에는 전세라는 개념이 없기 때문에 외국인에게 전세의 뜻을 아무리 설명해도 이해하지 못하죠. 그러니 미국에서 전세로 집을 구하려면 대화가 이루어지지 않습니다. 다시 말해, **영어회화는 미국 문화에 대한 이해를 전제로 합니다. 이 책은 영어 표현과 더불어 그와 관련된 미국 문화에 대한 설명을 담았습니다.** 이 책에 나온 표현과 더불어 배경 지식을 함께 알아둔다면 영어회화가 훨씬 쉬워질 것입니다.

미국 현지에서 공수한 사진으로 리얼 미국을 엿본다!

뉴욕, 워싱턴, LA, 시카고 등 미국 대도시에서 직접 공수한 미국 구석구석의 민낯을 사진으로 실었습니다. 마치 미국 한복판에 있는 듯한 느낌을 받을 수 있죠. 또한 **안내 문구, 거리 표지판, 광고 전단까지 미국 어디서나 만날 수 있는 생생한 자료를 실어, 현지 생활과 관련된 풍부한 정보를 얻을 수 있습니다.** 생생한 비주얼로 미국을 미리 체험해 보세요.

끝까지 책을 다 공부해야 한다는 부담감을 느끼지 마세요. 미국에 가기 전에, 혹은 미국에서 어떤 상황을 마주하기 직전에 책을 한 번 죽 훑어보면서 마음의 준비만 하면 됩니다. 그러다보면 어느덧 영어회화에 자신감을 갖게 될 것입니다.

개정판에 부쳐

초판 발행 날짜를 살펴보니 2005년 가을이네요. 이 책이 출간된 지 근 10년이 되었습니다. 그동안 20쇄를 찍으며 독자 여러분의 많은 사랑을 받았습니다. 재미있는 일도 있었습니다. 한 번은 친구가 미국에 1년 어학연수를 가는데 걱정이 되었는지 서점 스테디셀러 코너에서 이 책을 발견하고 구매했다고 합니다. 그런데 미국에 도착해서 찬찬히 읽어보니 친구인 제가 쓴 책이었다고요. 처음엔 친구가 쓴 책을 산 것을 무척 억울(?)해하더니 1년 뒤에는 미국 생활을 하며 정말 많은 도움이 됐다며 몇 번이고 고마움을 표했습니다. 이제 새로운 사정에 맞게 이 책의 개정판을 냅니다. 가볍게 영어회화를 시작하는 분들부터 미국의 문화를 속속들이 들여다보며 현지 영어회화를 배우고 싶은 분들까지, 모두에게 이 책이 도움이 되길 바랍니다.

이경훈

500만 명의 독자가 선택한 〈무작정 따라하기〉 시리즈는 모든 원고를 독자의 눈에 맞춰 자세하고 친절한 해설로 풀어냈습니다. 또한 음성강의, 예문 mp3 파일 무료 다운로드, 미니 표현사전 PDF, 길벗 독자지원팀 운영등 더 편하고 쉽게 공부할 수 있도록 아낌없는 서비스를 제공합니다.

1 음성강의

모든 과에 음성강의를 넣었습니다. QR 코드를 스캔해 핵심 내용을 먼저 들어보세요.

2 본 책

쉽고 편하게 배울 수 있도록 단계별로 구성했으며 자세하고 친절한 설명으로 풀어냈습니다.

5 홈페이지

공부를 하다 궁금한 점이 생기면 언제든지 홈페이지에 질문을 올리세요. 저자와 길벗 독자지원팀이 신속하게 답변해 드립니다.

3 예문 mp3

홈페이지에서 mp3 파일을 무료로 다운 받을 수 있습니다. 듣고 따라하다 보면 저절로 말을 할 수 있게 됩니다.

4 무료 학습자료

홈페이지에서 영어회화 워크북과 미니 표현사전으로 활용할 수 있는 학습자료(PDF)를 무료로 다운 받을 수 있습니다.

일단 책을 펼치긴 했는데 어떻게 공부를 시작해야 할지 막막하다고요? 그래서 준비했습니다. 무료로 들을 수 있는 음성강의와 베테랑 원어민 성우가 녹음한 예문 mp3 파일이 있으면 혼자 공부해도 어렵지 않습니다.

음성강의 / 예문 mp3 활용법

모든 과에 친절한 음성강의와 네이티브의 음성으로 녹음된 생동감 넘치는 예문 mp3 파일이 수록되어 있습니다. 각 과에서 배울 내용 전반을 음성강의를 통해 확인하고, 예문 mp3 파일을 귀로 듣고 입으로 따라 말하면서 학습 효과를 극대화해 보세요. 음성강의와 예문 mp3 파일은 본 책의 QR코드를 찍거나 홈페이지에서 다운받아 들을 수 있습니다.

❶ QR코드로 확인하기

스마트폰에서 'QR코드 스캐너' 어플을 설치한 후, 각 과 상단의 QR코드를 스캔하세요. 음성강의와 예문 mp3를 골라서 바로 들을 수 있습니다.

❷ 홈페이지에서 다운로드 받기

음성강의와 예문 mp3를 가지고 다니며 듣고 싶다면 홈페이지에서 파일을 다운로드 받으세요. 이지톡 홈페이지(www.eztok.co.kr)에 접속한 후, 자료실에 '미국 현지 영어회화 무작정 따라하기'를 검색하세요.

예문 mp3 파일 두 배로 활용하기

1단계 오디오 파일만 듣기

대화문 위에 제시된 상황 설명만 읽고 스크립트를 가리세요. 그리고 대화 내용에 집중하세요. 모르는 단어나 표현은 그냥 넘어가도 좋습니다. 주어진 상황만으로 어떤 대화를 하는지 충분히 짐작할 수 있을 거예요.

2단계 스크립트 보며 듣기

이번에는 책을 보면서 들으세요. 안 들렸던 부분이나 몰랐던 부분은 펜으로 체크해 두세요. 그런 다음 해설을 꼼꼼히 읽으며 대화 내용을 완벽히 이해하세요. 펜으로 체크해둔 부분은 책을 펼 때마다 복습해야 완전한 내 것이 됩니다.

3단계 따라 말하기

이제 자연스럽게 말하는 연습을 할 차례입니다. 오디오 파일을 들으며 원어민의 억양, 발음 그대로 따라하도록 노력해 보세요. 처음에는 더듬거리거나 자연스럽게 말이 안 나올 수도 있습니다. 하지만 반복 또 반복하다 보면 영어가 자연스럽게 입에 붙게 됩니다.

전체 마당

이 책은 미국 현지에서 쓰는 표현과 미국 현지 정보를 최대한 생생하게 익힐 수 있게 구성했습니다. 이 책의 활용법에 따라 미국 여행 예행연습을 해보세요!

워밍업 사진으로 만나는 미국

현지에서 공수한 사진으로 미국을 미리 만나보는 코너입니다. 다양한 안내문, 광고 등을 통해 현지 정보를 얻을 수 있습니다.

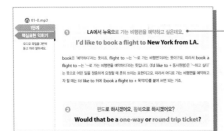

1단계 핵심표현 익히기

본격적인 학습에 들어가기 전에, 한 문장만 제대로 익혀도 일당백인 핵심표현을 골라 모았습니다. 우리말 표현을 보고 영어로 바꾸어 말하는 연습을 해보세요.

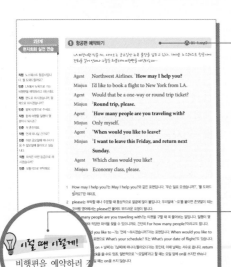

2단계 현지회화 실전연습

미국에 가면 꼭 부딪히게 되는 상황을 통해 현지에서 자주 쓰는 표현을 익혀보세요. 중요한 구문은 따로 설명을 덧붙였습니다.

이럴 땐 이렇게!
갑작스러운 돌발 상황에 대처하는 팁과 저자의 에피소드를 담았습니다.

잠깐만요
각 상황별로 알아두면 좋은 정보와 추가 표현을 정리
한 코너입니다.

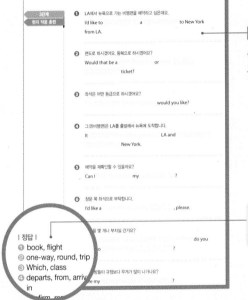

3단계 현지 적응 훈련

앞서 배운 표현을 활용해 실전 회화에 도전해 보세요. 빈칸
을 채우며 실력을 체크해 보세요.

정답
좌측 하단에서 정답을 바로 확인하세요.

부록
표현사전 : 본책에 수록된 미국 현지 영어회화를 효과적으로 훈련하고, 상황별로 필요한 표현을 바로
찾아 쓸 수 있도록 워크북 겸용 미니 표현사전이 PDF로 제공됩니다.
(길벗이지톡 홈페이지에서 해당도서 페이지의 "자료실" 클릭)

미국 여행 중 쉽게 찾아볼 수 있게 대표 상황을 제시
했습니다. 하고 싶은 말이 있을 때 상황을 먼저 찾으
면 빠르게 찾을 수 있습니다.

《미국 현지 영어회화 무작정 따라하기》 본 책에 있
는 유용한 표현들을 상황에 따라 분류했습니다.

주요 인물

나민준 Na Minjun

미국 파견 근무 1년차 비즈니스맨. 고소 공포증에 결벽증, 편집증 등등! 잘생기고 호감 가는 겉모습과는 달리 까다롭기 짝이 없는 피곤한 남자다. 미국 낯선 땅에서 만난 송이에게 첫눈에 반한다.

백송이 Baek Song-e

장기 출장차 난생 처음 미국에 온 신참 비즈니스 우먼. 차도녀 같은 겉모습 속엔 제대로 짠순이 기질이 살아 숨 쉬는 반전 매력의 소유자이다! 전생에 운명이었을 것만 같은 민준을 이역만리 타국 땅에서 만난다.

제임스 James

민준의 미국인 친구. 고고학을 공부하고 있는 전형적인 학자 스타일이다. 사람은 좋은데 분위기 파악 못하고 걸핏하면 어렵고 지루한 얘기를 꺼내는, 재미없는 게 매력인 허당남. 하지만 정보가 필요할 땐 누구든 제임스를 찾는다.

레이첼 Rachel

미국인 듯 미국인 아닌, 한국인인 듯 한국인 아닌 재미교포 2세대. SNS를 통해 알게 된 송이가 미국에 장기 출장을 오자, 송이에게 미국 생활의 즐거움을 알려주는 데 지대한 정보와 도움을 제공해주는 인물!

그 밖의 인물

존슨 Johnson	민준의 직장 동료이자 절친. 사람 좋고 일 잘하는 나무랄 데 없는 능력남이다. 매사에 꼼꼼하며 알뜰하기까지 한 모습에 민준이 아주 신뢰한다.
에릭 Eric	민준의 직장 동료. 키 크고 잘생기고 매너 좋은, 누구나 한번 보면 홀딱 빠질 법한 훈남 중의 훈남이다.
제네사 Jenessa	민준의 미국인 친구. 섹시하기로 말하자면 제네사를 따를 여인이 없다. 송이와 은근히 서로를 라이벌로 견제하고 있는 듯한 묘한 기류가…
케빈 리 Kevin Lee	송이의 오랜 한국인 친구. 미국으로 이민 와 살고 있는 다재다능한 친구이다.
산드라 Sandra	민준의 이웃에 사는 멋쟁이 부인.
안젤라 Angela	산드라의 딸. 한창 예쁠 나이인 20대이다.

비행기 여행

01 항공권 예매하고 비행기 탑승하기

I'd like to book a flight to New York.

뉴욕행 비행편을 예약하고 싶은데요.

사진으로 만나는 미국

❶ 비행기 표 예매하기

미국은 땅덩이가 워낙 넓기 때문에 국내 이동을 할 때도 비행기를 이용하는 경우가 많답니다. LA에서 뉴욕까지 가는 데만도 비행기로 5시간이 걸릴 정도니까요. 그렇다면 먼저 비행기 표를 예매해야겠죠? 미국에서도 비행기 티켓을 예매할 때에는 여행사^{ticket agency}를 이용합니다. 비행기 여행이 잦은 사람들^{frequent flyer}은 애용하는 항공사를 몇 군데 정해두고 직접 표를 구하기도 하죠. 우대 회원 서비스 클럽^{frequent flyer program}에 가입해서 보너스 마일리지나 각종 추가 서비스를 받을 수 있거든요.

요즘은 대부분 인터넷을 통해 할인 항공권을 구매하죠. 한눈에 각종 조건을 비교할 수 있는데다 저렴하기 때문인데요. 하지만 할인 항공권의 경우 유효기간이 15일~1개월 정도로 짧거나 다른 제한이 있는 경우가 많으니 주의해야 합니다. 그럼, 흔히 볼 수 있는 비행기 표를 한번 볼까요? 옆의 사진을 보세요!

▶ 이 비행기 표는 아시아나 항공에서 발행된 승객용 e티켓입니다. 8월 2일 오전 LA에서 출발하여 인천공항에 갔다가, 8월 31일 LA로 돌아오는 왕복(round trip) 티켓입니다. 실제 사람 이름 부분은 지웠습니다.
이처럼 비행기 표는 비행기를 갈아타는 것을 포함해서 출발에서 마지막 도착지까지의 전체 구간을 비행기로 이동할 수 있는 권리를 보장하는 증서입니다. 그래서 출발, 경유지, 도착지 등 비행기 여행의 전체 일정이 모두 나와 있죠.

DEPARTURE / ARRIVAL 출발 / 도착 **ASIANA AIRLINES** 항공회사 이름 (9아시아나 항공입니다. 항공회사는 Carrier라고 표현하기도 합니다.) **Flight** 항공편 명 (공항에 마중 나올 사람이 있다면 항공사 이름과 여기 적힌 항공편 명을 정확하게 알려주어야 합니다. 여기에서는 OZ 0203과 OZ 0202가 해당됩니다.) **Duration** 여행에 걸리는 시간 **LAX / ICN** LA/인천 (전 세계의 공항 중에는 비슷한 이름을 가진 것도, 별명이 있는 것도 있습니다. 그래서 정확한 구분을 위해 공항마다 3글자로 된 코드를 사용합니다. LA의 코드는 LAX이고, 인천공항의 코드는 ICN입니다.) **Aircraft** 항공기 기종 **Passenger Name** 승객(passenger)의 이름 (여권에 기재된 것과 같은 스펠링이어야 합니다.) **Seats** 좌석 (여기는 이미 결정되어 있습니다.) **Class** 좌석 등급 **Meals** 비행 중 제공되는 식사를 알려주고 있습니다.

❷ 비행기 탑승하기

비행기 표 예매에 성공했다면 이제 출발 당일 공항에 가
서 탑승 수속을 밟을 차례입니다. 탑승 수속^{check-in}은 〈발
권 → 짐 맡기기 → 탑승〉의 순서로 이루어지고요, 보통 비
행 출발 시간 2~3시간 전부터 시작됩니다. 우선 비행기 표
와 여권^{passport}을 가지고 탑승 수속 카운터^{check-in counter}로 가
서 탑승권^{boarding pass}을 교부받습니다. 이때 짐도 함께 맡기

고 수하물표^{baggage claim ticket}를 받게 되지요. 요즘은 이 모든 과정을 승객이 직접 단말기에
입력하는 방법으로 처리하기도 합니다. 인건비를 줄이려는 항공사들의 고육지책이죠. 이
제 휴대할 수 있는 가방^{carry-on bag}과 탑승권을 들고 보안 검색을 통과한 후, 탑승 대기 구역
으로 이동합니다. 탑승할 때 탑승권을 보여주면 좌석 번호가 적혀 있는 승객 보관용 부분
^{stub}만 떼어서 돌려주죠. 요즘엔 탑승권에 인쇄되어 있는 바코드를 스캔하는 방법으로 탑
승을 확인하기도 합니다. 그럼, 실제 탑승권을 보면서 어떤 정보가 담겨 있는지 볼까요?

(출처 : www.aa.com)

▶ 이 탑승권은 아메리칸 에어라인 항
공사의 웹사이트에 게시된 샘플 탑승
권입니다. 9월 22일 댈러스(Dallas)에
서 휴스턴(Houston)까지 가는 탑승
권인데, 오전 9시 45분에 이륙하기 위
해 9시 15분에 탑승하라고 나와 있습
니다. Group-2를 호명하면 그때 줄을
서서 비행기에 들어가면 됩니다.

BOARDING PASS 보딩 패스, 탑승권 (board는 탑승, 승선하다, pass는 통과하다, 통행권. 그래서 Boarding Pass는 탑승권,
Boarding List는 탑승자 명단을 의미합니다. 탑승권은 공항에서 비행기 표를 보여주고 체크인을 한 후에 받는 것으로, 좌석, 탑승구 등 해
당 탑승에 관한 내용만 지정해 줍니다.) **PASSENGER NAME** 승객의 이름 (샘플이기 때문에 승객 이름이 John Q. Traveler라고 표시
되어 있습니다.) **FROM / TO** 출발지 / 도착지 (탑승권은 해당 탑승에 대한 권리만 보장하기 때문에 왕복에 대한 사항은 나오지 않습니
다.) **CARRIER** 항공사 (항공사 명입니다. 여기서는 American Airlines를 약자 AA로 표기하고 있습니다.) **FLIGHT** 항공편 명 (여기서
는 3403가 항공편 명입니다.) **CLASS** 좌석 등급 **DATE** 날짜. **DEPARTS** 출발, 이륙 **GATE** 탑승구 **BOARDING TIME** 탑승 시
간 **SEAT** 좌석 **GROUP-2** 그룹 2(비행기 탑승 시 한꺼번에 많은 인원이 몰리면 혼란스럽습니다. 그래서 좌석의 위치별로 그룹을 정해
그룹별로 타도록 하고 있습니다.)

❶ **LA에서 뉴욕으로 가는 비행편을 예약하고 싶은데요.**

I'd like to book a flight to **New York from LA.**

book은 '예약하다'라는 뜻이죠. flight to ~는 '~로 가는 비행편'이라는 뜻이구요. 따라서 book a flight to ~는 '~로 가는 비행편을 예약하다'라는 뜻입니다. 〈I'd like to + 동사원형〉은 '~하고 싶다'는 뜻으로 어떤 일을 정중하게 요청할 때 흔히 쓰이는 표현이고요. 따라서 어디로 가는 비행편을 예약하고자 할 때는 I'd like to 뒤에 〈book a flight to + 목적지〉를 붙여 쓰면 되는 거죠.

❷ **편도로 하시겠어요, 왕복으로 하시겠어요?**

Would that be a **one-way or round trip ticket?**

one-way는 '편도', round trip은 '왕복'입니다. round trip은 return trip이라고 바꿔 쓸 수도 있죠. Would that be ~?는 '그것을 ~로 하시겠습니까?'라고 선택을 묻는 표현입니다. 그래서 구체적인 선택안을 비교 제시하고 싶을 때는 Would that be A or B?(A로 하시겠어요, B로 하시겠어요?)처럼 쓰면 되는 거죠.

❸ **좌석은 어떤 등급으로 하시겠어요?**

Which class **would you like?**

여기서 class는 비행기의 '좌석 등급'을 말합니다. first class는 일등석, business class는 이등석, economy class는 삼등석이죠. economy 대신 coach도 널리 쓰이는 표현입니다.

❹ **그것(비행편)은 LA를 출발해서 뉴욕에 도착합니다.**

It departs from **LA and arrives in New York.**

depart from ~은 '~를 떠나다'라는 뜻이고, 반대로 '~에 도착하다'는 arrive in ~입니다. 비슷하지만 더 구어적인 표현으로 leave from(~에서 출발하다)과 get in(~에 도착하다)도 함께 알아두세요.

⑤ 예약을 재확인할 **수 있을까요?**

Can I confirm my reservation?

예약을 '재확인하다'라고 할 때는 reconfirm이 아니라 confirm을 씁니다. 항공권은 보통 출발 전에 예약을 재확인하는 것이 안전합니다. 초과 예약(overbooking)이 되어 있는 경우가 있기 때문이죠.

⑥ 창문 쪽 좌석**으로 부탁합니다.**

I'd like a window seat, please.

window seat은 '창문 쪽 좌석'이죠. 반대로 aisle seat은 '복도 쪽 좌석'입니다. aisle의 발음은 [ail] 로 -s-가 묵음이죠. 발음에 주의하세요. 또한 특정 명사를 원한다고 정중하게 요청할 땐 〈I'd like + 명사〉 로 말하면 된다는 것도 함께 기억해 두세요!

⑦ 가방을 몇 개나 부치실 **건가요?**

How many bags do you have to check in?

check in은 '절차를 밟아 안으로 받아들이는 것'을 말합니다. 따라서 공항이나 호텔에서 수속을 밟아 좌석이나 방을 배정받거나, 화물칸에 짐 맡기는 수속을 하거나, 책이나 물건을 반납하는 것에 check in을 씁니다. 반대로 check out은 '기록을 하고 밖으로 내보내는 것'을 말하지요.

⑧ 제 가방들이 규정보다 무게가 많이 나가**나요?**

Are my bags overweight?

over는 '~위의', '~를 넘어선'이니까 overweight는 '규정 무게를 초과한'이란 의미가 되죠. 비행기 표에는 추가 요금 없이 화물칸에 실을 수 있는 짐의 중량이 나와 있는데, 그 중량을 초과하면 추가 비용을 내야 합니다.

❶ 항공편 예약하기　🎧 01-1.mp3

LA 파견사원 민준 씨. 다가오는 금요일엔 뉴욕 출장을 앞두고 있다. 가까운 노스웨스트 항공사에 전화를 걸어 언제나 그렇듯 차분하게 비행편을 예약하는데…

Agent	Northwest Airlines. ¹**How may I help you?**
Minjun	I'd like to book a flight to New York from LA.
Agent	Would that be a one-way or round trip ticket?
Minjun	²**Round trip, please.**
Agent	³**How many people are you traveling with?**
Minjun	Only myself.
Agent	⁴**When would you like to leave?**
Minjun	⁵**I want to leave this Friday, and return next Sunday.**
Agent	Which class would you like?
Minjun	Economy class, please.

직원 노스웨스트 항공사입니다. 뭘 도와드릴까요?

민준 LA에서 뉴욕으로 가는 비행편을 예약하려고 하는데요.

직원 편도로 하시겠습니까, 왕복으로 하시겠습니까?

민준 왕복 티켓으로 주세요.

직원 함께 여행할 일행이 몇 분이나 되시죠?

민준 저 혼잔데요.

직원 언제 떠나실 건가요?

민준 이번 금요일에 떠나서 다음 주 일요일에 돌아오고 싶습니다.

직원 좌석은 어떤 등급으로 하시겠습니까?

민준 보통석으로 부탁해요.

1　How may I help you?는 May I help you?와 같은 표현입니다. '무슨 일로 오셨습니까?', '뭘 도와드릴까요?'란 의미죠.

2　please는 부탁할 때나 주문할 때 통상적으로 말끝에 많이 붙입니다. 우리말에 '–요'를 붙이면 존댓말이 되는 것처럼 영어에서는 please만 붙여도 부드러운 요청이 됩니다.

3　How many people are you traveling with?는 티켓을 구할 때 꼭 물어보는 말입니다. 일행이 몇 명인지 알아야 적당한 좌석을 찾을 수 있으니까요. 간단히 For how many people?이라고도 합니다.

4　When would you like to ~?는 '언제 ~하시겠습니까?'라는 표현입니다. When would you like to leave?와 같은 표현으로 What's your schedule? 또는 What's your date of flight?도 있습니다.

5　〈leave/return on + 날짜〉는 '(날짜)에 떠나다/돌아오다'라는 뜻인데, 이때 날짜는 서수로 씁니다. return 대신 come back을 쓸 수도 있죠. 일반적으로 '~요일에'라고 할 때는 요일 앞에 on을 쓰지만 this나 next와 함께 쓰일 때는 on을 쓰지 않습니다.

💡 **이럴 땐 이렇게!**　비행기 표가 없다고요?

비행편을 예약하러 갔는데 표가 없다고 한다면 일단 대기자 명단에 이름을 올려달라고 부탁하세요. Can I put my name on the waiting list?라고 하면 되죠. 아니면 Could you call me if there is a seat available? 이라고 하고 전화번호와 이름을 남겨도 되고요.

표를 알아볼 때, 종종 항공사에서 That's the last ticket I have.(이게 마지막 표입니다.)라고 할 때가 있는데, 그렇다고 냉큼 사겠다고 하지 말고, 일단은 자리만 잡아달라고 하는 편이 좋습니다. 두어 군데 더 알아본 다음에 확정해도 늦지 않으니까요. 이럴 때 쓰는 표현은 바로 Could I put it on reserve?죠.

점잖은 목소리로 제일 저렴한 표를 예매하는 민준 씨. 보기와는 달리 나름 실속 있다. 항공사 직원이 예매를 도와주는 과정에서 이것저것 필요한 정보를 물어보는데…

직원 어느 공항으로 들어가실 건가요?	

직원 어느 공항으로 들어가실 건가요?

민준 JFK 국제공항이요.

직원 잠깐만요… 여기 하나 있네요. 5월 4일 오후 5시 45분에 LA를 출발해서, 다음날 새벽 3시 15분에 뉴욕에 도착합니다.

민준 제일 싼 건가요?

직원 물론이죠.

민준 좋아요. 그걸로 할게요.

직원 성함의 스펠링을 불러 주시겠습니까?

민준 예. 이름은 민준, 성은 나. M-I-N-J-U-N-N-A입니다.

Agent　　¹**Which airport would you like to fly into?**

Minjun　JFK International Airport.

Agent　　²**Let me check...** Here is a flight. It departs from LA at 5:45 p.m. on May 4th and ³**arrives in** New York at 3:15 a.m. the next day.

Minjun　Is it ⁴**the cheapest**?

Agent　　Sure.

Minjun　OK. I'll take it.

Agent　　Would you spell your name, please?

Minjun　OK. ⁵**The first name is Minjun, and the last name is Na, M-I-N-J-U-N-N-A.**

1　미국의 대도시에는 보통 여러 개의 공항이 있기 때문에 그 중 하나를 지정해 주어야 합니다. 뉴욕만 해도 JFK 국제공항(JFK International Airport), 라가디아 공항(La Guardia Airport), 뉴어크 국제공항 (Newark International Airport) 등이 있으니까요. 비행기가 날아서 공항에 들어가는 것이기 때문에 fly into를 썼습니다.

2　Let me check.은 '(잠깐) 확인해 볼게요.'란 의미로, 상대에게 확인하는 동안 잠깐 기다려 달라고 양해를 구하는 말입니다. 같은 의미로 미국인들이 습관적으로 쓰는 말에는 Let me see.(어디 봅시다.)도 있습니다.

3　'~에 도착하다'라고 할 때, 뒤에 지역 이름이 나오면 arrive in을 쓰고, 공항 이름이 나오면 arrive at을 씁니다. at보다는 in이 좀 더 넓은 지역을 가리키는 전치사이기 때문이죠.

4　〈the + 최상급〉은 '가장 ~한 것'이라는 뜻. 그래서 the cheapest는 '가장 싼 것(요금)'이죠.

5　first name은 '이름'으로, given name 또는 Christian name이라고도 하죠. last name은 '성'으로, family name 또는 surname이라고도 합니다. 티켓 구매를 결정하고 나면 이름과 신용카드 번호를 묻고, 예약 번호(reservation number)를 가르쳐 줍니다. 예약 번호는 나중에 예약 확인(confirm)을 하거나 티켓을 받을 때(check-in) 필요하니 잘 메모해두는 것이 좋습니다.

💡 **이럴 땐 이렇게!**　**한국어 할 줄 아시는 분!**

한번은 외국 항공사 비행기로 여행을 하다 급하게 일정을 바꾸어야 할 일이 생겼습니다. 그런데 막상 항공사에 전화해서 복잡한 상황을 설명하려니 쉽지 않더군요. 그러다가 다급하게 생각해낸 문장이 이것이었죠. Is there anyone who can speak Korean?(거기 혹시 한국어 하시는 분 있습니까?) 외국 항공사라도 큰 항공사는 한국인 전담 직원을 두는 경우가 있습니다. 그래서 별 어려움 없이 상황을 모면할 수 있었죠.

항공편을 예약하고 나면 비행 며칠 전에 예약확인은 필수! 은근히 꼼꼼한 민준 씨는 항공사에 전화를 걸어 예약을 다시 한 번 확인한다.

Minjun	[1]**Can I confirm my reservation?** My reservation number is 320-404-0985.
Agent	OK. [2]**You're booked on May 4th for New York.** It's an economy class, and the flight number is 809, right?
Minjun	Yes. But... Well... can I change my flight schedule?
Agent	I'm sorry. This is [3]**a fixed, non-refundable and non-changeable ticket.** [4]**That's why it's so cheap.**
Minjun	Oh, I see.

민준　예약을 확인할 수 있을까요? 제 예약 번호는 320-404-0985입니다.

직원　예. 5월 4일 뉴욕행 비행기로 예약되어 있네요. 보통석이고요, 비행편은 809입니다. 맞습니까?

민준　예. 그런데… 저… 비행 일정을 변경할 수 있을까요?

직원　죄송합니다. 이 티켓은 이미 확정된 것으로, 환불도 변경도 할 수 없는 것입니다. 그래서 그렇게 저렴한 거지요.

민준　아, 알겠습니다.

1　confirm은 '(예약을) 재확인하다'라는 의미입니다. 예약 번호를 잊어버렸다면 여권상의 이름과 비행 날짜로도 예약을 확인할 수 있습니다.

2　You're booked on May 4th는 Your reservation is on May 4th로 바꿔 쓸 수 있습니다.

3　fixed, non-refundable and non-changeable은 일정이 확정되어 있고(fixed), 현금으로 환불받을 수 없으며(non-refundable), 스케줄을 변경할 수 없다(non-changeable)는 뜻입니다. 일정이 확정되지 않아 필요할 때 언제든 탑승권(boarding pass)을 받을 수 있는 open ticket은 값이 훨씬 비쌉니다. 하지만 non-changeable이라고 해도 추가 요금을 내면 open ticket으로 바꿀 수 있습니다.

4　이유를 먼저 설명한 다음 '그래서 ~한 거죠', '그게 바로 ~한 이유죠'라고 덧붙일 때는 That's why ~를 쓰면 됩니다. why 뒤에는 완전한 문장이 오죠.

⏱ *잠깐만요!*　**약속이 promise가 아니라구요?**

미국에는 예약 문화가 보편적으로 정착되어 있습니다. 비행기 표나 각종 공연 티켓은 물론, 병원이나 식당에 갈 때, 심지어는 미용실에 갈 때도 예약하지 않으면 오래 기다려야 하는 경우가 많습니다. 그리고 한 가지 주의할 점! 우리가 '약속'이란 의미로 알고 있는 promise는 아주 개인적인 약속에만 쓰입니다.

· **식당이나 극장의 좌석 예약 – *reservation***
　I'd like to make a **reservation**. 예약하고 싶은데요.

· **의사나 변호사 등 전문직에 종사하는 사람과의 약속 – *appointment***
　I made an **appointment** with my dentist. 치과 (의사 선생님과) 진료 예약이 있어.

· **개인적인 약속 – *promise***
　Mom, I'll be good! I **promise**! 엄마, 저 착하게 굴게요! 약속해요!

드디어 뉴욕으로 떠나는 날! 일단 비행기 티켓과 여권을 들고 체크인 창구로 가서 체크인을 한다. 고소 공포증이 있는 민준 씨지만 오늘은 큰 맘 먹고 창가 쪽 자리에 도전해 보려고 하는데…

직원 티켓과 여권을 보여주시겠어요?

민준 여기 있습니다. 창가 쪽 자리가 있을까요?

직원 미안합니다. 창가 쪽 자리는 없습니다. 복도 쪽 자리는 어떠세요?

민준 좋습니다.

직원 여기 탑승권입니다. 5시 30분부터 32번 게이트에서 탑승이 시작됩니다.

Agent	Your ticket and passport, please.
Minjun	¹**Here you are.** I'd like a window seat, please.
Agent	I'm sorry. ²**No window seats are available.** ³**How about an aisle seat?**
Minjun	⁴**That will be just fine.**
Agent	⁵**Here's your boarding pass.** They will start boarding at 5:30, at Gate 32.

1 물건을 건네줄 때는 예의 바르게 Here you are. 또는 Here it is.라고 하세요. 참고로 Here we are.는 '다 왔어', Here we go!는 '자, 시작하자'입니다.

2 available은 '유효한', '사용 가능한'이란 의미입니다. 그래서 No window seats are available.은 '창문 쪽 좌석은 사용 불가능합니다.' 즉 다 나갔다는 의미가 되는 거죠. All window seats are already taken. 또는 We have no more window seats.라고도 합니다.

3 How about ~?은 '~는 어떠세요?'라고 상대방의 의향을 물어볼 때 쓰는 표현입니다.

4 That will be (just) fine.은 '그걸로 하겠습니다.' '그것 좋습니다.'라고 권유를 받아들일 때 씁니다. just는 '그 정도면 족하다, 됐다'는 뉘앙스죠.

5 비행기에 탑승하는 것을 board라고 합니다. pass는 통행권. 그래서 boarding pass는 '탑승권'이죠. '지하철 패스'의 '패스'도 pass입니다.

⏱ **잠깐만요!**   **window seat과 aisle seat**

처음 해외여행을 하거나 비행기 여행을 즐기는 사람들은 창문 쪽 좌석을 선호하죠. 창밖으로 끝없이 펼쳐진 바다와 대륙의 광활함을 보는 것도 비행기 여행의 재미 중 하나니까요. 하지만 고소 공포증(acrophobia)이 있거나, 10시간이 넘는 장시간 비행을 하는데 화장실을 가느라 옆 사람에게 양해를 구하는 게 불편하다면 복도 쪽 좌석이 더 좋습니다. 사실 비행기 창밖의 풍경이 재미있는 시간은 이륙 후 얼마 동안이거든요. 게다가 장시간 비행일 때는 수면을 취하는 승객을 위해 창을 가리는 경우도 많으니까요. 어쨌든 원하는 자리에 앉고 싶다면 되도록 공항에 빨리 가서 탑승 수속을 하고 좌석을 확보하는 것이 좋습니다.

그리고 혹시라도 자리가 마음에 안 들면 Can I change my seat?이라고 하며 자리를 바꿔달라고 승무원에게 요청하세요.

⑤ 짐 부치기

🎧 01-5.mp3

들고 가는 가방 외에 무거운 캐리어를 두 개나 챙겨온 민준 씨. 짐을 부쳐야 하는데 규정된 수하물 무게를 초과할까봐 걱정 걱정!

Agent	[1]**How many bags do you have to check in?**
Minjun	[2]**Just these two suitcases.**
Agent	[3]**Put your bags on the scale, please.**
Minjun	[4]**Are my bags overweight?**
Agent	No. Here's your [5]**baggage claim ticket.**

직원 가방을 몇 개나 부치실 겁니까?
민준 이 여행용 가방 두 개요.
직원 저울 위에 올려주세요.
민준 제 짐이 중량 초과인가요?
직원 아닙니다. 여기 수하물표 있습니다.

1 짐 맡기는 수속을 하는 걸 check in, 또는 check이라고 합니다. 만일 항공사 직원이 You have to check that bag.이라고 한다면, 가방이 너무 커서 기내에 가져갈 수 없으니 수속을 밟아 화물칸에 실어야 한다는 뜻이죠.

2 실제 생활에서 말을 할 때는 굳이 완전한 문장을 만들지 않아도 될 때가 많습니다. 여기서도 I have just these two suitcases.라고 하지 않고 간단히 대답했죠. suitcase는 큰 여행용 가방으로, traveling bag이라고도 합니다. 반면 객실 내에 반입이 가능한 휴대용 가방은 carry-on bag이라고 하죠.

3 put A on B는 'A를 B에 올려놓다'란 뜻입니다. scale은 '저울' 또는 '저울로 재다'입니다. 그래서 put the bags on the scale 하면 '가방을 저울 위에 올리다'죠.

4 overweight는 '규정 무게를 초과한'입니다. 짐이 규정 무게를 넘으면 추가 요금(extra charge)을 만만 치 않게 물어야 합니다. 그래서 짐이 많을 때는 비행기 티켓에 나와 있는 규정 무게를 미리 체크해서, 큰 짐은 배편으로 부치는 게 비용이 덜 듭니다.

5 baggage는 '짐'이죠. claim은 '청구', '청구하다.' 그래서 baggage claim ticket은 짐을 찾을 때 필요 한 '수하물표'를 말합니다.

⏱ **잠깐만요!** 　**짐 부탁한 사람이 있었냐고요?**

탑승 수속(좌석을 받고 짐 부치는 일)을 할 때 공항 직원이 이런 황당한(?) 질문을 할 때가 있습니다.

Has anyone asked you to carry unknown items?
누가 모르는 짐을 부탁하지 않았나요?

Have all the items been in your possession since you packed?
짐을 싼 이후로 계속 갖고 있었습니까?

누가 짐을 부탁하다니? 내 짐을 계속 갖고 있었냐고? 이게 무슨 말인가 할 텐데, 이런 질 문은 반입이 금지되어 있는 품목, 예를 들면 마약이나 총기, 폭탄류를 다른 사람에게 떠넘 겨 반입하려는 사람들이 있기 때문에 물어보는 겁니다. 이럴 땐 당황하지 말고, 의심스러운 일이 없다면 확실하게 No!라고 대답 하세요.

❶ LA에서 뉴욕으로 가는 비행편을 예약하고 싶은데요.

I'd like to ＿＿＿＿＿＿ a ＿＿＿＿＿＿ to New York from LA.

❷ 편도로 하시겠어요, 왕복으로 하시겠어요?

Would that be a ＿＿＿＿＿＿ or ＿＿＿＿＿＿ ticket?

❸ 좌석은 어떤 등급으로 하시겠어요?

＿＿＿＿＿＿ would you like?

❹ 그것(비행편)은 LA를 출발해서 뉴욕에 도착합니다.

It ＿＿＿＿＿＿ LA and ＿＿＿＿＿＿ New York.

❺ 예약을 재확인할 수 있을까요?

Can I ＿＿＿＿＿＿ my ＿＿＿＿＿＿?

❻ 창문 쪽 좌석으로 부탁합니다.

I'd like a ＿＿＿＿＿＿, please.

❼ 가방을 몇 개나 부치실 건가요?

＿＿＿＿＿＿ do you have to ＿＿＿＿＿＿?

❽ 제 가방들이 규정보다 무게가 많이 나가나요?

Are my ＿＿＿＿＿＿?

| 정답 |
❶ book, flight
❷ one-way, round, trip
❸ Which, class
❹ departs, from, arrives, in
❺ confirm, reservation
❻ window, seat
❼ How, many, bags, check, in
❽ bags, overweight

025

02 기내에서

Can I get something to drink?

마실 것 좀 주시겠어요?

강의 및 예문듣기

 사진으로 만나는 미국

❶ 비행기 여행 중 비상시 대처 요령 알아두기

세월호 참사 이후 한국에서도 안전에 대한 관심이 아주 높아졌습니다. 미국에서 안전은 언제나 최우선입니다. 영어로 표현하자면, Safety First! 큰 행사를 하거나 혹은 학생들이 단체로 움직일 때 제일 먼저 거론하는 것이 안전 문제이죠. 비행기에서도 마찬가지입니다.

일단 탑승하면 승무원 flight attendant 이 비상시 emergency 어떻게 행동해야 하는지를 제일 먼저 알려줍니다.

▶ 이 안내문은 비행기 여행 중 사고가 생겼을 때 대처 요령을 적어놓은 안내 카드의 일부입니다. 보통 비상구 쪽 좌석 등받이에 놓여 있죠. 비상시에 즉각적인 대응이 필요하므로 이 안내문 앞쪽에는 '안전 카드를 이해하지 못하거나 잘 보이지 않는 분은 승무원에게 말씀하십시오.(If you can not understand this card or can not see well enough, please tell a crew member.)'라고 적혀 있습니다.

---

look through ~를 통하여 보다 thick 두꺼운, 짙은 direct 지시하다, 가리키다 exit 비상구 aircraft 항공기 metal 금속의 debris 파편 obstructions 장애물

❷ 기내 서비스 이용하기

장거리 비행은 좁은 자리에서 오래 앉아 있어야 하기 때문에 힘들고 지루하기 짝이 없
죠. 그래서 비행기 안에서는 다양한 기내 서비스를 제공합니다. 기내식^{in-flight meal}, 음료,

신문·잡지, 영화·음악 등 다양한 서비스를 이용할
수 있죠. 하지만 미국 국내선^{Domestic} 비행기는 국제선
^{International} 비행기보다 비행시간이 짧기 때문에, 기내식
보다는 간단한 스낵^{snack}만 제공하는 경우가 많습니다.
항공사 비용 절감을 위해 어떤 경우는 비용을 청구하기
도^{charge} 하고요. 보통 무료로 제공되는 음료^{beverage}는 수
시로 요청할 수 있습니다만, 맥주나 와인 같은 술^{liquor} 종
류는 비용을 받기도 하죠.

이외 비행시간 동안 무료하지 않도록 국내외 일간지, 시사지, 잡지 등 읽을거리도 다양하
게 준비되어 있으니 필요하면 승무원에게 May I have something to read?(읽을 것 좀 주
시겠어요?)라고 요청해 보세요.

그리고 비행시간에 따라 영화 한두 편 정도를 상영해주
고, 음악은 어느 때고 맘대로 들을 수 있습니다. 담요^{blanket}
나 슬리퍼^{slippers}, 귀마개^{earplug}, 수면 안대^{sleeping mask} 등도 구
비되어 있으니까, 좀 더 편하게 잠을 청하고 싶다면 승무원
에게 이런 것들도 요청해 보세요. 기내 서비스를 잘만 활용
하면 장거리 비행도 즐거워집니다.

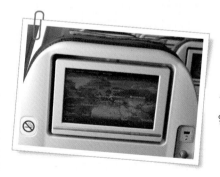

비행 중 꼭 알아야 하는 정보는 대부분 기내 방송
^{announcement}이나 비행기 내의 비디오 화면 등을 통해
전달됩니다. 따라서 조금만 주의를 기울이면 비행
시간이나 도착지 날씨 등의 정보를 승무원에게 묻지
않아도 알 수 있죠.

1단계
핵심표현 익히기

오디오 파일을 3번씩
듣고 따라 말하세요.

①

탑승을 환영합니다!
Welcome aboard!

aboard는 '(배, 기차, 비행기 등에) 승선하여'란 뜻이죠. 비행기에 올라타면 flight attendant(승무원)가 Welcome aboard!라고 인사합니다. '어서 오세요, 가시는 동안 즐거운 시간 되시길 바랍니다!'라는 환영의 의미를 담은 인사말입니다. 내릴 때는 I hope you have a nice trip!(즐거운 여행 되시기 바랍니다!)이라고 하죠.

②

저쪽 화장실은 지금 사용 중이에요.
The lavatory over there is occupied now.

좌석이나 화장실이 '사용 중'이라고 할 때 occupied를 씁니다. 반대로 '비어 있는'은 vacant를 쓰지요. 비행기, 기차 등에 있는 공용 화장실 문에는 이런 표시가 되어 있어 노크해보지 않아도 안에 사람이 있는지 알 수 있습니다.

③

저기요! (부탁할 게 있어요!)
Excuse me!

Excuse me.는 흔히 '실례합니다.'로만 알고 있지만, 도움을 구하거나 서비스를 요청할 때에도 많이 쓰는 표현입니다. 우리말로 하면 '저기요! (부탁할 게 있어요!)'에 해당하죠. 이외에도 상대방의 말을 잘 못 알아들어서 다시 한 번 말해달라고 할 때 Pardon me?와 같은 뜻으로 씁니다. 단 이때는 Excuse me? 하고 끝을 올려 말해야 하죠.

④

안전벨트를 매 주세요.
Fasten your seat belt, please.

fasten은 '조이다', '매다'란 의미이죠. -t-가 묵음이라 발음은 [패슨]입니다. 안전벨트는 seat belt 또는 safety belt라고 하죠. '벨트를 매다'는 fasten 대신 buckle up도 씁니다. 고속도로를 지나다보면 Buckle up! It's the law!란 표지판을 볼 수 있는데, 안전벨트 매는 게 법으로 정해져 있다는 뜻이죠.

⑤

담요 하나 더 갖다 주실래요?

Can I get another blanket?

비행기 안에서 이런저런 필요한 것들을 부탁할 때, 요술 지팡이처럼 쓸 수 있는 표현이 Can I get ~? 또는 Can I have ~?입니다. 담요가 한 장 더 필요하면 Can I get another blanket?, 멀미가 나려고 하면 Can I have some medicine?, 간단하죠?

⑥

여기 있습니다.

Here it is.

승객도 승무원도 상황에 따라 얼마든지 쓸 수 있는 표현. 승객이 부탁한 담요(blanket)나 귀마개 (earplug), 수면용 안대(sleeping mask) 등을 갖다 주면서 승무원이 Here it is.라고 말하죠. 또, 비행기에 탑승할 때 승무원이 May I see your ticket?(탑승권 좀 보여주시겠어요?)이라고 하면 아무 말 없이 boarding pass를 내밀어도 되지만, Here it is.라고 하면 더 좋죠.

⑦

정말 친절하시네요.

It's so kind of you.

승무원이 정말 친절해서 Thank you.라고만 하기에는 부족하다 싶을 때 It's so kind of you.를 덧붙여 보세요. 말 한마디에 천 냥 빚을 갚는다는 속담도 있으니 만큼 어떤 인연이 이어질지 아무도 모르니까요.

⑧

애틀랜타행 연결편은 어디서 탈 수 있죠?

Where is the connecting flight to Atlanta?

connect는 '연결하다'니까 connecting flight는 '연결편'을 말합니다. 연결편이란 비행기를 갈아타게 될 경우, 중간 경유지와 목적지를 연결해주는 항공편이죠. 비행기 여행을 하다 보면 항상 논스톱 비행편만을 이용할 수는 없고, 특히 소규모 도시로 여행하는 경우에는 대부분 비행기를 갈아타게 됩니다. 따라서 연결편을 이용해야 할 경우엔 〈Where is the connecting flight to + 목적지?〉로 미리 확인해 두세요.

❶ 기내에서 자리 찾기　　🎧 02-1.mp3

잇싸, 미국으로 장기 출장을 떠나는 송이씨! 설레는 마음으로 미국행 비행기에 오른다. 잘생긴 승무원의 인사말을 듣기가 무섭게 자리부터 찾아달라고 부탁하는데…

Flight Attendant	Welcome aboard!
Song-e	Thank you. ¹**Can you help me find my seat?**
Flight Attendant	Sure. ²**May I see your ticket, please?**
Song-e	Here it is.
Flight Attendant	Follow me, please. Your seat is ³**over there.**
Song-e	Thank you.
Flight Attendant	You're welcome. ⁴**Could I help you put your bag in the overhead compartment?**
Song-e	Yes, please. It's so kind of you! And where can I find the ⁵**restroom?**
Flight Attendant	You can find it ⁶**down the aisle.** The lavatory over there is occupied now.

승무원 탑승을 환영합니다!

송이 고마워요. 제 자리 찾는 것 좀 도와주실래요?

승무원 물론이죠. 티켓 좀 보여 주시겠습니까?

송이 여기 있어요.

승무원 절 따라오세요. 자리는 저쪽이네요.

송이 고마워요.

승무원 별말씀을요. 머리 위 짐칸에 가방 넣는 것 도와드릴까요?

송이 예, 부탁해요. 정말 친절하시네요! 그리고 화장실은 어디 있나요?

승무원 통로 끝에 있는 화장실을 이용하세요. 저쪽 화장실은 지금 사용 중이에요.

1　자리를 찾아달라고 부탁하는 말로는 Can you direct me to my seat? 또는 Where is my seat, please?도 있습니다.

2　May I see ~?는 '~좀 보여주세요'란 표현이죠. Can you show me ~?와 바꿔 쓸 수 있습니다. 여기서 ticket은 boarding pass를 가리킵니다.

3　over there는 '저쪽', '거기'라고 손으로 가리키며 말할 때 쓰죠.

4　Could I help you ~?는 Can I help you ~?보다 좀 더 정중한 표현입니다. '~하는 것을 도와드릴까요?'하고 점원들이 많이 쓰는 말이죠. 또, 비행기 객실에 있는 머리 위 짐칸은 overhead compartment라고 합니다. overhead는 '머리 위의', compartment는 '구획', '칸'을 의미하죠.

5　화장실을 가리킬 때는 restroom을 가장 많이 씁니다. 하지만 비행기나 기차의 화장실은 lavatory라고도 부르지요. 집에 있는 화장실은 대개 bathroom이라고 하고요. toilet은 '변기'를 의미합니다.

6　down the aisle은 down만 들으면 아래층을 말하는 것 같지만 실은 '복도를 따라 쭉 가서'란 뜻으로, 복도 끝에 있다는 말입니다.

 이럴 땐 이렇게!　　**위에 넣는 짐과 밑에 놓는 짐**

일반적으로 carry-on bag(기내에 휴대하고 타는 가방)은 머리 위의 짐칸에 넣고, 무겁거나 깨지기 쉬운 물건들은 좌석 밑에 둡니다. 지갑 등 귀중품 이외의 짐은 머리 바로 위의 짐칸에 올려놓으면 크게 염려하지 않아도 됩니다. 발밑이나 의자 옆에는 안전 문제 때문에 짐을 두지 못하게 하죠. 이착륙 시나 기류가 불안정할 때 짐들이 이리저리 돌아다닐 수 있으니까요.

듬직해 보이는 겉모습과는 달리 고소 공포증이 있는 민준 씨. 큰 맘먹고 창가좌석으로 자리를 옮겨 봤지만 역시나 안 되겠다. 승무원에게 도움을 청하는데…

Minjun	Excuse me! **¹Could I change my seat? I have ²acrophobia.**
Flight Attendant	**³Let me see...** You can seat here. The flight is leaving now. Fasten your seat belt, please.
Minjun	**⁴May I use my cellular phone now?**
Flight Attendant	I'm sorry, **⁵you are requested to abstain from using it through the flight.**
Minjun	Oh, I see.

민준 저기요! 다른 자리로 바꿀 수 없을까요? 제가 고소 공포증이 있어서요.

승무원 잠깐만요. 여기 앉으시면 됩니다. 비행기가 곧 이륙합니다. 안전벨트를 매 주세요.

민준 지금 핸드폰 쓸 수 있나요?

승무원 죄송합니다. 비행 중에는 사용을 삼가도록 되어 있어요.

민준 아, 알겠습니다.

1　seat는 '자리', '좌석'이죠. 옆 사람에게 자리를 맞바꾸자고 할 땐 Can you change seats with me?라고 하면 됩니다.

2　acrophobia는 '고소 공포증'인데 fear of height라고도 하죠. –phobia는 '공포증'이란 뜻을 가진 접미사입니다. agoraphobia는 '광장 공포증', anthrophobia는 '대인 공포증'이죠.

3　let me see는 let me check과 같이 '잠깐만요'라고 하며 잠시 확인해볼 때 씁니다.

4　May I use ~?는 '~을 사용해도 될까요?'라고 허락을 구하는 표현입니다. 다른 사람의 물건을 빌릴 때 많이 쓰죠. 핸드폰은 영어로 cellular phone 또는 줄여서 cell phone이라고 하죠.

5　be requested to~는 '~하도록 요청받다'는 의미로, 명령이나 금지 사항을 아주 정중하게 전할 때 쓰는 표현입니다. abstain은 '삼가다', '절제하다'란 뜻으로 abstain from -ing는 '~하는 것을 삼가다'죠. refrain from -ing를 써도 마찬가지 의미입니다. through the flight는 '비행 중 내내'라는 뜻이고요.

💡 **이럴 땐 이렇게!**　**자리를 바꾸고 싶어요!**

처음 비행기 여행을 할 때는 창문 쪽 자리를 부탁해 앉는 경우가 많죠. 하지만 그게 꼭 좋은 것만은 아닙니다. 바깥 풍경이 아름다운 건 이착륙 얼마뿐이고, 오히려 화장실을 가거나 들락날락 할 일이 많을 땐 양해를 구하는 게 쉽지만은 않으니까요. 그럴 땐 아예 앉을 때 Could I change seats with you?라고 자리를 바꾸어 달라고 하거나, 굳이 지나가야 할 일이 있을 땐 Could you let me pass?로 당당하게 비켜 달라고 하세요.

❸ 승무원에게 도움 청하기

고소 공포증 때문에 긴장했던 민준 씨. 이번엔 속이 미식거리는 게 금방이라도 멀미를 할 것만 같다. 민준 씨의 창백한 얼굴을 본 승무원이 도움을 주려 다가오는데…

승무원	창백해 보이는데, 괜찮으세요?
민준	아, 아뇨… 비행기 멀미가 나는데요.
승무원	약 좀 갖다 드릴까요?
민준	아… 아니에요… 달리 좀 진정시킬 수 있는 방법은 없나요?
승무원	의자를 뒤로 젖히시면 어떨까요?
민준	음… 좀 낫네요. 담요 하나 더 갖다 주실래요? 좀 쉬어야겠어요.
승무원	곧 갖다 드릴게요. 여기 있습니다. 다른 건요?
민준	고맙습니다. 기내식 나올 때 깨워 주실래요?
승무원	그러죠.

Flight Attendant	¹**You look pale.** Are you OK?
Minjun	No, no... I have ²**airsickness.**
Flight Attendant	³**Can I get you some pills?**
Minjun	No... No... Is there ⁴**any way to soothe it**?
Flight Attendant	Why don't you ⁵**pull down your seat**?
Minjun	Umm... I feel better. Can I get ⁶**another blanket**? I'd better ⁷**take a rest.**
Flight Attendant	I'll bring you one in a minute. Here you are. ⁸**Anything else?**
Minjun	Thank you. Could you wake me up at ⁹**dinner time**?
Flight Attendant	No problem.

1 look 뒤에 형용사가 오면 '~해 보이다'니까 look pale은 '창백해 보이다'죠.

2 airsickness는 '비행기 멀미'죠. 멀미를 통칭하는 말은 motion sickness입니다.

3 Can I get you ~?는 '~좀 가져다 드릴까요?'라는 표현입니다. some pills 뒤에는 for airsickness가 생략되어 있죠. 이렇게 '~에 먹는 약'이라고 할 때는 medicine for ~나 pill for ~라고 쓰면 되죠. 원래 pill은 '알약'을 가리키지만 일반적으로 약을 통칭하는 말로 많이 쓰인답니다. '정제'는 tablet, '가루약'은 powder, '물약'은 liquid medicine이라고 하고요. drug는 '마약'이죠.

4 soothe는 '달래다', any way to soothe it은 '그것을 달랠(진정시킬) 방법'이란 뜻이죠. 여기서 it은 airsickness를 가리킵니다.

5 pull down은 '(의자를 뒤로 젖혀서) 낮추다'란 의미죠. 이착륙 시에는 뒤로 젖혔던 의자를 똑바로 세워야 하는데, 이때 듣게 되는 말은 Please put your seat in the upright position.(의자를 똑바로 세워주시기 바랍니다.)입니다.

6 another는 '또 다른'이니까 '하나 더', 즉 one more와 같은 표현이죠.

7 '쉬다'는 rest라고 흔히 알고 있지만 미국인들은 take a rest를 더 많이 씁니다.

8 Anything else?는 Do you need anything else?(그밖에 필요한 것 있나요?)를 줄여 쓴 것입니다.

9 dinner time은 '저녁식사 시간'. 여기서는 기내식이 나오는 때를 가리킵니다.

④ 기내식 이용하기 🎧 02-4.mp3

한잠 푹 자고 일어난 민준 씨. 배가 출출하던 차에 때마침 기내식이 제공된다. 원하는 기내식을 선택해 맛나게 먹고 커피도 한잔 즐기는데… 포만감이 밀려들며 기분이 참 좋아진다.

Flight Attendant	[1]**We are supplying chicken and beef for the in-flight meal.** [2]**Which one would you like?**
Minjun	Chicken, please.
Flight Attendant	[3]**Are you finished, sir?**
Minjun	Yes, [4]**I really enjoyed it.**
Flight Attendant	Would you like something to drink? We have coffee, orange juice, alcoholic beverages; cocktails, and whisky.
Minjun	[5]**I'll have coffee** [6]**with sugar**, please.

승무원 기내식으로 닭고기와 쇠고기 요리를 제공하고 있습니다. 어떤 걸로 드시겠습니까?
민준 닭고기 요리로 주세요.
승무원 식사 마치셨습니까?
민준 예, 정말 맛있었어요.
승무원 마실 것 좀 드릴까요? 커피, 오렌지 주스랑, 주류로는 칵테일과 위스키가 있는데요.
민준 커피로 주세요. 설탕 넣어서요.

1 supply는 '공급하다', '제공하다', in-flight meal은 '기내식'이죠. airline food라고도 합니다.

2 Which one would you like?는 '어느 쪽으로 하시겠습니까?'라고 선택을 묻는 표현이죠.

3 Are you finished?는 식사뿐 아니라 뭔가를 끝냈는지 물을 때 많이 쓰는 표현입니다. 식사를 끝냈으면 Yes, I did. 아직 덜 했으면 No, not yet.이라고 하면 됩니다.

4 우리말로 '잘 먹었습니다.'에 해당하는 표현이 I really enjoyed it.입니다. 정말 맛있었다면 It was very good. 또는 It was delicious.라고 할 수도 있겠지만, 솔직히 기내식이 그렇게까지 맛있는 경우는 많지 않습니다.

5 음식이나 음료수를 선택하면서 '~로 주세요'라고 할 때는 I'll have ~나 I'd like ~로 대답하세요. 마실 생각이 없으면 No, thank you.라고 하면 되고요. 승무원이 묻기 전에 먼저 음료수를 부탁하려면 May I have something to drink?나 Is there anything to drink?라고 하면 됩니다.

6 커피를 주문할 때는 보통 cream과 sugar를 넣을 것인지를 묻습니다. 이럴 땐 with를 써서 답하세요. 둘 다 넣을 거면 With cream and sugar, please.라고 하면 되죠. 한 가지 주의할 것은 우리 흔히 '프림'이라고 하는데, cream 또는 coffee creamer라고 해야 맞습니다. '프림'은 '프리마'라는 상표명에서 온 말이니까요.

⏱ 잠깐만요! **first class는 뭐가 좋아요?**

first class는 값이 비싼 만큼 서비스에 차이가 많습니다. 수속도 별도의 창구에서 밟으니 기다릴 일도 없고요, 비행기 좌석의 공간도 넓은 데다 의자를 완전히 뒤로 젖힐 수 있어서 거의 침대처럼 됩니다. first class에도 차등을 두는 항공사들이 있는데, 최고급석은 의자가 180도로 젖혀지고, 칸막이가 되어 있어서 1인 독립 공간을 제공받을 수 있고, 개인별 DVD도 설치되어 있습니다. 간식이나 식사도 모두 고급 레스토랑 수준이고, 옷걸이며 슬리퍼까지 완벽한 서비스가 제공되지요.

아직 목적지까지 다 오지 않았는데 비행기가 잠시 착륙을 한다. 송이 씨는 통과 카드(transit card)와 탑승권(boarding pass)을 꺼내보며 비행편을 갈아타야하는 건지 망설여지는데…

방송 이 여객기는 약 3분 뒤에 착륙합니다. 다시 이륙하기 전에 1시간 동안 머물 예정입니다.

송이 저기요, 애틀랜타행 연결편은 어디 있죠? 여기 통과 카드랑 탑승권 남은 쪽이 있는데요.

승무원 아, 손님은 통과 여객이시군요. 그럼 비행기를 갈아타실 필요가 없어요. 돌아와 타실 때, 탑승권 쪽을 보여주시면 됩니다.

송이 알겠습니다. 언제 출발하나요?

승무원 오후 4시 20분입니다.

Announcement	[1]We will be landing in about 3 minutes and will have one hour layover before we take off again.
Song-e	Excuse me, where is the connecting flight to Atlanta? Here is my [2]transit card and ticket stub.
Flight Attendant	Oh, you're a [3]transit passenger. You don't have to transfer your flight. Just show your ticket stub when you [4]get back on.
Song-e	Oh, I see. And [5]what's the departure time?
Flight Attendant	It's 4:20 p.m.

1 비행기가 경유지에 도착할 때는 언제 착륙해서 얼마간 머물 거라는 안내 방송이 나옵니다. layover는 비행기나 열차 등이 잠시 정차하는 것을 말하죠. take off는 '이륙하다', land는 '착륙하다'란 말이고요.

2 transit card는 통과 여객에게 나누어주는 카드입니다. 이것과 탑승권의 stub(남은 쪽)이 비행기를 다시 탈 수 있는 증명서 역할을 하지요.

3 transit passenger는 '통과 여객 승객'입니다. 비행기를 갈아타는 것이 아니라 중간 기착지를 통과해서 지나가는 승객이지요. transfer는 '환승'입니다.

4 get back on은 '돌아오다'. 여기서는 get back을 써도 같은 의미입니다.

5 What's the departure time?은 비행기를 갈아타거나 경유지에서 머물 때 언제 출발하는지 확인하는 표현입니다. departure time은 '출발 시각'입니다.

 잠깐만요! **비행기 갈아탈 자신이 없어 직항으로만 끊는다구요?**

비행기 여행의 과정 중 가장 불안할 때가 바로 갈아탈 때입니다. 잘못하면 국제 미아가 될지도 모르니까요. 하지만 의문 나는 부분을 그때그때 승무원에게 물어보고, 개인 행동을 하지 않으면 비행기를 놓칠 위험은 없습니다.

• **환승(transfer):** 비행기를 갈아타는 것을 말합니다. 경유지에 도착하면 곧바로 Transfer라고 쓴 표지를 보고 가서 다시 탑승권(boarding pass)을 받아야 합니다. (절대로 밖으로 나가지 마세요. 그러면 다시 세금을 내야 하거든요.) 특히 갈아타는 과정에서 항공사가 바뀌는 경우, 짐을 찾았다가 다시 보내야 하는지 반드시 확인해야 합니다.

• **통과(transit):** transfer와 달리 중간 경유지에 내려 다른 승객을 태우거나 급유를 하는 경우, 내렸다가 다시 타는 것을 transit이라고 합니다. 이때 항공사 직원에게 통과 카드(transit card)를 받고 대합실(lounge)에서 기다립니다.

❶ 탑승을 환영합니다!

     !

---

❷ 저쪽 화장실은 지금 사용 중이에요.

The over there is now.

---

❸ 저기요! (부탁할 게 있어요!)

     !

---

❹ 안전벨트를 매 주세요.

your ,

please.

---

❺ 담요 하나 더 갖다 주실래요?

another

blanket?

---

❻ 여기 있습니다.

.

---

❼ 너무 친절하시네요.

.

---

❽ 애틀랜타행 연결편은 어디서 탈 수 있죠?

is the to

Atlanta?

03 입국 신고하기

Can I see your immigration card, please?

입국 신고서 좀 보여 주시겠어요?

강의 및 예문듣기

사진으로 만나는 미국

❶ 입국 신고하기

국내선을 이용하는 경우에는 공항을 통과하기가 아주 쉽습니다. 미국 내에서 왔다 갔다 하는 것이기 때문에 별도의 절차가 필요 없죠. 하지만 국제선을 탔다면 상황은 달라집니다. 다른 나라에 입국하는 것이니까요. 이때는 입국 심사^{immigration}, 짐 찾기^{baggage claim}, 세관^{customs} 신고의 세 가지 절차를 거칩니다.

우선, 입국 심사는 입국하는 사람에게 문제가 없는지 확인하는 절차입니다. 비행기에서 내리면 입국 신고서^{immigration card}, 비행기 표, 여권^{passport}, 비자를 가지고 입국 심사대^{immigration desk}로 가서 입국 심사관과 인터뷰를 합니다. 대개는 직업이나 방문 목적, 체류 기간, 머물 장소를 묻죠.

▲ 이 입국 신고서는 서울에서 미국으로 가는 비행기에서 받은 United Airlines의 입국 신고서입니다. 이름, 성별, 국적 등 간단한 인적 사항과 미국 내에서 머물 장소를 기입해야 합니다. 만약 친구나 친척집에 머물게 된다면 주소를 쓰고, 호텔이라면 호텔 이름을 쓰면 됩니다. 입국 신고서는 immigration card, disembarkation card, 혹은 landing card라고도 합니다.

Immigration and Naturalization Service 이민 귀화 사무국 (naturalize는 '귀화하다') Arrival Record 도착 기록 Family Name 성(姓) (last name, surname이라고도 합니다.) First (Given) Name 이름 Country of Citizenship 국적 (Nationality라고도 합니다. citizenship은 '시민권') Sex (Male or Female) 성별 (M은 male의 약자로 '남성', F는 female의 약자로 '여성'을 의미합니다.) Passport Number 여권 번호 Airline and Flight Number 항공사와 항공편 명 (간단히 Flight No.라고 되어 있기도 합니다.) Country Where You Live 현재 거주 국가 (Home Address라고도 합니다.) City Where You Boarded 탑승 도시 City Where Visa Was Issued 비자 발급지 Address While in the United States (Number and Street) 미국에 있을 동안의 주소(번지수와 거리) City and State 시(市)와 주(州) Departure Record 출발 기록

➋ 짐 찾기

다음은 짐 찾기입니다. 짐 찾는 구역baggage claim area에 가서 각 컨베이어carousel에 표시된 비행편 표지를 확인하고 기다리면 짐이 나옵니다. 짐을 맡길 때 받은 수하물표baggage claim ticket를 가지고 있다가 자기 짐이 나오면, 짐에 붙은 식별표ID tag를 확인한 뒤 가져가면 되죠.

▲ 이곳은 LA 공항의 짐 찾아 나오는 곳입니다. 왼쪽 문 안으로 들어가면 컨베이어벨트가 있습니다.

➌ 세관 통과하기

마지막 관문은 세관입니다. 비행기 안에서 작성한 세관 신고서customs declaration form를 가지고 가면, 신고할 물건이 있는지 묻습니다. 세관을 통과하는 이유는 규정을 어긴 화물, 예를 들어 마약drug이나 무기weapon가 있을 경우 압류하거나 세금을 물리기 위한 것이죠. 마약이

나 무기 외에도 술과 담배가 주시의 대상이 되는데, 미국은 담배 10갑(21세 이상), 술 한 병(21세 이상) 정도의 반입이 허용됩니다. 그 이상 가져가려면 세금을 내야 하고, 그게 싫으면 공항에 두었다가 미국을 떠날 때 찾아갈 수 있습니다. 현금currency/cash은 무제한 가능하지만 10,000달러가 넘으면 신고해야 합니다. 혹시 돈세탁을 위해 국경을 넘는 것은 아닌지 기록을 해두겠다는 것이죠.

이외에도 살아 있는 동물, 특히 멸종위기의 동물endangered species로 만든 물품article의 반입은 엄격하게 규제됩니다. 예를 들어 상아ivory로 만든 도장도 규제 대상이죠. 그밖에도 미국은 자국 내에서 생산되지 않은 모든 농산물과 육류 등의 반입을 엄격하게 통제하고 있습니다. 또 미숫가루나 분유 등 가루로 된 것이 비닐봉지에 담겨 있다면 마약으로 오해받을 소지가 있으니 아예 가져가지 않는 것이 좋지요.

한 가지 더 주의할 점! 음식이 입에 안 맞을까봐 김치, 고추장 같은 것을 가져가는 분들이 많은데, 이것을 냄새가 새지 않도록 꼭꼭 포장해 두었다가 다시 풀어 검사를 받는 것은 만만한 일이 아닙니다. 미국에 있는 한국인 슈퍼마켓은 마치 우리나라의 슈퍼마켓을 옮겨놓

```
APHIS/FWS USE ONLY          WELCOME          CUSTOMS USE ONLY
                             TO THE
                          UNITED STATES

                    DEPARTMENT OF THE TREASURY        FORM APPROVED
                    UNITED STATES CUSTOMS SERVICE    OMB NO. 1515-0041

                      CUSTOMS DECLARATION

                  19 CFR 122.27, 148.12, 148.13, 148.110, 148.111
          Each arriving traveler or responsible family member must provide the
          following information (only ONE written declaration per family is required):
          1. Family Name

          2. First (Given) Name        3. Middle Initial(s) 4. Birth Date (day/mo/yr)

          5. Airline/Flight No. or Vessel Name or Vehicle License No.   6. Number of Family
                                                                       Members Travel-
                                                                       ing With You
          7. (a) Country of Citizenship      7. (b) Country of Residence

          8. (a) U.S. Address (Street Number/Hotel/Mailing Address in U.S.)

          8. (b) U.S. Address (City)          8. (c) U.S. Address (State)

          9. Countries visited on this trip prior to U.S. arrival
          a.                                 b.

          c.                                 d.

          10. The purpose of my (our) trip is or was:
              (Check one or both boxes, if applicable)    □ Business    □ Personal

          11. I am (We are) bringing fruits, plants, meats, food,
              soil, birds, snails, other live animals, wildlife     □ Yes    □ No
              products, farm products; or, have been on a farm
              or ranch outside the U.S.
          12. I am (We are) carrying currency or monetary
              instruments over $10,000 U.S., or foreign              □ Yes    □ No
              equivalent.
          13. I have (We have) commercial merchandise, U.S.
              or foreign. (Check one box only)                       □ Yes    □ No

          14. The total value of all goods, including commer-  ▷ $
              cial merchandise, I/we purchased or acquired
              abroad and am/are bringing to the U.S. is:              (U.S. Dollars)
          (See the instructions on the back of this form under "MERCHANDISE" and use the space
          provided there to list all the items you must declare. If you have nothing to declare, write "0 -"
          in the space provided above.)
          SIGN BELOW AFTER YOU READ NOTICE ON REVERSE
          I have read the notice on the reverse and have made a truthful declaration.
          X
```

은 것처럼 없는 것이 없어 심지어 '햇반'까지 살 수 있으니, 그런 수고는 하지 않아도 되겠죠?

자, 이제 이렇게 세관까지 통과하면 미국에 첫발을 무사히 들여놓은 겁니다. 만약 누가 공항에 마중 나오기로 했다면, 그 사람은 세관 밖에서 기다리고 있을 것입니다.

▶ 이 세관 신고서는 미국의 세관을 통과할 때 제출하는 것입니다. 제대로 작성만 하면 대부분 그냥 통과합니다. 하지만 가끔가다 의심스러워 보이거나 가방이 너무 크거나 하면 가방을 열어보라는 요구를 받을 때도 있습니다. 이때 가방의 내용물과 세관 신고서의 내용이 다르면 안 되니 정직하게 기입하는 것이 좋습니다. 입국 신고서(immigration card)와 세관 신고서(customs declaration form)는 주로 착륙할 때쯤 승무원들이 나눠줍니다. 영어로 써야 하니 기내에서 찬찬히 작성해놓는 것이 좋죠.

· **CUSTOMS DECLARATION** 세관 신고서

· **Each arriving traveler or responsible family member must provide the following information (only ONE written declaration per family is required):** 도착하는 여행객이나 가족의 책임자는 모두 아래 정보를 제공해야 합니다. (한 가족 당 한 통만 신고하세요.)

· **Number of Family Members Traveling With You** 귀하와 함께 여행하는 동반 가족 수

· **The purpose of my (our) trip is or was:** 제(우리) 여행의 목적은 ~입니다 또는 ~였습니다.

  * 사업상 방문은 Business에, 개인적인 목적은 Personal에 체크합니다.

· **I am (We are) bringing fruits, plants, meats, food, soil, birds, snails, other live animals, wildlife products, farm products; or, have been on a farm or ranch outside the U.S.:** 본인은(우리는) 과일, 식물, 육류, 식품, 흙, 새, 달팽이, 기타 살아 있는 동물, 야생물, 농산물을 휴대하고 있거나, 미국 밖의 농장 또는 목장에 갔던 일이 있습니다.

· **I am (We are) carrying currency or monetary instruments over $10,000 U.S., or foreign equivalent:** 본인은(우리는) 10,000달러가 넘는 미국, 또는 외국 화폐나 통화를 소지하고 있습니다.

· **The total value of all goods, including commercial merchandise, I/we purchased or acquired abroad and am/are bringing to the U.S. is:** 본인이/우리가 외국에서 구매 또는 취득하여 미국에 가지고 입국하는 모든 물품의 총 액수는 다음과 같습니다.

· **SIGN BELOW AFTER YOU READ NOTICE ON REVERSE** 뒷면 경고 사항을 읽은 다음 아래에 사인하십시오.

· **I have read the notice on the reverse and have made a truthful declaration.** 본인은 뒷면의 경고 사항을 읽고 사실대로 신고합니다.

❹ 공항에서 정보 얻기

자, 이제 드디어 자유롭게 활동할 수 있습니다. 처음 가본
공항이라면 우선 공항의 각종 정보를 확인해야 할 텐데요.
공항에는 정보를 얻을 수 있는 곳들이 여러 곳 있습니다.
옆의 사진은 LA 국제공항에 있는 방문객 안내 센터^{Visitor}
^{Information}로 숙소나 도시에 대한 정보, 공항 시설 이용에 대
한 것들을 알아볼 수 있죠. 그 아래 사진은 숙소를 찾는
관광객들에게 숙소 안내와 함께 바로 연락할 수 있게 전화
를 설치한 안내 코너인데요. Hotel/Motel뿐 아니라 교통
시설^{transportation}, 자동차 렌트^{car rental} 회사 등도 소개하고 있
습니다. 뿐만 아니라 공항에 비치되어 있는 안내도도 잘 살
펴보면 유용한 정보를 확인할 수 있습니다.

▼ 시카고의 O'hare International Airport의 안내도입니다. 공항 전체의 약도와 함께 이 공항을 이용하는
항공사들의 이름, 공항 내 편의 시설, 대중교통 환승 장소 등을 안내해주고 있습니다.

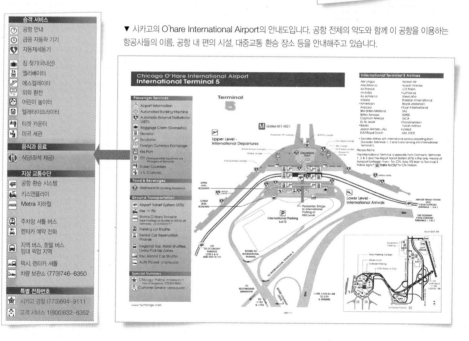

Automatic External Defibrillator (AED) 자동 심장 충격기(자동제세동기). 미국에서는 공공장소에 AED 설치를 의무화하고 있습니
다. TTY (Teletypewriter) 미국의 통신 회사인 AT&T 사가 고안한 것으로, 청각장애인들이 특별히 고안된 키보드로 메시지를 입력하면
그 내용을 상대방에게 전달해주는 서비스죠. Kiss'n'Fly 공항으로 차를 몰고 온 이용객들이 공항 내 주차나 교통 혼잡을 겪지 않을 수 있
도록 공항 입구 근처에서 해당 터미널로 데려다주는 서비스입니다. livery 대여(업) auto pound 차량 보관소 (공항 내 불법 주차된 차
량 등을 견인해 보관하는 장소입니다. auto는 '자동차', pound는 '보관소', '유치소'.)

❶ 입국 신고서 좀 보여주세요.

Can I see **your immigration card, please?**

세관 신고를 할 때 입국 신고서, 세관 신고서 등 여러 가지 서류를 제출하게 되는데요, 이런 서류를 보여 달라고 할 때 쓰는 회화 패턴이 바로 Can(Could) I see ~?입니다. 같은 뜻으로 Can you show me ~?도 많이 쓰고요. immigration은 '이민' 외에 '입국, 입국 관리, 입국 심사'의 뜻이 있어서 immigration officer는 '입국 심사관', immigration desk는 '입국 심사대'를 의미하죠.

❷ 여행의 목적은 무엇입니까?

What's the purpose of your trip?

여행의 목적을 묻는 이 질문에 대해서는 자신의 비자 종류에 따라 정확하게 대답해야 합니다. 비슷하지만 좀 더 부드러운 표현으로는 What has brought you here?(무엇이 당신을 여기 오게 했나요?, 무슨 목적으로 오셨나요?)가 있습니다.

❸ 얼마 동안 머무르실 겁니까?

How long **will you** stay?

stay는 '머무르다'는 의미로, 체류 기간이나 체류 장소를 물을 때 애용되는 동사입니다. How long ~? 은 '기간'이나 '길이'를 물어볼 때 많이 쓰는 표현이고요. 그래서 얼마 동안 '~할 예정이냐?'고 물어보고 싶으면 How long will you ~?를 이용해 보세요.

❹ 어디에서 머물 예정이지요?

Where are you going to **stay?**

Where are you going to ~?는 '어디에서 ~할 예정이냐?'고 묻는 패턴입니다. 이 패턴 뒤에 역시 동사 stay를 붙여 입국심사 시 체류 장소를 묻게 되죠.

❺ 제 짐은 어디서 찾을 수 있을까요?

Where can I pick up my baggage?

입국 심사를 마치고 짐을 찾으러 갈 때 알아두면 유용한 표현입니다. 이때 baggage는 '짐', '수하물'을 의미하고, 이렇게 짐을 '찾으러 간다'고 할 때는 동사 pick up을 쓰면 되죠. 여기에다 '어디서 ~할 수 있나요?'란 의미인 Where can I ~? 패턴까지 합세하면 짐 찾는 곳을 물어보는 표현이 되는 거죠.

❻ 짐에 식별표는 붙이셨나요?

Did you put an ID tag on your baggage?

ID는 identification(증명, 확인)의 약자입니다. tag는 '꼬리표'. ID tag는 짐을 부칠 때 짐 주인의 이름과 연락처를 적어 짐에 붙이는 '식별표'를 말합니다. baggage claim tag 또는 baggage check이라고도 하죠.

❼ 세관 신고서는 기입하셨나요?

Did you fill out the customs declaration form?

fill out은 서류 양식 등을 '기입하다', '채우다'라고 할 때 애용되는 동사입니다. fill in 또는 fill up과도 바꿔 쓸 수 있죠. form은 물론 '서류 양식(official document)'을 말하며, 따라서 customs declaration form은 '세관 신고서'를 의미하죠. 이때 '세관'을 의미하는 customs는 항상 복수로 쓴다는 점, 주의하세요.

❽ 담배에는 관세가 붙지 않습니다.

There's no duty on cigarettes.

duty는 '관세'죠. 정식 명칭은 customs duty입니다. 여기에 free가 붙으면 duty-free로 '면세'를 의미하게 됩니다. 그래서 '면세점'을 duty-free shop이라고 하는 거고요. 비행기에서 면세품을 팔 때, 승무원은 이렇게 묻습니다. Would you like to purchase any duty-free items?(면세품 구입 하시겠어요?)라고 말이죠.

① 입국 심사대 통과하기 🎧 03-1.mp3

드디어 뉴욕의 JFK 공항에 도착한 송이씨. 난생처음 외국 공항에서 입국 심사라는 걸 받아보지만, 언제나 자신만만한 그녀답게 위풍당당하게 입국 심사관을 마주한다.

입국 심사관 입국 신고서와 여권 좀 보여 주시겠어요?

송이 예. 여기 있습니다.

입국 심사관 여행의 목적이 무엇입니까?

송이 업무차 왔습니다.

입국 심사관 얼마 동안 머물 예정이십니까?

송이 2달 동안 머물 겁니다.

입국 심사관 어디에 머무르실 예정입니까?

송이 뉴욕에 있는 제 언니 집에 있을 겁니다.

입국 심사관 한국으로 돌아가는 표가 있습니까?

송이 예. 7월 15일에 떠나도록 되어 있습니다.

입국 심사관 좋습니다. 즐거운 여행 되십시오!

Immigration Officer	Can I see your immigration card and passport, please?
Song-e	OK. Here it is.
Immigration Officer	What's the purpose of your trip?
Song-e	I'm here ¹**on business**.
Immigration Officer	How long will you stay?
Song-e	²**For two months**.
Immigration Officer	Where are you going to stay?
Song-e	I'm going to stay ²**at my sister's place in New York**.
Immigration Officer	Do you have a ³**return ticket to Korea**?
Song-e	Sure. ⁴**I'm supposed to** leave on July 15th.
Immigration Officer	OK. ⁵**Have a nice trip!**

1   여행 목적을 묻는 말에 대해서는 되도록 간단명료하게 대답하세요. 단, 주의할 것은 여권에 기재된 내용과 같아야 한다는 겁니다.

    Sightseeing. 관광하려고요.   To study. 유학하려고요.   To visit my friend. 친구를 만나려고요.

2   체류 기간이나 장소를 묻는 말에는 〈for + 기간〉 또는 〈at + 장소〉를 이용해 말하면 됩니다. place는 '집'을 가리키는 말로 많이 쓰입니다.

3   return ticket to ~는 '~로 되돌아가는 표'란 뜻이죠.

4   be supposed to ~는 '~하기로 (예정)되어 있다'는 의미죠. to 뒤에는 동사원형을 써야 합니다.

5   '즐거운 ~되십시오!'라고 인사할 때 Have a nice ~!를 쓰죠. 여기서는 절차가 끝났으니 통과를 허가한다는 뜻도 포함됩니다. 비슷한 표현으로는 Enjoy your trip!이 있죠.

💡 **이럴 땐 이렇게!**   **입국 심사 대행 편지가 뭐죠?**

영어로 인터뷰해야 하는 입국 심사는 여러 절차 중에서도 가장 긴장되는 순간입니다. 한번은 영어를 못하시는 부모님을 미국으로 초청했는데, 입국 심사대를 통과하는 게 큰 걱정이었습니다. 걱정하는 절 보고 미국인 친구가 여행의 경위와 연락처, 숙소 등을 알리는 편지를 부모님께 보내, 입국 심사관에게 그 편지를 보여주도록 하라고 조언을 하더군요. 덕분에 두 분 모두 거뜬히 입국 심사대를 통과하셨습니다. 혹시라도 외국인 공포증이 있다면 이런 '입국 심사 대행 편지'를 이용하는 것도 좋은 방법입니다.

같은 시각, 역시 뉴욕 JFK 공항에 도착한 민준 씨. 수하물 찾는 곳(baggage claim area)에서 자신의 짐을 찾고 있다. 하지만 아무리 기다려도 민준의 가방은 보이질 않는데…

Minjun	Where can I ¹**pick up** my baggage?
Airport Staff	What was your flight number?
Minjun	²**I was on NA 700.**
Airport Staff	Your baggage is on ³**carrousel #3**.
Minjun	I can't find them. ⁴**I think I lost my baggage.**
Airport Staff	Can I see your ⁵**baggage claim ticket**?
Minjun	Here it is.
Airport Staff	Did you put an ID tag on your baggage?
Minjun	Absolutely.
Airport Staff	OK. ⁶**Would you mind waiting for a moment?**
Minjun	Oh, not at all.

민준 제 짐을 어디서 찾을 수 있을까요?

공항 직원 비행편명이 어떻게 되었죠?

민준 NA 700인데요.

공항 직원 3번 컨베이어에 있습니다.

민준 찾을 수 없어요. 아무래도 짐을 잃어버린 것 같아요.

공항 직원 수하물표 좀 보여주시겠어요?

민준 여기 있어요.

공항 직원 짐에 식별표는 붙이셨나요?

민준 물론이죠.

공항 직원 알겠습니다. 잠시 기다리시겠어요?

민준 아, 그러죠.

1 pick up은 원래 '집어 올리다'란 뜻에서 발전하여 '(물건을) 찾아내다', '(사람을) 태워 데리고 오다'의 의미로 많이 쓰입니다.

2 I was on NA 700.은 NA 700기를 타고 왔다는 뜻이죠.

3 carrousel은 수하물을 운반하는 회전식 컨베이어 벨트를 가리킵니다.

4 우리말로 '~인 것 같아요'에 해당하는 영어 표현은 I think ~입니다. 그래서 '짐을 잃어버린 것 같아요.'는 I think I lost my baggage.죠.

5 claim은 '요구', '청구'. baggage claim은 짐을 청구하는 거니까 '짐 찾기', baggage claim ticket은 짐을 찾을 수 있는 표니까 '수하물표', baggage claim area는 '짐 찾는 구역', baggage claim supervisor는 '수하물 감독관'입니다.

6 Would you mind -ing?는 정중한 부탁을 할 때 쓰는 표현이죠. 부탁을 받아들인다면 No, 거절한다면 Yes로 답한다는 것에 주의하세요.

💡 **이럴 땐 이렇게!** 헉! 짐이 없어졌어요!

짐을 찾는 것도 번거로운 일인데, 두어 시간씩 기다려도 끝내 짐이 안 나올 때는 정말 당황하고 화나게 되죠. 놀라지 마세요. 미국에서는 가끔 이런 일이 발생합니다. 특히 국내선에서 그렇습니다. 그럴 땐 흥분하지 말고 My bags are missing.(제 짐이 없어졌어요.) 또는 My baggage hasn't come out.(제 짐이 안 나왔어요.)이라고 말하세요. 분실 신고서를 작성하고 연락처를 남겨놓으면, 대개 며칠 내에 공항에서 연락이 옵니다. 그래서 baggage claim ticket(수하물표)은 비행기에서 내린 다음 짐을 찾을 때까지 잘 보관하는 게 좋습니다. 이걸 잃어버리면 짐을 실었다는 증거가 없어지는 셈이니까요.

마지막 관문인 세관에 다다른 송이씨. 미리 기입해둔 세관 신고서(customs declaration form) 를 내자, 웬일인지 세관원이 송이씨의 가방을 보자고 하는데… 이건 무슨 시츄에이션?!

세관원 세관 신고서 기입하셨 나요?	
송이 예. 여기 있습니다.	
세관원 신고할 물품 있습니 까?	
송이 아니오. 전 개인 소지품 만 갖고 있는데요.	
세관원 가방 좀 열어봐 주시겠 어요?	
송이 그러죠.	
세관원 이건 뭐죠?	
송이 담배 한 보루인데요.	
세관원 담배엔 과세가 없습니 다. 현금은 얼마나 가지고 계시 죠?	
송이 현금으로 1,000달러 정 도 가지고 있어요.	
세관원 좋습니다. 녹색 표지를 따라가세요.	

Customs Officer Did you fill out the customs declaration form?

Song-e Yes. Here it is.

Customs Officer Do you have ¹**anything to declare?**

Song-e No. I only have ²**personal things**.

Customs Officer Could you open your bag, please?

Song-e Sure.

Customs Officer What is this?

Song-e ³**One carton of cigarettes.**

Customs Officer There's no duty on cigarettes. ⁴**How much currency do you have?**

Song-e ⁵**I have about 1,000 dollars in cash.**

Customs Officer OK. Then ⁶**follow the green sign.**

1 things to declare는 '신고할 것'이란 의미로 goods to declare(신고할 물품)라고도 합니다. '신고할 어떤 게 있나요?' 할 때는 간단히는 Anything to declare?라고 하며, '신고할 게 없는데요.'라고 대답할 때는 I have nothing to declare.라고 하면 됩니다.

2 personal things[items]는 '개인용품'을 말합니다.

3 담배 한 보루(10갑)는 a box of cigarettes나 a carton of cigarettes 또는 a packet of cigarettes라고 합니다. 참고로, 라이터는 lighter입니다.

4 currency는 '유통 화폐'를 의미합니다. 세관에서는 Do you have more than 10,000 dollars in cash?(현금으로 1만 달러가 넘는 돈을 갖고 있습니까?)라고 묻기도 합니다.

5 대략적인 수량을 말할 때 about을 씁니다. '정확히'라고 할 때는 exactly를 쓰죠. in cash는 '현금으로'.

6 follow는 '따르다', '따라가다'죠. sign(표지)을 따라가는 것도 follow를 씁니다. 세관 검사하는 곳에는 녹 색과 적색 표지판이 크게 붙어 있어서 신고할 것이 없는 사람은 녹색 표지가 있는 통로로, 신고할 품목이 있 는 사람은 적색 표지가 있는 통로로 갑니다.

 이럴 땐 이렇게! **세관원이 가방을 열어보라고 하면?**

세관을 통과할 때 가방을 열어보라고 하는 게 자신의 인상이 험해서 의심하는 건가 하고 언짢아지지는 마세 요. 이민국이나 세관 직원들은 불친절한 경우가 많은데, 불법 입국이나 물품의 불법 반입을 막는 게 그들의 임무이기 때문이죠. 세관을 수월하게 통과하려면 우선 세관 신고서를 정직하게 작성하고, 웃는 얼굴로 적극 적으로 협조하는 게 좋습니다.

❶ 입국 신고서 좀 보여주세요.

Can I see your _____, please?

❷ 여행의 목적은 무엇입니까?

What's the _____ of your _____?

❸ 얼마 동안 머무르실 겁니까?

_____ will you _____?

❹ 어디에서 머물 예정이지요?

_____

_____ stay?

❺ 제 짐은 어디서 찾을 수 있을까요?

Where can I _____ my

_____?

❻ 짐에 식별표는 붙이셨나요?

Did you put an _____ on your

baggage?

❼ 세관 신고서는 기입하셨나요?

Did you _____

_____?

❽ 담배에는 관세가 붙지 않습니다.

There's no _____ on _____.

| 정답 |
❶ immigration, card
❷ purpose, trip
❸ How, long, stay
❹ Where, are, you,
   going, to
❺ pick, up, baggage
❻ ID, tag
❼ fill, out, the, customs,
   declaration, form
❽ duty, cigarettes

대중교통

04 택시 이용하기

Where are you heading for?

어디로 가십니까?

강의 및 예문듣기

 사진으로 만나는 미국

❶ 공항에서 택시 이용하기

미국 공항에 도착해서 마중 나온 사람이 없다면 대중교통편을 알아봐야 합니다. 우선은 지하철이나 버스를 알아보는 것이 가장 좋겠죠? 저렴하니까요. 특히 지하철은 내려야할 곳은 정확히 알 수 있으니 편합니다. 미국의 대도시는 공항까지 연계된 지하철을 운영하는 곳이 많습니다. 이들 정보는 공항에서 미리 확인해두는 것이 좋죠.

지하철도 버스도 힘들다면 택시를 타야 합니다. 다른 나라와 마찬가지로 미국에서도 택시^{cab}는 가장 편리하지만 가장 비싼 교통수단입니다. 특히 혼자서 택시를 타는 경우엔 다른 대중교통에 비해 요금이 워낙 비싸서 엄두가 나질 않죠. 그렇더라도 공항에 아무도 마중을 나오지 않을 때, 밤늦게 공항에 도착했을 때, 시간적 여유가 없을 때에는 택시를 이용하는 것이 가장 편리합니다.

CREDIT CARD
$10.00 MINIMUM
DRIVER CARRIES
ONLY $10.00 CHANGE
신용카드는
10달러 이상 결제 가능
운전자는 10달러 이하의
잔돈만 갖고 있습니다.

▲ 이 택시는 샌프란시스코 지역의 옐로우 캡(Yellow Cab)입니다. 미국의 택시는 차 색깔에 따라 Yellow Cab, Red Cab, White Cab 등으로 구분됩니다. 소속 회사에 따라 다른 색깔이 부여된 것이지요. 차 문짝에 Yellow Cab Co-op라고 회사 이름이 적혀 있네요. 차 앞에 626-2345라고 적힌 것은 택시 회사 전화번호죠. 회사에 속해 있지 않은 '개인택시'에는 independent taxi라고 적혀 있습니다. 미국에서 택시는 taxi, cab 또는 taxi cab이라고 부릅니다. 여기서 나온 말로 taxi driver는 cabbie라고도 하죠.

샌프란시스코 택시 요금

1135 지역 샌프란시스코 자치 경찰 규약
처음 1/6마일 이하는 기본 요금 ··················· $2.50
1/5마일, 또는 거기서 약간 추가될 때마다 ········ .40
대기할 때, 혹은 운행 시간을 지체할 때 분당 ······ .40

flag 기본 요금
fraction 파편, 우수리
thereof 그로부터
traffic time 운행 시간

◀ 이 안내문은 샌프란시스코의 한 택시 안에 붙어 있던 요금
(RATES OF FARE) 안내문입니다.

❷ 미국에서 택시 예약하기

미국에서는 택시도 대개 전화로 예약합니다. 물론 공항이나 대형 호텔 앞에는 택시들이 늘
어서서 기다리기도 하고, 로비에 수화기만 들면 바로 택시 회사와 연결되는 직통 전화^{Direct}
^{line to cab}도 있죠. 그렇지만 직통 전화도 없고 어디서 택시를 잡을지 난감하다면 전화번호부

수퍼셔틀

안전한 · 믿을 만한 · 편리한 · 확실한 서비스

국내 최대의 공항 육상 교통 서비스. 제복을
입은 운전사가 정중하게 모십니다. 천연가스 이용
신형 밴 차량. John Wayne-Orange County
공항과 Los Angeles 국제공항 등 여러 공항에서
서비스를 제공합니다. 주요 신용카드로 결제됩니다.
공항 행, 공항 발 서비스 모두 제공. 24시간.
호텔이나 비즈니스, 거주지로 문전 서비스.
예약 요금 및 자세한 정보를 원하시면 수퍼셔틀
오렌지 카운티 (714) 517-6600으로 전화 주세요.

dependable 믿을 만한
reliable 확실한, 믿을 만한
ground transportation 육상 교통
on board 승차하여, 차 안에서
door-to-door service 문전 서비스(문 앞에
서 문 앞까지 데려다주는 서비스)
rate 요금

(공중전화, 큰 건물의 로비, 편의점, 슈퍼마켓에 있습
니다.)에서 택시 회사를 찾아 전화하면 됩니다. 택시
예약을 할 때는 위치, 연락처, 이름, 택시가 필요한 시
각, 목적지를 알려주면 되죠.

택시를 부르고 시간 예약을 따로 하지 않으면 대개
5~10분 안에 도착합니다. 택시 회사들은 GPS(Global
Positioning System)를 이용해서 차를 배차^{dispatch}하기
때문에 전화 건 지역에서 가장 가까이 있는 택시가 오
는 것이죠. 택시가 도착했는데 사람이 없을 경우, 아파
트나 가정집이라면 기사가 벨을 누르기도 하고, 호텔
이나 모텔에서는 프런트 데스크에서 전화를 걸어주기
도 하죠. 하지만 그게 마땅찮을 경우 좀 기다리다가 가
버리는 경우가 있으니, 특별한 사정이 없는 한 약속한
장소에 나가서 기다리는 게 좋습니다.

◀ 이 사진은 Super Shuttle이라는 미니밴 택시 회사의 광고문입니다. 공항에서 집이나
호텔 등 원하는 장소로 데려다 주기도 하고, 반대로 현재 장소에서 공항까지 데려다 주기
도 하는 서비스이지요. 짐이 많거나 일행이 여럿일 경우 택시보다 편리합니다.

❶

택시 정류장이 어디에요? (택시 어디서 탈 수 있어요?)

Where can I catch a taxi?

같은 의미이지만 우리는 택시 정류장이 어디냐는 식으로 많이들 묻고, 미국 사람들은 어디서 택시를 잡을 [탈] 수 있냐는 식으로 많이 묻습니다. 물론 Where's the taxi stand?라고 해도 되지만, 미국 사람들은 Where can I catch a taxi?를 흔히 쓴다는 것이죠. catch는 get과 함께 taxi 등 교통수단을 '(잡아) 타다'라고 할 때 애용되는 동사입니다. 우리가 '택시 잡다'라고 하는 것과 같죠.

❷

택시 좀 보내주시겠어요?

Could you send a cab?

전화로 택시를 부를 때 유용하게 쓸 수 있는 표현입니다. taxi는 미국 구어체에서는 보통 cab이라고 많이 쓰죠. 그래서 노란 색인 미국의 택시는 yellow cab이라고 부르는 거고요.

❸

어디로 가십니까?

Where are you heading for?

〈head for + 목적지〉는 '~를 향해 가다'란 뜻으로, 도착지를 묻는 질문입니다. head가 '나아가다'란 동사로 쓰였지요. 위 문장에서 heading for 대신 headed for 또는 headed to를 써도 같은 뜻이 됩니다. 또 destination(도착지)을 써서 What is your destination?이라고도 할 수 있습니다.

❹

그것(택시)은 언제 필요하신가요?

When do you need it?

전화로 택시를 부르면 당연히 전화를 건 사람의 위치와 행선지를 물어보겠죠? 또 하나! 택시가 언제 필요한지도 물어볼 것입니다. 한 시간 후에 필요하면 In an hour.라고 하면 되고, 오후 5시에 택시를 탈 예정이라면 At 5 p.m. today.라고 하면 되겠죠? 오늘이 아니라 내일 오전 9시이면 At 9 in the morning tomorrow.라고 하면 되죠.

❺ 뉴어크 공항으로 가주세요.

Take me to **Newark Airport, please.**

take A to B는 'A(사람)를 B(장소)로 데려다주다'죠. I need to get to Newark Airport. 또는 간단히 To Newark Airport, please.라고 해도 됩니다. 만약 택시를 탄 후 목적지를 설명하기 어렵다면, 주소를 적은 쪽지나 지도를 보여주면서 Take me to this place, please.라고 하면 간단히 해결되죠.

❻ 여기 세워주시겠어요?

Would you **pull over** here?

pull over는 차를 길 한 쪽에 세워달라고 할 때 쓰는 표현입니다. stop과 같은 뜻이긴 하지만 대부분의 경우 pull over나 drop off를 쓰죠. 차에서 내려달라고 할 때 Please drop me off here. 혹은 Let me off here, please.도 많이 씁니다.

❼ 요금은 얼마인가요?

What's the **fare, please?**

택시, 버스, 기차 등 탈것에 대한 운행 서비스 요금을 fare라고 하죠. 요금이 얼마인지 물을 때는 How much is it? 또는 간단히 How much?도 많이 씁니다. 비슷한 표현으로 What do I owe you? 도 있죠. owe는 '~에게 빚지다'니까 '제가 당신에게 뭘 빚졌죠?' 즉 '얼마죠?'란 뜻이 됩니다.

❽ 잔돈은 가지세요.

Keep the change.

미국에서는 우리나라와는 달리 웬만한 서비스에는 모두 팁을 주게 되어 있습니다. 요즘은 대개 18~22% 정도를 주면 되는데, 서비스가 형편없는 경우가 아니라면 대개 이 정도를 주는 것이 관례죠. 가령 택시를 탔는데, 요금이 16달러 정도 나왔을 때는 20달러를 주면서 Keep the change.라고 하면 자연스럽게 팁까지 주는 셈이 되니, 이 표현을 잘 기억했다가 활용해 보세요. change가 '잔돈', '거스름돈'이란 의미로 쓰인다는 것도 기억해 두시고요.

① 공항에서 택시 잡기　🎧 04-1.mp3

공항에 도착한 송이 씨. 초행길이니만큼 헤매는 일이 없도록 택시를 타려고 한다. 어디 보자, 택시 정류장이 어디 있지? 송이 씨는 택시 타는 곳을 물어보려고 행인에게 다가간다.

Song-e	Excuse me.
Passerby	Yes?
Song-e	Where can I ¹**catch a taxi**?
Passerby	Oh, ²**the taxi stand** is on the corner of the next block. Why don't you use ³**the direct line phone**?
Song-e	You mean, direct line to call a cab? Where is it?
Passerby	It's in the cafeteria lobby on the first floor. ⁴**Just pick up the phone and you'll get connected to** the cab company directly.
Song-e	Thank you so much.
Passerby	Not at all.

송이 저기요.

행인 네?

송이 택시 어디서 잡죠?

행인 아, 택시 정류장은 다음 블록의 모퉁이에 있어요. 택시 회사 직통 전화를 이용하지 그러세요?

송이 택시를 부르는 직통 전화 말씀인가요? 그게 어디 있죠?

행인 1층 구내식당 로비에 있어요. 수화기만 들면 바로 택시 회사로 연결될 거예요.

송이 정말 감사합니다.

행인 천만에요.

1　'택시를 잡다'라고 할 때에는 catch a taxi 대신 get a taxi도 쓸 수 있습니다.

2　stand를 명사로 쓰면 '정지', '노점' 등의 의미가 있습니다. 그래서 taxi stand는 '택시 정류장', newsstand는 '신문 가판대'죠.

3　direct line phone은 '직통 전화'를 말합니다.

4　phone에는 '전화'뿐 아니라 '수화기'의 의미도 있습니다. 그래서 pick up the phone은 '수화기를 집어 들다'죠. connect는 전화를 걸어서 누군가를 바꿔달라고 할 때 Could you connect me with Kevin?(케빈 좀 바꿔 주시겠어요?) 하는 식으로 쓰입니다.

 잠깐만요!　**catch a taxi, take a taxi, get in a taxi는 뭐가 다르지?**

해석은 모두 '택시 타다'이지만 의미와 쓰임이 다릅니다. 우선 catch a taxi는 택시를 '잡아 탄다'는 의미가 강합니다. 반면 take a taxi라 하면 '교통수단'으로 택시를 '이용한다'는 의미죠. 예를 들어 How are you going to go?(어떻게 갈 거야?)라는 질문에는 I'll take a taxi.라고 대답합니다. 반면 get in은 택시에 '올라타는' 동작을 말합니다. 차를 태워줄 때 '타'라고 말하려면 Get in a taxi!가 되는 거죠.

거래처 고객과의 미팅을 앞두고 있는 민준 씨. 뉴욕은 번잡스러운데다 초행길이라 약속 시간에 늦지 않기 위해 하루 전날 미리 택시를 예약하는데… 역시나 빈틈이 없는 민준 씨다.

Minjun	Hello, could you send a cab?
Cab Company	Certainly, [1]**where are you located?**
Minjun	[2]**Motel 6 on 108 West 24th Street, New York.**
Cab Company	Where are you heading for?
Minjun	To the 45 West 44th Street, New York.
Cab Company	OK. When do you need it, sir?
Minjun	At 9 o'clock, tomorrow morning.
Cab Company	Your name and room number, please?
Minjun	I'm Minjun Na and I'm staying in [3]**room 1245.**
Cab Company	[4]**Your cab will be waiting for you at 9 in the morning.**

민준 여보세요? 택시 한 대 보내주시겠습니까?

택시회사 그러죠. 지금 계신 곳이 어디인가요?

민준 뉴욕 웨스트 24번가 108번지의 모텔 6인데요.

택시회사 어디로 가실 건가요?

민준 45번지요. 뉴욕 웨스트 44번가에 있는.

택시회사 알겠습니다. 언제 필요하신가요, 손님?

민준 내일 아침 9시요.

택시회사 성함과 방 번호를 알려 주시겠어요?

민준 나민준이고, 1245호실에 묵고 있습니다.

택시회사 택시가 아침 9시에 대기해 있을 겁니다.

1 locate는 '~에 위치시키다'라는 뜻이고, be located는 '~에 위치해 있다'는 뜻입니다. 따라서 Where are you located?는 현재 위치, 즉 지금 있는 곳의 주소를 알려달란 뜻이죠.

2 위치나 주소를 말할 때, 영어에서는 우리와 달리 좁은 단위부터 먼저 얘기합니다. 아파트라면 아파트 이름과 동수, 회사라면 빌딩 이름을 알려준 다음, 번지수와 지역 이름, 도시 이름 순으로 얘기합니다.

3 1245호 같은 방 번호는 한 자리씩 읽기도 하고 두 자리씩 끊어 읽기도 합니다. 말하는 사람의 습관에 따라 다른 거죠.

4 Your cab will be waiting for you at ~은 '~시에 당신이 부른 택시가 기다리고 있을 겁니다'니까, 그 시간에 맞춰 택시를 보내주겠다는 뜻입니다.

 잠깐만요! **택시에서 팁은 얼마가 적당할까?**

미국에서는 택시, 호텔, 레스토랑, 이발소 등 서비스를 제공 받는 곳에서 감사의 표시로 tip을 주는 것이 일반화되어 있습니다. 팁은 얹어주는 거니까 많을수록 좋다고 생각하기 쉬운데요, 실은 그렇지 않습니다. 전체 비용의 18 ~ 22%가 적당하고요, 택시에서는 미터기의 요금에 18 ~ 22%를 더해서 주면 됩니다. 서비스가 불만족스러우면 더 적게 줘도 되죠. 한 가지 주의할 점은 트렁크에 싣는 짐은 별도의 팁을 주어야 한다는 겁니다. 보통 가방 하나당 1달러 정도를 받죠. 그래서 택시 운전사들은 아무리 작은 짐이라도 트렁크에 실으려고 합니다. 가방이 커서 운전사의 도움으로 트렁크에 실어야 할 경우에는 이에 대한 팁 또한 별도로 계산해주는 게 관행입니다.

택시를 타고 뉴어크 공항으로 가는 송이씨. 11시 비행기를 타야하는데 교통 체증 때문에 택시가 거북이 걸음이다. 송이씨는 과연 제시간에 공항에 도착할 수 있을까?

Taxi Driver	[1]**Where is it you would like to go?**
Song-e	Take me to Newark Airport, please.
Taxi Driver	[2]**All right.**
Song-e	[3]**Can you drive faster, please?** I have to catch [4]**an 11 o'clock flight.**
Taxi Driver	I'm afraid [5]**we are in a traffic jam.**
Song-e	Humm... Then, would you pull over in front of that station? I'd better take a subway.
Taxi Driver	All right.
Song-e	What's the fare, please?
Taxi Driver	The fare is $8.60.
Song-e	Here you are. Keep the change.

택시기사 어디로 가시겠습니까?

송이 뉴어크 공항으로 가주세요.

택시기사 알겠습니다.

송이 좀 더 빨리 가주실래요? 11시 비행기를 타야 하거든요.

택시기사 죄송하지만 차가 막혀서 말이죠.

송이 음… 그럼 저 지하철역 앞에 세워주시겠어요? 지하철을 타는 게 낫겠어요.

택시기사 그렇게 하시죠.

송이 요금은 얼마인가요?

택시기사 8달러 60센트입니다.

송이 여기 있어요. 잔돈은 가지세요.

1　행선지를 묻는 또 다른 표현입니다. 간단히 Where to, sir?이라고도 하죠.

2　'알았다.'고 할 때 OK.도 좋지만 All right.이나 You got it. 같은 표현도 써보세요.

3　좀 더 빨리 가달라는 뜻으로 drive faster를 썼는데 make it quick이나 step on it도 많이 씁니다. step on it의 it은 gas pedal(accelerator)이죠. 반대로 '속도를 줄이다'는 slow down입니다.

4　'~시 비행기'는 a/an ~ o'clock flight이라고 합니다.

5　traffic jam은 '교통 체증'이고, '교통 체증 때문에 꼼짝 못하다'라고 할 때는 be (stuck) in a traffic jam이라고 합니다. jam은 먹는 '잼'뿐 아니라 잼처럼 엉겨 있는 '복잡한 상황'을 말할 때 많이 쓰입니다. 복사기의 '종이 걸림'도 paper jam이라고 하죠.

⏱ **잠깐만요!**　**요금을 가리키는 여러 가지 표현**

- **fare:** 버스, 기차, 비행기 등의 운임. 놀이공원 등의 입장료도 fare라고 하는데, full-fare는 '전액 요금', half-fare는 '반액 요금'입니다.

  Children under 4 travel **half-fare**. 4세 미만 어린이는 반액 요금입니다.

- **fees:** 전문적인 일을 해준 대가로 내는 돈. 변호사 수임료(legal fees)나 진료비(medical fees)를 가리킬 때 쓰죠. 학교에 내는 수업료는 school fees라고 합니다. 입학금은 entrance fees죠.

  The insurance company paid all my **medical fees**. 보험 회사가 병원비를 다 내줬어.

- **rent:** 집이나 사무실, 자동차를 빌리고 내는 돈. rental은 자동차 임대비용을 가리킵니다.

  Office **rents** are extremely high in this part of Manhattan. 맨해튼에서 이 지역의 사무실 임대료는 정말 비싸요.

① 택시 정류장이 어디에요?

                         can I   a taxi?

② 택시 좀 보내주시겠어요?

  Could you   ?

③ 어디로 가십니까?

  Where are you   ?

④ 택시는 언제 필요하신가요?

                    do you   it?

⑤ 뉴어크 공항으로 가주세요.

                                 Newark
Airport, please.

⑥ 여기 세워주시겠어요?

  Would you   here?

⑦ 요금은 얼마인가요?

                  the   , please?

⑧ 잔돈은 가지세요.

                                  .

| 정답 |
① Where, catch
② send, a, cab
③ heading, for
④ When, need
⑤ Take, me, to
⑥ pull, over
⑦ What's, fare
⑧ Keep, the, change

05 지하철 및 버스 이용하기

Which bus goes to Washington Square?

워싱턴 광장엔 몇 번 버스가 가나요?

강의 및 예문듣기

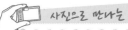

사진으로 만나는 미국

미국 대도시의 도심지에는 버스나 지하철 등의 대중교통 시스템이 잘 갖춰져 있습니다. 특히 대도시들은 버스나 지하철 노선을 한 시스템으로 관리하기 때문에, 환승권transfer만 있으면 한 번 끊은 표로 일정 시간 동안 버스나 지하철을 여러 번 갈아탈 수도 있죠.

미국에서는 도시마다 지하철을 부르는 이름도 다양해서, 뉴욕에서는 subway, LA나 워싱턴에서는 metro, 시카고에서는 metra 등으로 부릅니다. 지하철은 수시로 오기 때문에, 평일 및 주말/휴일에 차가 끊기는 시간만 체크해두면 이용하는 데 큰 불편이 없습니다. 하지만 버스는 30분 이상의 간격을 두고 운행되는 경우도 많고, 경우에 따라서는 한 시간에 한 대 올 때도 있으므로 스케줄을 미리 알아두는 게 좋죠. 또한 버스는 평일과 주말, 러시아워와 나머지 시간대에 따라 노선이 달라진다는 것에 주의하세요.

지하철 노선도map나 버스 노선 및 스케줄에 대한 정보지는 지하철역이나 버스 정류장, 또는 그 지역의 관광 안내 센터 등에서 쉽게 구할 수 있습니다.

◀ 시카고의 지하철인 CTA의 노선도입니다. 우리나라 지하철과 마찬가지로 각 노선을 색으로 구분하는군요. 시내 중심부는 Downtown Inset으로 따로 확대해서 보여주고 있습니다. 미국의 지하철은 도시마다 그 운영사가 다르므로 각기 고유한 이름이 있습니다. 워싱턴의 경우엔 Metro, 뉴욕은 MTA죠.

- **Free connection between routes**
  노선 간 무료 환승
- **Accessible station**
  장애인용 설비 갖춘 역
- **Park & Ride Lot**
  지하철 환승 주차장

◀ 이 카드는 뉴욕 시에서 지하철이나 버스를 탈 때 이용할 수 있는 메트로 카드(Metro Card)입니다. 카드 뒷면에는 Instructions(사용방법)가 나와 있군요. 지하철에서는(for the subway) 앞쪽으로 카드를 긁고, 버스에서는(for the bus) 홈 안쪽으로 카드를 집어넣도록 되어 있습니다.

대개의 경우 지하철에서는 우리의 전철 승차권과 비슷한 형태의 요금 카드^{fare card}를 사용합니다. 옆의 사진은 지하철역에 있는 지하철표 자동판매기^{ticket machine}입니다. 지하철은 대부분 자동화되어 있어 이런 티켓 판매기에서 표를 팔죠. 역무원을 발견하기는 쉽지 않고요, 심지어 역무원이 전혀 없는 무인 전철역도 있습니다. 사용법도 우리나라의 지하철표 자동판매기와 비슷합니다.

우선 1이라고 써 있는 곳에서 필요한 티켓을 선택한 후, 2라고 써 있는 곳의 설명에 따라 왼쪽의 동전 투입구에 동전을 넣습니다. 그러면 3이라고 써 있는 곳으로 티켓이 나오죠. 지폐는 먼저 오른쪽 아래에 있는 지폐교환기에서 동전으로 교환을 해야 합니다.

버스에서는 돈을 내거나 패스를 보여주면 됩니다. 요금도 지역에 따라 50센트에서 1.5달러까지 차이가 있습니다. 버스기사는 거스름돈을 가지고 있지 않으므로, 버스를 탈 때는 요금에 맞는 정확한 잔돈^{exact change}을 준비해 두어야 합니다. 버스를 타다가 지하철로 갈아타려면 버스 운전사에게서 환승권을 받으면 되고, 지하철을 타다가 버스를 타려면 지하철 탈 때 끊은 환승표를 계속 이용하면 됩니다.

▲ 샌프란시스코 시내에 있는 38L 버스의 버스 정류장입니다.

미국에서도 시내버스^{city bus}를 타면 시간은 많이 걸려도 도시의 구석구석까지 가볼 수 있습니다. 우리와 마찬가지로 버스 노선은 지하철역과 연결되어 있고, 출퇴근 시간^{peak/rush hours}에는 만원 버스^{jampacked bus}라는 점, 또 내리려는 정류장에 서기 전에 벨^{buzzer}을 눌러야 한다는 점 등도 비슷합니다. 반면 다른 점은 내릴 때는 뒷문이 반수동식이어서 스스로 열어야 하고, 뒷사람을 위해 문을 잡아주어야 한다는 점, 대부분의 버스가 노인이나 장애자를 위해 승강구를 보도 높이까지 낮출 수 있는 버스^{kneeling bus}라는 점 등이죠.

❶ 워싱턴 광장엔 몇 번 버스가 가나요?

Which bus goes to Washington Square?

몇 번 버스를 타야 하는지 물어보려면 〈Which bus goes to + 장소명사?〉를 이용해 보세요. '몇 번
버스가 ~에 가나요?'라는 의미이죠. 지하철을 탄다면 Which line goes to ~?(몇 호선이 ~에 가나
요?)가 되겠죠. 같은 표현으로 Which bus should I take to ~?(~에 가려면 몇 번 버스를 타야 하
나요?)를 쓸 수도 있습니다.

❷ 이 버스 시내로 가나요?

Does this bus go downtown?

버스를 타기 전에 '이 버스 ~로 가나요?' 하고 다시 한 번 확실히 하고 싶을 때는 〈Does this bus go
to + 장소명사?〉를 활용하면 됩니다. 그런데 위 문장에서는 to가 안 보이죠? downtown은 그 자체
가 '시내로'라는 의미의 장소부사로 쓰이기 때문에 굳이 전치사 to를 붙이지 않는 거죠.

❸ 버스를 잘못 타셨어요.

You're on the wrong bus.

자기 나라에서도 버스를 잘못 타는 경우가 종종 발생하는데, 미국에서야 말할 나위가 없죠. 이때 듣게 되
는 말이 You're on the wrong bus.입니다. 버스를 잘못 타셨다는 의미죠. 다른 말은 놓치더라도
wrong이란 말을 듣는 순간, 아차 버스를 잘못 탔구나, 하고 깨달으면 됩니다.

❹ 17A번 버스를 타서 오렌지 라인 지하철로 갈아타세요.

Take bus #17A, and transfer to the metro Orange line.

'(몇 번 버스, 혹은 몇 호선을) 타세요'라고 할 때는 어떤 특정 버스나 지하철을 '골라 이용한다'는 의미
로 take를 씁니다. transfer는 동사로는 '옮기다', '갈아타다', 명사로는 '환승', '환승권(= transfer
ticket)'의 뜻이죠. 따라서 transfer (from A) to B는 '(A에서) B로 갈아타다', transfer at ~은 '~
에서 갈아타다'라는 뜻입니다.

⑤ 엠파이어 스테이트 빌딩에 가려면 어디서 내려야 하죠?

Where do I get off for **the Empire State Building?**

버스나 기차처럼 큰 교통수단에 '오르다/내리다'란 동작을 말할 때에는 get on / get off를 씁니다. 하지만 승용차나 택시 같은 작은 차일 경우에는 get in / get out of를 쓰죠. 일상회화에서는 get 대신에 '(띄어) 오르고 내리다'는 의미로 hop을 쓰기도 하고요. get off 뒤의 for는 '~에 가기 위해'란 의미를 포함하고 있습니다.

⑥ 여기서 몇 정거장이나 떨어져 있죠?

How many stops **is it from here?**

버스나 지하철의 정류장은 모두 stop을 씁니다. 지하철의 정류장은 '역'이란 의미로 station을 쓰기도 하지요. 몇 정류장 남았는지 확인할 때는 〈How many more stops to + 목적지~?〉라고도 물어볼 수 있습니다.

⑦ 지금부터 3번째 정류장에서 내리면 됩니다.

That would be **the 3rd stop from here.**

버스나 지하철을 탄 다음에 어디에서 내려야 할지 자신이 없을 땐 행선지를 말한 다음 How many stops is it from here?라고 물어보면 되겠죠? 그러면 That would be the 3rd stop from here. 등으로 대답해줄 것입니다. '몇 번째 정류장'이란 표현을 할 때는 the 3rd(third) stop과 같이 서수를 써서 표현합니다.

⑧ 엠파이어 스테이트 빌딩에 가려면 몇 번 출구로 나가야 하죠?

Which exit is for **the Empire State Building?**

exit는 '출구', entrance는 '입구'죠. 각각 way out, way in이라고도 합니다. 따라서 exit for ~는 '~로 나가는 출구'란 뜻이 되죠. 정해진 몇 개의 출구 가운데 하나를 묻는 것이기 때문에 what exit보다는 which exit라고 묻는 것이 정확합니다.

❶ 버스표 끊기 🔊 05-1.mp3

출장 온 김에 뉴욕 여기저기를 둘러보는 송이씨. 오늘은 워싱턴 광장에 버스를 타고 한번 가볼 작정인데…

송이 워싱턴 광장에 몇 번 버스가 가나요?

매표소 직원 여기서 바로 가는 건 없어요. 17A번 버스를 타고 유니언 역까지 가서서 오렌지 라인 전철로 갈아타세요. 그게 거기까지 갈 겁니다.

송이 알겠습니다. 요금은 얼마죠?

매표소 직원 2달러입니다.

송이 버스표 두 장 주세요.

매표소 직원 여기 있습니다. 탈 때 꼭 기사에게 환승권을 달라고 하세요.

Song-e	Which bus goes to Washington Square?
Ticketman	There is no ¹**direct route** from here. Take ²**bus number 17A** to Union Station, and transfer to the metro Orange line. ³**That will take you there.**
Song-e	OK. What's the bus fare?
Ticketman	It's 2 dollars.
Song-e	Two ⁴**tokens**, please.
Ticketman	Here you are. ⁵**Be sure to** ask for a transfer ticket when you get on.

1 direct는 '직행의', route는 '길', '노선'이니까 direct route는 '직행 노선'이죠.

2 '～번 버스'라고 할 때는 〈bus number + 숫자〉로 말합니다.

3 '그 전철이 거기까지 갑니다.'는 '그것이 당신을 거기에 데려다줄 겁니다.'라는 의미인 That will take you there.라고 하면 됩니다. You can go there by that.이라고 해도 되고요.

4 영화 〈당신이 잠든 사이에〉에서 산드라 블록이 역에서 token을 팔고 있던 거 기억나세요? token은 본래 '표', '증거'란 뜻에서 발전하여 요금을 지불할 때 쓰는 대용 화폐를 가리키는 말이 되었죠. 미국에서는 여러 가지 '상품권'도 token이라고 합니다.

5 뭔가를 잊지 말고 꼭 하라고 할 때는 Be sure to ~ 혹은 Make sure to ~로 말을 시작합니다. to 뒤에는 동사원형을 붙여주세요.

⏱️ **잠깐만요!** **지하철에서 건진 영어**

영어를 배우는 가장 좋은 방법 가운데 하나는 주위에 있는 걸 자꾸 영어로 표현해보고 작은 것 하나 무심코 넘기지 않는 것이죠. 썰렁해 보이는 지하철역에도 건질 수 있는 영어가 생각밖에 많으니까요.

- 입구: entrance / way in
- 표 파는 역무원: ticketman
- 발권기: ticket machine
- 출구: exit / way out
- 매표소: ticket booth / ticket window
- 개찰구: gate

동에 번쩍 서에 번쩍 여기저기 잘도 돌아다니는 송이 씨. 오늘은 또 어디를 가려는 것일까? 버스에 타기 전에 자신의 행선지로 가는 버스인지 다시 한번 확인하는 센스까지 발휘한다!

Song-e	[1]**Does this bus go downtown?**
Passenger	I think so. [2]**After you.**
Song-e	Thank you.
Bus Driver	Get on quickly, please. [3]**We are behind schedule.**
Song-e	I want to go to the Pentagon. Would you [4]**let me know when we get there?**
Bus Driver	No problem.

송이 이 버스 시내에 가나요?

승객 그럴 걸요. 먼저 타세요.

송이 고맙습니다.

버스기사 빨리 승차해 주세요. 우리가 좀 늦었거든요.

송이 펜타곤에 가려고 하는데요. 내려야 할 때가 되면 좀 알려 주시겠어요?

버스기사 그러죠.

1   '이 버스 ~에 가나요?'라고 할 때는 Does this bus go to ~? 대신 Is this bus heading for ~?라고 할 수도 있습니다. downtown은 자체가 부사이기 때문에 전치사 to 없이 쓴다고 했던 거, 기억나죠?

2   After you.는 '당신 다음에.' 즉 '먼저 하세요.'라고 양보할 때 쓰는 말이죠.

3   We are behind schedule.은 '우리는 예정보다 뒤에 있어요' 즉 '늦었다'는 의미입니다. 반대로 '앞서가다'는 ahead of schedule이죠. '예정에 맞춰'는 on schedule이고요.

4   let me know는 직역하면 '내가 알게 해주세요'지만, '알려주세요'란 의미로 기억해두면 됩니다. 이 대화에서 let me know 뒤에는 when I should get off(내가 내려야 할 때) 또는 when my stop arrives(내가 내릴 정류장에 도착할 때)라고도 말해도 같은 의미를 전할 수 있죠.

 잠깐만요!   **환승권을 이용하면 갈아탈 때는 공짜!**

제가 아는 한 유학생은 처음 미국에 와서 한동안 버스를 탈 때마다 요금을 냈다더군요. 나중에야 요금을 내면서 환승권을 받고, 갈아타는 버스 운전사에게 보여주면 요금을 안 내도 된다는 걸 알고는 아주 원통해 했습니다. 객지에 나와 공부하는 유학생에겐 그 동안 쓴 버스 요금도 무시 못할 돈이었던 것이죠.

환승권(transfer)은 보통 2시간 이내에만 유효하고 도중 하차나 왕복에는 이용할 수 없지만, 잘만 사용하면 쏠쏠한 이득을 볼 수도 있습니다. 특히 뉴욕의 맨해튼(Manhattan)에서는 북쪽으로 가는 uptown, 남쪽으로 가는 downtown, 동서로 다니는 cross town 등의 버스 노선이 그물처럼 얽혀 있어서 환승권을 이용하면 적은 비용으로 도시의 구석구석까지 가볼 수 있죠.

1년째 미국에서 파견근무 중이지만 뉴욕 출장은 처음인 민준 씨. 뉴욕에 왔다면 역시나 엠파이어 스테이트 빌딩 정도는 한번 가줘야지 하며 룰루랄라 버스에 올랐는데…

민준 실례합니다. 엠파이어 스테이트 빌딩에 가려면 어디서 내려야 하나요?

승객 오, 버스 잘못 타셨어요. 다음 정거장에서 내려서 건너편에서 25L번 버스를 타세요.

민준 정말 고맙습니다.

Minjun	Excuse me. Where do I get ¹**off** for the Empire State building?
Passenger	Oh, ²**you're on the wrong bus.** Get off at the next stop, and take the bus number 25L ³**on the other side**.
Minjun	Thank you so much.

1　off 자체에 '~에서 내리다'란 뜻이 있어서 Let me off here.라고 하면 '여기서 내릴게요.'란 의미가 되죠.

2　wrong은 '잘못된', '틀린'의 뜻입니다. '버스를 잘못 탔군요.'를 영어에서는 '당신은 잘못된 버스 위에 있어요.'라고 말하죠.

3　도로는 중앙선을 기준으로 두 개의 side가 있죠. 내가 있는 쪽을 this side라고 하니까, 반대편은 the other side가 되죠. 여기에 전치사 on을 붙여 on the other side라고 해야 '반대편에서'라는 의미의 부사가 됩니다. on the opposite side라고 해도 같은 말이죠.

⏱ **잠깐만요!**　　**공항에 있는 작은 버스는 뭐죠?**

미국 공항에 가보면 버스와 비슷하지만 더 작은 셔틀밴(shuttle van)이나 리무진(limousine)이 있습니다. 주로 공항에서 가까운 거리를 왕복 운행하는 소형 버스죠.

우선 셔틀 밴(shuttle van)은 '정기 왕복 버스'를 가리킵니다. van은 원래 지붕이 있는 소형 운반차를 말하는데, 우리로 말하면 봉고 같은 승합차죠. 택시와 버스의 중간 역할로, 공항에서 같은 방향의 손님을 몇 태워 가까운 목적지부터 한 사람씩 내려줍니다. 택시에 비해 아주 싸지만 사람이 찰 때까지 기다려야 한다는 것, 사람들을 여기저기 데려다 주니까 시간이 많이 걸린다는 것이 단점이죠. 공항의 셔틀밴 정차장에는 안내원이 서 있습니다. 다가가서 Can I get shuttle van here?(여기서 셔틀밴을 이용할 수 있나요?) 하고 물은 뒤, 일행의 수와 목적지를 얘기하면 됩니다. 사람 숫자대로 요금을 계산하니까 일행이 많다면 택시가 더 유리할 수도 있겠죠.

공항에서 리무진이라 하면 고급 승용차를 말하는 것이 아니라 일정 노선을 운행하는 소형 버스를 말합니다. 우리나라에도 공항 리무진 버스가 있지만 미국 것보다 훨씬 더 크죠.

마치 뉴요커가 된 것처럼 신이 난 멋쟁이 송이 씨. 오늘은 뉴욕의 명물 지하철을 타고 센트럴파크에 나가볼까 한다. 그나저나 출장 업무는 제대로 보고 놀러 다니는 건지?!

Song-e	Excuse me. ¹**How can I go to Central Park by subway?**
Passerby	Central Park? Let me see... Take the A line and ²**get off at Columbus Circle station**. And walk from there. It's only ³**one block away**.
Song-e	⁴**I got it.** What's the subway fare to there?
Passerby	Maybe you'd better buy ⁵**a zone 2 ticket**. It's probably around 1.5 dollars. There are ticket machines right in front of the escalator.
Song-e	⁶**I'm sorry to keep bothering you**... How many stops is it from here?
Passerby	Let me see... *(Looking at the map)* One, two, three... The 16th stop.
Song-e	Thanks a lot.
Passerby	⁷**Sure.**

송이 저기요. 지하철로 센트럴 파크에 가려면 어떻게 가죠?

행인 센트럴 파크요? 잠깐만 요… A라인을 타서 콜럼버스 광장역에서 내리세요. 거기서 걸어가시면 돼요. 한 블록밖에 안 떨어져 있어요.

송이 알겠어요. 거기까지 지하철 요금은 얼마죠?

행인 아마 2구역 표를 끊어야 할 거예요. 1달러 5센트쯤 될 거예요. 에스컬레이터 바로 앞에 티켓 발권기가 있어요.

송이 자꾸 귀찮게 해드려 죄송한데요… 여기서 몇 정거장이나 떨어져 있나요?

행인 어디 보자… (노선도를 보며) 하나, 둘, 셋… 16번째 정거장이네요.

송이 정말 고맙습니다.

행인 뭘요.

---

1 How can I go to ~?는 '~에 어떻게 가죠?'라고 길이나 교통수단을 묻는 말이죠. '지하철로' 어떻게 가야 하는지를 묻는 거니까 뒤에 by subway를 붙였습니다.

2 '~역에서' 내리거나 타라고 할 때는 전치사 at을 씁니다.

3 away는 '~ 떨어진'이란 부사죠. 뒤에 from there가 생략되어 있습니다.

4 get은 가장 다양하게 쓰이는 동사 중 하나입니다. I got it.은 '난 그걸 잡았다.'란 뜻이 아니라 '그걸 이해했다.' 즉 '알았다.'로 I see.와 같은 의미죠.

5 zone은 '지역', '구역'의 의미인데, 여기서는 '동일 운임 구간'이란 의미죠. 우리도 지하철 요금을 구역별로 매기죠? 따라서 zone 2 ticket은 '두 구역 요금의 표'를 말하는 거죠.

6 keep -ing는 '자꾸 ~하다', bother는 '귀찮게 하다'라는 뜻입니다. 따라서 '자꾸 귀찮게 해서 미안하다'고 할 때 이 표현들을 이용해 I'm sorry to keep bothering you.라고 하면 되는 거죠. 누가 자꾸만 성가시게 해서 한마디 쏘아주고 싶을 땐 Don't bother!(귀찮게 좀 하지 마!) 또는 Why bother?(왜 귀찮게 하는 거야?)라고 해보세요.

7 이럴 때 Sure.는 '물론이죠.'가 아니라 '천만에요.' 즉 You're welcome.의 의미입니다.

❺ 지하철에서 내려 출구 찾기

🎧 05-5.mp3

민준 씨가 버스를 타고 엠파이어 스테이트 빌딩으로 향하고 있는 그 시각, 송이 씨 역시 지하철을 타고 엠파이어 스테이트 빌딩으로 향하고 있다. 드디어 이들의 운명적 만남은 이루어지는 것인가?

Announcement	Next stop is 5th Avenue. ¹**You can transfer to B line to Washington Square.**
Song-e	Excuse me. ²**What did they say the next station was?**
Passenger	I think they said 5th Avenue.
Song-e	Where do I get off for the Empire State Building?
Passenger	That would be the 3rd stop from here.
Song-e	Thank you.
	......
Song-e	Excuse me. Which exit is for the Empire State Building?
Ticketman	Exit number 5. Go straight ahead and ³**you'll come right to it.**

방송 다음 역은 5번가입니다. 워싱턴 광장에 가실 분은 B라인으로 갈아타십시오.

송이 죄송한데요, 지금 방송에서 다음 역이 뭐라고 했죠?

승객 5번가라고 한 것 같은데요.

송이 엠파이어 스테이트 빌딩에 가려면 어디서 내려야 하나요?

승객 세 정거장 더 가서 내리세요.

송이 감사합니다.

......

송이 실례합니다. 엠파이어 스테이트 빌딩에 가려면 몇 번 출구로 나가야 하나요?

매표소 역무원 5번 출구요. 곧장 가시면 바로 나올 겁니다.

1　You can transfer ~에서 can은 '~할 수 있다'란 뜻이라기보다는 '~할 수도 있다', '~하면 된다' 정도로 해석하는 게 좋습니다. B line to ~에 쓰인 to는 '~행'이란 뜻이죠.

2　'지금 방송에서 뭐라고 했죠?'란 말을 영어로 하려면 언뜻 주어가 떠오르지 않죠? 그럴 때는 they를 쓰면 됩니다. 기관이나 단체, 회사 같은 불특정한 주어를 they로 쓰죠.

3　you'll come right to it은 '바로 그곳에 도착하게 된다'는 뜻입니다. right가 '바로 그'라는 의미로 쓰인 거죠.

💡 **이럴 땐 이렇게!**　**버스에서 내릴 곳을 지나쳤다고요?**

이런 사태를 방지하려면 우선 안내방송을 잘 들어야겠지만, 빠르게 발음하는 안내방송이 그렇게 귀에 잘 들어오지는 않습니다. 따라서 미리 옆 사람이나, 버스의 경우 기사에게 내릴 곳을 얘기하고 알려달라고(Let me know when we get there, please.) 부탁하는 게 좋겠죠.

하지만 이미 지나쳐 버렸다면? 일단 버스기사에게 가서 이렇게 말해보세요. I missed my stop! Could you stop, please?(내릴 곳을 지나쳤어요. 세워주시면 안 될까요?) 그래도 안 된다면 next stop(다음 정류장)에서 내린 후 on the other side(건너편)에서 같은 버스를 타고 돌아갈 밖에요.

❶ 워싱턴 광장엔 몇 번 버스가 가나요?

_____ Washington Square?

❷ 이 버스 시내로 가나요?

_____ downtown?

❸ 버스를 잘못 타셨어요.

You're _____ the _____.

❹ 17A번 버스를 타서 오렌지 라인 지하철로 갈아타세요.

_____ bus #17A, and _____

the metro Orange line.

❺ 엠파이어 스테이트 빌딩에 가려면 어디서 내려야 하죠?

_____ the Empire State Building?

❻ 여기서 몇 정거장이나 떨어져 있죠?

_____ is it from here?

❼ 지금부터 3번째 정류장에서 내리면 됩니다.

That would be _____

_____ .

❽ 엠파이어 스테이트 빌딩에 가려면 몇 번 출구로 나가야 하죠?

_____

_____ the Empire State Building?

| 정답 |
❶ Which, bus, goes, to
❷ Does, this, bus, go
❸ on, wrong, bus
❹ Take, transfer, to
❺ Where, do, I, get, off,
   for
❻ How, many, stops
❼ the, 3rd, stop, from,
   here
❽ Which, exit, is, for

065

06 고속버스나 기차 타고 장거리 여행하기

How often does the bus come?

버스는 얼마나 자주 오나요?

강의 및 예문듣기

사진으로 만나는 미국

미국에서 자동차는 신발입니다. 신발을 신어야 밖으로 나갈 수 있는 것처럼 자동차가 있어야 쉽게 돌아다닙니다. 자동차로 갈 수 없는 거리는 주로 항공을 이용하지요. 이처럼 자동차나 항공 여행이 많이 발달되어 있기 때문에 미국에서 장거리 버스long-distance bus나 기차는 예전만큼 많이 이용되지는 않습니다. 운송업체carrier도 거의 단일화되어 고속버스는 Greyhound,

열차는 Amtrack 같은 큰 업체들이 대표격으로 운행하고 있죠. 하지만 미 대륙을 여유롭게 감상하려는 나이 지긋한 여행객이나 비행기 여행을 싫어하는 사람은 아직도 장거리 버스나 기차를 이용하죠. 특히 호텔처럼 꾸며져 있는 침대칸sleeping car 열차로 여행을 하게 된다면 호화 여행을 즐길 수도 있답니다. 대신 값은 상당히 비싼 편이죠. 그런 면에서 보면 사실 미국에서 열차는 우리가 생각하듯이 이동만을 목적으로 하는 것이 아니라 유람선과 같은 특수한 여행 수단입니다. 또한 장거리 버스를 타도 우리처럼 중간에 휴게소에 정차하거나 하는 일은 없답니다. 그럼 급한 볼일은 어떻게 하느냐구요? 걱정 마세요. 버스 뒤편에 화장실이 있으니까요.

고속버스는 미리 예약을 하지 않아도 승차권 구하기가 어렵지 않지만, 예매를 하면 할인해주는 경우도 있으니 여유가 있다면 전화로 미리 예약해두는 게 좋겠죠. 반면 기차는 예약을 해야 합니다. 특히 고급석이나 침대칸을 이용하려면 반드시 예약을 하는 편이 좋습니다. 또한 미국의 고속버스나 열차 일반석coach class의 경우에는 승차권에 자리가 지정되어 있지 않기 때문에 가능하면 일찍 나가야 원하는 자리를 잡을 수 있습니다.

◀ Greyhound를 타면 짐에 이런 tag를 달아줍니다. 자세한 설명을 보려면 뒷면을 보래(See Reverse side for Instructions)고 되어 있네요.

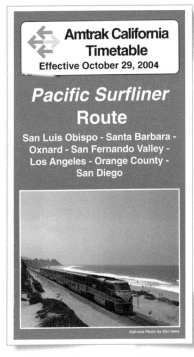

Amtrak California Timetable

Effective October 29, 2004

Pacific Surfliner Route

San Luis Obispo - Santa Barbara -
Oxnard - San Fernando Valley -
Los Angeles - Orange County -
San Diego

Caltrans Photo by Don Sims

Coast Starlight Services:
(Seattle-Portland-Sacramento-Oakland-San Jose-
San Luis Obispo-Santa Barbara-Los Angeles)
Superliners No Smoking. Reservations required.
Sleeping Cars--Deluxe, Special, Family and Standard Bedrooms.
First Class Service includes complimentary meals and morning
wake-up service with a newspaper and coffee, tea or orange juice.
Pacific Parlor Car (Sleeping Car Passengers only)--Lounge
with library, games, hospitality hours and snacks.
Coach Service--Reclining seats.
Dining Car--Complete meal service.
Sightseer Lounge Car--Sandwiches, snacks and beverages.
Checked baggage service--At all staffed stations.

코스트 스타라이트 노선:

(시애틀 – 포틀랜드 – 사크라멘토 – 오클랜드 – 산호세 –
샌루이어비스포 – 산타 바바라 – 로스앤젤레스)

수퍼라이너칸 – 금연. 예약 필수

침대칸 – 고급, 특별, 가족용, 일반 침실이 있습니다.

일등석 서비스에는 무료 식사, 모닝콜 서비스, 신문, 커피나 홍차 또는 오
렌지 주스가 제공됩니다.

응접실칸 (침대칸 승객 전용) – 도서관이 갖춰져 있고 게임, 손님 접대와
간단한 식사를 할 수 있는 휴게실

일반 객실 서비스 – 안락의자

식당칸 – 코스 요리 서비스

관광객 휴게실칸 – 샌드위치 및 스낵, 음료

화물 수하 서비스 – 직원이 배치된 모든 역에서

▲ 이 브로셔는 미국의 열차 운송업체인 Amtrack에서 나온 것입니다. 캘리포니아(California) 지역을 운행하는 Pacific Surfliner 노선의 열차 시
간표입니다. 열차 도착 시간뿐 아니라 열차와 연계된 버스들도 소개되어 있고, 여러 가지 특별 서비스 노선에 대한 안내도 나와 있습니다. 특히 이 노
선에는 시애틀(Seattle)에서 LA까지 서부 해안 도시를 운행하는 Coast Starlight란 노선이 포함되어 있죠. 오른쪽의 안내문은 그 노선에 대한 소개
문입니다.

▲ Amtrak의 일반 객실 내부 모습.

▼ Amtrak의 Superliner(침대객차)의
Bedroom 모습입니다. 낮에는 의자로, 밤에
는 침대로 쓸 수 있게 되어 있고 화장실과 사
워실도 딸려 있습니다.

timetable 시간표 route 노선 deluxe 호화로운 (여기서는 고급 특실을 의미합니다.) special 특별한 (여기서는 장애인용 침실을 말합니다.) family
가족용, 4~5인용 침실 complimentary 무료, 우대 morning wake-up service 아침에 깨워주는 서비스 ('모닝콜'은 콩글리시이며, wake-up call,
wake-up service가 맞는 표현입니다.) parlor 응접실, 거실 hospitality 환대 reclining seat 의자를 뒤로 젖힐 수 있는 좌석 dining car 식당칸
complete meal 코스 요리 (전채, 주식, 후식이 갖춰진 식단을 말합니다.) sightseer 관광객 beverage 음료수 staff ~에 직원을 배치하다

①

버스는 얼마나 자주 오나요?

How often **does the bus come?**

버스나 기차표를 끊을 때, 차가 얼마나 자주 오는지 묻는 말이죠. How often ~?은 '얼마나 자주 ~?'
라는 뜻으로 빈도를 물어볼 때 많이 씁니다. '두 시간에 한 대'라면 one every 2 hours, '하루에 세 대'
라면 three buses a day라고 대답하면 됩니다. come 대신 leave를 쓸 수도 있습니다.

②

뉴욕에서 워싱턴으로 가는 좌석을 예약하고 싶은데요.

I'd like to **reserve a seat** from New York to Washington.

reserve a seat은 '좌석을 예약하다'죠. book a seat이라고도 할 수 있습니다. 기차표를 예매하는
건 자리를 예약하는 것이기 때문에 reserve a seat이라고 한 거죠. 미국 기차나 고속버스에는 지정석
도 입석도 없습니다.

③

평일 하루에 세 대의 급행열차가 있습니다.

There are **three express trains on weekdays.**

express에는 '급행의', '속달의'라는 의미가 있습니다. 그래서 express train은 '급행열차', express
delivery는 '빠른우편'이죠. weekday는 주말과 휴일을 뺀 평일을 가리킵니다. 미국에서는 일부 서비
스 업종을 제외하고는 주말에 일하는 사람이 드뭅니다. 따라서 교통수단의 배차 시간도 다르고 요금도 주
말과 평일이 다르죠.

④

보통석으로 하시겠습니까, 일등석으로 하시겠습니까?

Would you like **coach class or first class?**

coach는 원래 '마차'란 뜻입니다. 미국의 열차 시스템이 예전의 역마차에서 비롯되었음을 보여주는 표현
이죠. 기차에도 보통석과 business class, first class 등이 있는데, coach class라 하면 '보통 객실'
을 의미합니다. 비행기로 치면 economy class에 해당하지만 그보다는 훨씬 안락하죠.

⑤ 보스턴행 기차는 어디에 있나요?

Where's the train for **Boston?**

train이나 bus 뒤에 〈for + 지명〉이 나오면 '~행'이란 의미입니다. 그래서 train for Boston은 '보스턴행 기차'란 의미가 되죠. '보스턴행 기차 어디에 있나요?'는 '내가 어디서 보스턴행 기차를 탈 수 있나요?'란 뜻이므로 Where can I take the train for Boston?으로도 바꿔 쓸 수 있습니다.

⑥ 이 자리 주인 있나요?

Is this seat taken?

take a seat은 '자리를 잡다'죠. Is this seat taken?처럼 수동형으로 쓰면 '이 자리 차지되었나요?' 즉 '주인이 있나요?'라는 의미가 됩니다. 미국의 기차는 지정석이 아니기 때문에 비어 있는 자리 중에서 원하는 자리에 앉으면 됩니다. 그럴 때 비어 있는 자리인지 확인하는 표현이죠.

⑦ 워싱턴의 유니언 역까지는 얼마나 더 가야 하나요?

How much further to **Union Station in Washington?**

further는 '더 멀리'니까 How much further to ~?는 '~까지는 얼마나 더 멀리 가야 하나요?'라는 뜻이죠. 즉, 가야 할 거리가 얼마나 남았는지 묻는 표현입니다. 이럴 때 to는 '~까지'란 의미죠.

⑧ 이건 그냥 가지고 탈게요.

We'll just carry them on.

짐을 check in하라고 할 때 그냥 가지고 타겠다고 하려면 I'll just carry them on.이라고 하면 됩니다. 여기서 carry는 '~을 휴대하다', '가지고 다니다'는 의미이고, on은 차에 '올라탄다'는 의미를 내포하고 있죠. 따라서 carry something on이라고 하면 '~을 가지고 타다'라는 말이 되는 겁니다.

❶ 전화로 고속버스 예약하기　　　🎧 06-1.mp3

주말을 이용해 보스턴에 있는 친구를 만나러 갈 계획인 민준 씨. 미국의 대표적인 고속버스 회사인 그레이하운드 사로 전화해 보스턴행 표를 예매한다.

Assistant	Greyhound service. May I help you?
Minjun	Hi. I'm visiting New York and **¹I need to get to Boston** this Saturday. **²I am wondering if there is a bus that I could take.**
Assistant	Hmm... Take the Greyhound to Boston at NY Terminal. **³And then you would be able to catch a bus from there.** **⁴That'll take you to Boston.**
Minjun	Okay. What's the fare to Boston?
Assistant	$24.
Minjun	OK. **⁵Book me on that bus**, please.

직원 그레이하운드 서비스입니다. 무엇을 도와드릴까요?

민준 안녕하세요. 저는 뉴욕을 방문하고 있는데, 이번 토요일에 보스턴에 좀 가야 하거든요. 혹시 버스가 있는지 궁금해서요.

직원 음… 뉴욕 터미널에서 보스턴행 그레이하운드를 이용하시면 됩니다. 거기서 버스를 타시면 보스턴까지 모셔다드릴 겁니다.

민준 예. 보스턴까지 요금이 얼마죠?

직원 24달러입니다.

민준 좋아요. 그 버스를 예약해 주세요.

1 〈I need to + 동사원형〉은 '~해야 할 필요가 있다'는 의미이고, 〈get to + 장소명사〉는 '~에 가다', '도달하다'는 의미입니다. 이때 get 대신 go를 써도 되죠.

2 I'm wondering if ~(~인지 궁금해요)는 궁금한 사항을 문의할 때 유용하게 쓸 수 있는 패턴입니다. if 뒤에는 궁금한 내용을 완전한 문장으로 말해주면 되죠.

3 And then은 '그런 다음에'란 의미로 많이 쓰이죠. would는 '~일지 모른다'는 추측의 의미가 있기 때문에 쓴 것입니다.

4 That'll take you to ~는 '그것이 당신을 ~에 데려다줄 겁니다', 즉 You can go to ~ by that(당신은 그걸 타고 ~까지 갈 수 있을 겁니다)이란 의미죠.

5 book me on that bus는 '그 버스에 예약해 주세요'입니다. book에는 원래 '(장부에) 기입하다'란 뜻이 있어서 여기서 '예약하다'란 의미로 발전된 것이죠. I'd like to book a seat of that bus.(그 버스의 좌석을 예약하겠어요.) 또는 I'll take that bus.(그 버스로 하겠어요.) 등으로 바꿔 말할 수 있습니다.

LA에 사는 누나 부부의 결혼기념일 여행 동안 제임스는 여자친구와 누나네 머물며 조카를 돌보고 있다. 셋은 샌프란시스코에 잠시 놀러왔다가 LA로 돌아가는 버스 티켓을 끊는데…

James	I'd like to go to LA. **¹Two adults and one kid, what's the fare?**
Ticket Lady	**²Are they one-way or round trip?**
James	One-way tickets, please.
Ticket Lady	It's $28 for an adult and $14 for a child. **³The total comes out to $70.**
James	How often does the bus come?
Ticket Lady	I think you just **⁴missed one.**
James	What time will the next bus leave?
Ticket Lady	7:40 p.m.
James	**⁵I'll take them.**
Ticket Lady	Here are your tickets. **⁶Do you have any baggage to check in?**
James	No, our bags are small. **⁶We'll just carry them on.**

제임스 LA에 가려고 하는데요. 어른 둘, 아이 하나면 요금이 얼미죠?

매표소 여직원 티켓은 편도로 드릴까요, 왕복으로 드릴까요?

제임스 편도로 주세요.

매표소 여직원 어른은 28달러고, 아이는 14달러이니까, 모두 70달러입니다.

제임스 버스는 얼마나 자주 오나요?

매표소 여직원 지금 막 하나를 놓치신 것 같아요.

제임스 다음 버스는 몇 시에 출발하죠?

매표소 여직원 저녁 7시 40분이에요.

제임스 그걸로 할게요.

매표소 여직원 표 여기 있습니다. 맡기실 짐 있으세요?

제임스 아니요, 크지 않으니 갖고 타겠습니다.

---

1 우리는 '어른 둘, 아이 하나' 하고 말하지만 영어로 얘기할 때는 '두 명의 어른과 한 명의 아이'식으로 숫자를 앞에 말합니다. 미국 대부분의 티켓 판매소에서 어린이(children)와 노인(senior, elder)은 요금 할인 혜택을 받습니다. 대개 2세 미만의 아기는 무료, 2세에서 12세까지는 반값을 받고, 55세 이상의 노인인 경우는 할인이 됩니다.

2 Are they ~?에서 they는 tickets를 가리킵니다.

3 계산 결과 합계가 '얼마가 되다'라고 할 때는 보통 〈come out to + 액수〉를 씁니다.

4 missed one에서 miss는 '놓치다'란 뜻이고 one은 bus를 가리킵니다. 그래서 miss the bus라고 하면 '버스를 놓치다'죠.

5 I'll take them.에서 them은 7시 40분에 출발하는 next bus의 tickets를 가리킵니다.

6 고속버스에서는 비행기와 달리 짐이 분실되는 경우가 많습니다. 따라서 혼자서 들 수 있는 정도라면 차내에 갖고 타세요. 특히 귀중품은 반드시 휴대하고 있는 것이 좋습니다.

일도 열심, 뉴욕 관광도 열심이었던 송이씨. 뉴욕도 웬만큼 가볼 덴 다 가봤고 이번 주말 동안은 보스턴이나 한번 다녀와야겠다며 보스턴행 열차를 예약하는데… 거침없는 송이씨의 행복한 출장 여행기는 계속된다!

Song-e	I'd like to reserve a seat from Syracuse, New York to Boston. Is there an express train?
Assistant	There are three express trains on weekdays. 10:40 a.m., 3:30 p.m., 8:20 p.m. When are you going to leave?
Song-e	I want to leave this Friday. I'll take the 3:30 train.
Assistant	Would you like coach class or first class?
Song-e	Coach class, please. [1]**How much is the fare to Boston?**
Assistant	That will be 96 dollars.
Song-e	OK. I'll take it.
Assistant	All right. [2]**Your reservation number is 454753.**

송이 뉴욕의 시라큐스에서 보스턴으로 가는 좌석을 예약하려고 하는데, 급행열차 있나요?

직원 평일에는 하루에 세 대 있어요. 오전 10시 40분, 오후 3시 30분, 저녁 8시 20분요. 언제 떠나실 겁니까?

송이 이번 주 금요일이요. 3시 30분 열차로 하겠습니다.

직원 보통석으로요, 일등석으로요?

송이 보통석으로 주세요. 보스턴까지 요금이 얼마죠?

직원 96달러입니다.

송이 좋습니다. 그걸로 하죠.

직원 알겠습니다. 예약 번호는 454753입니다.

1 물건이나 서비스의 값/요금이 얼마냐고 물을 땐 How much? 또는 How much is it?이라고 물으면 되죠. 이것을 응용해 송이처럼 특정 목적지까지의 운행요금을 콕 집어 물어보고 싶다면 How much is 뒤에 〈the fare to + 목적지〉(~까지의 요금)를 갖다 붙이면 됩니다. 물론 요금을 물어볼 땐 What's the fare? 란 말도 많이 쓰죠.

2 예약 번호(reservation number)는 잘 메모해 놓으세요. 출발 당일 출발하기 30분 전쯤 역의 매표소(ticket office)에 가서 표를 찾으러 왔다(I'm here to pick up my ticket.)고 하면서 예약 번호를 말하면 표를 줍니다. 돈은 표를 받으면서 내면 되지요.

이젠 급기야 뉴욕에서 대륙을 횡단해 샌프란시스코까지 온 송이 씨. 여기까지 왔는데 LA를 안 가볼 수가 없지! 송이 씨는 한국인들이 제일 많이 산다는 천사의 도시, LA로 향하는 열차에 몸을 싣는다.

Song-e	[1]**Is this for LA?**
Man	No. This train is heading for Miami.
Song-e	Where's the train for LA?
Man	It's at platform number 5, over there.
Song-e	Thank you.
	……
Song-e	Is this seat taken?
Passenger	I don't think so. [2]**You may take it.**

송이 이거 LA행이에요?

남자 아뇨, 이 열차는 마이애미로 가는데요.

송이 LA행 열차는 어디에 서나요?

남자 저쪽의 5번 플랫폼으로 가 보세요.

송이 고맙습니다.

……

송이 이 자리 주인 있나요?

승객 그런 것 같지 않은데요, 앉아서도 될 거예요.

1 '이 버스가 ~로 가는 거냐?'고 확인하고 싶을 땐 Does this bus go to ~?를 쓰면 된다고 했던 거, 기억 나세요? 물론 열차에 대해 묻고 싶다면 이 표현에서 bus 대신 train을 쓰면 되죠. 그런데 이보다 훨씬 간단한 표현이 바로 〈Is this for + 목적지?〉입니다. 이때 for는 '~를 향하여', '~행', 즉 heading for의 의미인 거죠.

2 You may take it.의 take는 Is this seat taken?에서처럼 '차지하다'의 뜻입니다. 일반 객실(coach class)에서는 먼저 온 사람이 원하는 자리에 앉으면 됩니다.

 잠깐만요! **미국의 기차는 어떻게 달라요?**

지금은 그리 대중적이지는 않지만, 오래전 서부 개척 시대의 역마차에서부터 시작된 미국의 기차는 호화롭고 편안한 공간을 갖추고 있습니다. 통로에는 대개 카펫이 깔려 있고, 좌석은 뒤로 젖힐 수 있는 의자(reclining seat)로 되어 있으며, 앞뒤 간격 (legroom)이 우리보다 훨씬 더 넓죠. 넓은 땅덩어리를 운행하다 보니 침대칸(sleeping car)도 잘 되어 있어서 일반 침실칸 (standard bedroom)만 해도 탁자, 옷걸이, 거울, 콘센트 등이 있고, 신선한 꽃까지 제공됩니다. 또 특실(deluxe bedroom) 은 전용 싱크대, 화장대, 샤워 시설까지 갖춰진 그야말로 움직이는 특급 호텔인 셈이죠. 게다가 휴게실 칸에는 게임룸도 있고, 영화 상영도 하는 등 노선별로 여러 가지 프로그램이 운영되기도 한답니다.

송이씨가 미국에 장기 출장을 왔다는 소식을 들은 레이첼. 시간을 내어 송이씨를 만나러 가는 열차에 몸을 싣는다.

레이첼 실례합니다. 제가 방송을 놓쳤는데요. 제대로 탔나 모르겠네요?	Rachel	Excuse me. I missed the announcement... [1]**Is this the right car for me?**
차장 표 좀 보여 주시겠어요? 맞는데요.	Conductor	May I see your ticket? Yes, it is.
레이첼 워싱턴의 유니언 역까지 얼마나 더 남았나요?	Rachel	How much further to Union Station in Washington?
차장 2시간 정도 남았습니다.	Conductor	About 2 more hours.
레이첼 알겠어요. 아, 식당차는 어디죠?	Rachel	Oh, I see. Oh, [2]**where's the dining car?**
차장 앞으로 두 칸 더 가서 있습니다.	Conductor	Two cars forward.
레이첼 고마워요.	Rachel	Thanks a lot.

1 열차에서 car는 '차량', 즉 '기차 칸'을 의미합니다. right car for me, 즉 '내게 맞는 차량'은 자기 행선지에 가는 차량을 말하지요. 미국에서는 같은 열차라도 기차 칸에 따라 행선지가 다를 수 있거든요.

2 Where's the dining car?는 Where can I have a meal?로 말할 수도 있습니다.

 잠깐만요!　　**기차나 버스로 장거리 여행을 하려면 Pass를 끊으세요!**

미국에서 장거리 여행을 하려면 한국에서 정기권을 끊어가는 게 좋습니다. 고속버스 회사인 Greyhound는 외국인에 한해 Ameri 패스라는 정기권을 발행하고 있습니다. Ameri 패스는 15장의 쿠폰으로 되어 있어 버스에 탈 때마다 행선지를 기입하여 하나씩 뜯어가며 사용하는 것입니다. 예정 기간 이전에 쿠폰을 다 썼다면 Greyhound의 버스 터미널 티켓 카운터에 신청하여 더 받으면 되지요.

열차 회사인 Amtrak에서는 외국인 여행자들에게 USA rail 패스를 판매하는데요, 구입할 때는 며칠간, 어느 노선에서 사용할 것인지를 잘 보고 결정하여야 하고요, 편도 · 보통석을 기준으로 매겨진 요금이므로 특별 운임의 좌석을 이용할 경우에는 추가 요금을 물어야 합니다.

❶ 버스는 얼마나 자주 오나요?

                              does the bus

                 ?

❷ 뉴욕에서 워싱턴으로 가는 좌석을 예약하고 싶은데요.

I'd like to

                   New York   Washington.

❸ 평일 하루에 세 대의 급행열차가 있습니다.

There are three   on

                  .

❹ 보통석으로 하시겠습니까, 일등석으로 하시겠습니까?

Would you like   class or

class?

❺ 보스턴행 기차는 어디에 있나요?

Where's the   Boston?

❻ 이 자리 주인 있나요?

Is this   ?

❼ 워싱턴의 유니언 역까지는 얼마나 더 가야 하나요?

                                  to Union

Station in Washington?

❽ 이건 그냥 가지고 탈게요.

We'll just   them   .

| 정답 |
❶ How, often, come
❷ reserve, a, seat, from, to
❸ express, trains, weekdays
❹ coach, first
❺ train, for
❻ seat, taken
❼ How, much, further
❽ carry, on

075

숙소

07 숙소 잡기

Do you have any rooms available for 2?

2인용 방 있어요?

강의 및 예문듣기

사진으로 만나는 미국

미국은 땅이 워낙 넓기 때문에 당일치기로 도시 밖을 여행하는 데는 한계가 있죠. 때문에 숙박 시설을 이용하는 것은 기본입니다. 그렇다면 숙소는 어떻게 구하는 것이 좋을까요?

미국 호텔이나 모텔은 예약이 기본입니다. 비수기든 성수기든 미리 예약을 해두는 것이 좋

• 애너하임 컨벤션 센터에서 한 블록 거리
• 디즈니랜드에서 두 블록. 무료 셔틀 버스 운행
• 넓은 객실
• 방 2개짜리 스위트룸 있음
• 각 방에 냉장고, 커피메이커, 헤어 드라이기 비치
• 유선 방송 무료 / 객실 영화 감상
• 따뜻한 물 수영장과 거품 풀

• 디즈니랜드에서 두 블록. 무료 셔틀 버스 운행
• 대륙식 아침식사 무료 제공
• 각 방에 커피 메이커, 냉장고, 헤어 드라이기 및 금고 비치
• 따뜻한 물 수영장
• 투숙객용 세탁장

AAA로부터 인증 받음 10% 할인 혜택을 드립니다.

▲ 이 광고는 디즈니랜드가 있는 애너하임(Anaheim)의 공식 관광 안내서(official visitor guide)에 실린 광고입니다. 디즈니랜드에서 가까운 신축 호텔 두 곳이 함께 광고를 냈습니다. 두 곳 다 디즈니랜드까지 무료 셔틀 버스를 운행하고 있네요.

hospitality 환대 affordable 감당할 수 있는. 저렴한 Convention Center 컨벤션 센터 (회의 및 숙박 시설이 집중된 종합 빌딩) complimentary 무료로 제공되는 available 사용 가능한 continental breakfast 대륙식 아침식사 (섬나라인 영국식의 아침식사와 비교해 유럽식 아침식사를 이렇게 부르죠. 빵과 홍차 정도로 구성된 간단한 식사입니다.) AAA Approved AAA로부터 승인 받은 (AAA는 미국/캐나다의 가장 대표적인 여행자 클럽으로, 숙박업소나 각종 여행사의 서비스에 등급을 매겨 회원들에게 알려주고, 또 여러 가지 할인 혜택을 줍니다.) Inn and Suites 호텔 이름 중에 이런 말이 붙은 곳이 많은데, 값싼 방부터 최고급까지 모두 갖췄다는 뜻입니다.

지요. 방을 미리 확보해둘 수 있는데다, 저렴하게 방을 구할 수 있기 때문입니다. 어떤 미국 부모는 자녀의 대학 졸업식에 참석하려고 1년 전에 학교 근처에 숙소를 예약해 두기도 할 정도이니까요. 일반적으로 호텔 숙박비는 등급과 시즌에 따라 다르지만, 조금만 부지런히 움직이면 할인을 받을 수 있는 방법이 많습니다. 특히 쿠폰coupon 활용을 잘 하면 꽤 많은 경비를 절약할 수 있죠. 관광객 정보 센터Tourist Information Center니 호텔 로비, 페리 등에서 유명 관광지나 호텔의 할인 쿠폰들을 볼 때마다 잘 챙겨두세요. AAA(Triple A라고도 부릅니다)와 같은 여행사 클럽에 가입해도 각종 여행 정보 및 숙박비나 각종 관람료 할인 쿠폰을 얻을 수 있습니다.

호텔이나 모텔 검색은 물론 인터넷으로 하면 됩니다. 요즘은 워낙 이런 정보들이 인터넷에 잘 정리되어 있잖아요. 가격별로, 아니면 위치별로도 검색해볼 수 있고 말이죠. 전화로 예약을 할 때는 일행 수, 투숙 기간, 방의 크기를 정확히 말해야 합니다. 예약이 끝나면 예약 번호Reservation Number를 주는데, 이 번호는 체크인할 때 필요하므로 잘 메모해 두어야 하죠.

호텔이나 모텔을 예약할 때면 반드시 신용카드 번호를 묻기 때문에 전화를 걸거나 인터넷으로 예약을 하기 전에 미리 신용카드를 준비해두는 게 좋습니다. 혹시 예약을 미루거나 취소하고 싶을 때는 반드시 하루 전에 통보해야 하며, 일정상 밤 12시 이후에 도착하게 될 경우에도 미리 통지해야 합니다. 그렇지 않으면 예약이 취소되거나, 예약할 때 알려준 신용카드 번호로 요금이 청구되거든요.

◀ 이 쿠폰은 고속도로 휴게소에 비치된 Traveler라는 숙박업소 안내책자 안에 있는 Holiday Inn의 할인 쿠폰입니다. 휴게소나 그 지역의 관광 안내소(Visitor's Information Center)에는 이와 같은 쿠폰 북이나 무료 안내책자들이 있어 숙소, 식당, 오락 시설 정보를 충실히 제공해주고 있습니다.

based on ～에 기반하다 availability 유효성 (호텔에서는 '사용 가능한 방이 있음'을 의미합니다.) valid 유효한 expire 만기가 되다
w / with를 줄인 표현 (w/o은 without이라는 뜻입니다.) free 무료 (free of charge의 의미죠) directions 방향, 지시. 즉 '찾아오는 길' I-5 주간(interstate) 고속도로 5번 도로

①

2인용 빈 방 있어요?

Do you have any rooms available for 2?

available은 '사용할 수 있는'이니까 Do you have any rooms available?은 숙소를 구할 때 예약이 되어 있지 않거나 손님이 없는 빈 방이 있는지 묻는 거죠. 구체적으로 '2인용' 방이 있는지 묻고 싶다면 이 뒤에 for 2를 덧붙여주면 되고요.

②

빈 방 있나요?

Do you have any vacancies?

1번 표현과 함께 방이 있는지 물을 때 가장 일반적으로 쓰는 말입니다. vacancy는 '빈 터'란 뜻인데, 숙소를 구할 때는 '빈 방'이란 뜻으로 쓰인답니다. 길을 지나다 보면 모텔 앞에 Vacancy라고 씌어 있는 걸 볼 수 있죠. 방이 꽉 찼을 경우에는 No vacancy 또는 Full이라고 되어 있습니다. 하나 더! Are there any rooms left?(남은 방 있어요?)도 숙소를 구할 때 쓸 수 있는 표현입니다.

③

1박에 60달러입니다.

It costs $60 per night.

우리는 '하루에 얼마'라고 말하지만, 영어로는 '하룻밤에 얼마'라고 하기 때문에 per day가 아니라 per night입니다. cost는 '비용이 얼마를 들게 하다'란 뜻이니까 A cost B 하면 'A에는 B만큼의 비용이 든다'는 의미가 되죠.

④

이쪽으로 오세요.

Come this way, please.

this way는 '이쪽으로'니까 Come this way.는 말 그대로 '이쪽으로 오세요.'죠. 안내할 때 쓸 수 있는 표현이고요, Follow me, please.라고 해도 됩니다.

⑤ 숙박계 **좀 작성해 주시겠어요?**

Could you fill out the registration form?

서류나 양식 같은 것을 '작성하다'라고 할 때 fill out을 씁니다. 문서의 빈 곳을 '채운다'는 의미이기 때문이죠. fill in이나 fill up을 써도 됩니다. registration form은 '등록 양식'이니까, 호텔이나 모텔 같은 곳에서는 '숙박계'를 말하는 거죠.

⑥ 체크인하려고 하는데요.

I'm here to check in.

check in이 숙소에서는 '투숙 절차를 밟다'란 뜻이 됩니다. 〈I'm here to + 동사원형〉은 '저는 ～하려고 여기 있습니다'니까 '～하러 왔는데요'란 말이 되지요. 같은 뜻으로 I'd like to check in. 또는 I'm checking in.이나 Can I check in now?라고 말할 수도 있습니다.

⑦ 예약은 하셨나요?

Do you have a reservation?

'예약을 갖고 있다'란 말은 '이미 예약을 했다', 즉 made a reservation의 의미입니다. 그러니까 이 질문은 Did you make a reservation?으로 바꿔 말할 수 있죠.

⑧ 다른 숙소 **좀 소개해 주실래요?**

Could you suggest another lodging?

예약을 하지 않고 무조건 숙소로 찾아간 경우에는 비어 있는 방이 없을 수도 있습니다. 이럴 때는 당황하지 말고, 다른 숙소를 소개해달라는 뜻으로, Could you suggest another lodging?이라고 물어보는 것도 좋은 방법입니다. 이때 호텔, 모텔, 인 같은 숙박업소를 뭉뚱그려 lodging이라고 한답니다.

① 숙소 예약 - 투숙 기간 및 원하는 방 말하기　🎧 07-1.mp3

여름휴가를 맞아 절친인 존슨과 자동차 여행을 떠나기로 한 민준 씨. 초반 며칠 동안 머물 숙소를 존슨이 미리 예약해두려 한다.

프런트 직원 할리데이 인입니다. 어떻게 도와드릴까요?

존슨 예약을 하려고 하는데요. 2인용 빈 방 있나요?

프런트 직원 음… 도착하시는 날짜가 언제입니까?

존슨 어, 7월 28일이요. 그리고 거기서 이틀 묵으려고 하는데요.

프런트 직원 트윈룸을 원하시나요, 더블룸을 원하시나요?

존슨 트윈룸이요. 그리고 금연실로 해주세요.

프런트 직원 알겠습니다. 7월 28일부터 30일까지 사용하실 수 있는 트윈 베드가 있는 금연실이 있네요.

Receptionist	Holiday Inn. Could I help you?
Johnson	**¹I'd like to make a reservation.** Do you have any rooms **²available** for 2?
Receptionist	Hmm... **³Your date of arrival?**
Johnson	Uh, July 28th. And **⁴I'll be staying there for two nights.**
Receptionist	Would you like a twin room or double room?
Johnson	A twin room, please. And I'd like a non-smoking room.
Receptionist	All right. I have a non-smoking room with twin beds from July 28th through July 30th.

1　방을 예약할 때도 다른 예약과 마찬가지로 make a reservation을 씁니다. book a room도 많이 쓰지요.

2　available은 뭐든 '사용 가능한' 것을 가리킬 때 씁니다. 앉을 자리를 찾다가 '자리 있어요?'하는 표현도 Is this seat available?(이 자리 제가 사용할 수 있어요?)이죠.

3　Your date of arrival? 앞에는 When is가 생략되어 있습니다. What date is your arrival?이라고 해도 되죠. 그냥 For what night?이라고 묻는 경우도 많은데, 역시 언제 묵을 거냐는 뜻이죠.

4　호텔에서 이틀 묵는다고 할 때 two days가 아니라 two nights를 씁니다. 굳이 2박 3일이라고 하려면 two nights and three days고요. 언제 도착할 거라든지, 며칠 묵을 거라든지 하는 얘기를 할 때 will 만 써도 틀리는 건 아니지만, I'll be staying ~처럼 미국 사람들은 습관적으로 will be -ing의 형태를 많이 씁니다.

🕐 **잠깐만요!**　　**호텔 방의 크기는 침대가 기준!**

호텔이라는 곳이 잠을 자기 위한 곳이니 만큼 방을 예약할 때는 침대를 기준으로 하는 경우가 많습니다. 침대가 하나 있는 1인실은 single room이고요, 2인실에는 두 가지가 있는데, 하나는 2인용 침대가 있는 double room이고, 다른 하나는 1인용 침대가 두 개 있는 twin room입니다. double room은 다시 침대의 크기에 따라 king size, queen size로 나뉘기도 하죠.
이 외에 침실뿐 아니라 거실과 주방 등의 공간을 모두 갖춘 suite room이 있습니다. 우리나라 사람 중에는 스위트룸을 sweet room으로 아는 사람이 많은데, suite room이죠. 일반 호텔 방보다 두 배는 넓고, 보통 4명 정도를 수용할 수 있습니다.

숙소를 예약하는 존슨의 통화가 계속 이어진다. 숙박비가 얼마인지를 묻고 아침식사도 제공되는지를 확인하는 꼼꼼한 존슨이 민준 씨는 믿음직스럽기 짝이 없다.

Johnson	How much does it cost?
Receptionist	It costs $60 per night. Would you like to reserve it?
Johnson	Does that include breakfast?
Receptionist	Yeah. We ¹**serve** the continental breakfast for free.
Johnson	OK. ²**I'll take it.**
Receptionist	Your last name and credit card number, please?
Johnson	Johnson. And my card number is 321-555-4678-06.
Receptionist	Okay, ³**it's all set.** Your reservation number is 4589543.

존슨 그 방은 얼마나 하나요?

프런트 직원 하룻밤에 60달러입니다. 예약하시겠습니까?

존슨 아침식사가 포함된 건가요?

프런트 직원 예. 대륙식 아침식사를 무료로 제공해 드립니다.

존슨 좋아요. 그 방으로 할게요.

프런트 직원 성과 신용카드 번호를 불러 주시겠습니까?

존슨 존슨입니다. 그리고 카드 번호는 321-555-4678-06이고요.

프런트 직원 좋아요, 다 됐습니다. 예약 번호는 4589543입니다.

1 아침식사를 '제공한다'고 할 때 serve를 쓰죠. offer나 supply 등과 바꿔 쓸 수 있습니다.

2 I'll take it.은 상대방의 권유나 제안을 듣고, '그걸로 할게요.'라고 할 때 쓰는 표현입니다. 특히 물건을 고를 때 많이 쓰죠. 여기서는 I'd like to reserve it.이라고 해도 됩니다.

3 all set은 '준비가 다 되었다'는 뜻입니다. 여기서 set은 '준비가 된'이라는 의미인 거죠. '준비, 땅' 할 때도 Ready, set, go!라고 하죠.

⏱ 잠깐만요!　**미국 숙소의 조식 메뉴는?**

미국의 호텔(모텔) 중에는 continental breakfast를 무료로 제공하는 곳이 많습니다. 잘 나오는 곳은 우유, 주스, 커피 등의 음료와 시리얼, 도넛, 머핀 같은 먹을거리까지 다양하게 제공해주니까 미리 알아보고 아침까지 주는 곳을 구하면 더 좋겠죠.

미국, 유럽, 호주 등의 호텔에 가면 아침식사 메뉴에 Continental breakfast 또는 English(American) breakfast라고 적혀 있는 것을 볼 수 있습니다. Continental breakfast는 간단한 아침식사(light meal)로, 주로 차갑게 먹는 음식들(cold meal)로 구성됩니다. 토스트나 크로와상에 커피나 차를 곁들이지요.

이에 반해 English(American) breakfast는 비교적 푸짐한 식사(heavy meal)입니다. 따뜻하게 조리한 음식(warm meal)으로 구성되고요, 달걀 요리도 있습니다. 그리고 여기에 빵, 햄, 소시지, 감자, 시리얼(cereal), 과일 등이 포함됩니다.

며칠 째 자동차에서 노숙을 했을까? 제대로 된 숙소에 머물며 제대로 씻고 먹고 휴식을 취하기로 한 준순과 민준 씨. 그럴 듯해 보이는 모텔로 들어가 빈 방이 있는지 확인한다.

민준 빈 방 있어요?	
프런트 직원 있습니다. 일행이 몇 분이신가요, 손님?	
민준 두 명이에요. 깨끗한 더블룸으로 부탁해요. 그리고 부엌이 딸린 걸 얻을 수 있으면 하는데요.	
프런트 직원 확인해보죠… 네, 3층에 좋은 방이 있습니다.	
민준 방 좀 볼 수 있을까요?	
프런트 직원 그럼요. 이쪽으로 오세요. 이 방은 바다가 보이죠.	
민준 멋지네요. 얼마예요?	
프런트 직원 하룻밤에 45달러이고, 세금과 서비스료가 추가됩니다.	
민준 좋아요. 이 방으로 할게요.	
프런트 직원 잘됐네요. 프런트로 가서서 숙박계 좀 작성해 주세요.	

Minjun	[1]**Do you have any vacancies?**
Receptionist	Yes, we do. For how many people, sir?
Minjun	For 2. A clean double room, please. And [2]**I hope we can get one with a kitchen.**
Receptionist	Let me check... Yes, we have a nice room on the third floor.
Minjun	[3]**May I see the room?**
Receptionist	Sure, come this way, please. [4]**This room also has a view of the ocean.**
Minjun	Wonderful. What's the rate?
Receptionist	$45.00 per night, plus tax and service charge.
Minjun	OK. I'll take this room.
Receptionist	Good. Could you fill out the [5]**registration form** at the front desk?

1   같은 상황에서 쓸 수 있는 표현, 두 개만 더 알아볼까요? Can I have a room?이라고 할 수도 있고, 간단히 I need a room.이라고 해도 되죠.

2   미국의 모텔에는 우리나라의 콘도처럼 부엌이 딸린 방이 있습니다. 다만 방값은 10달러에서 20달러 정도 더 비쌉니다. 부엌이 있는 방이 있는지 물을 땐 Do you have a room with a kitchen?이라고 하면 됩니다.

3   방이 어떻게 생겼는지 보고 결정하고 싶으면 May I see the room? 또는 Let me decide after I see the room.이라고 하면 됩니다.

4   view는 '경치', '경관'이라는 뜻으로 많이 쓰입니다. 숙소에서 방을 잡을 때 특별히 원하는 경관이 있다면 a room with a view of ~를 활용해 보세요. view 대신 face(마주하다)를 써서 Can I have a room facing the ocean?이라고 할 수도 있습니다.

5   registration form은 우리나라 식으로는 숙박계입니다. check-in form이라고도 부르는데, 이름과 생년월일, 신분증 번호 등의 간단한 인적 사항을 기록하게 되어 있습니다.

④ 다른 숙소 소개 부탁하기 🎧 07-4.mp3

민준과 준수의 자동차 여행은 계속되고… 날이 어두워지기 전에 숙소를 잡으려 하는데, 맘에 드는 숙소엔 빈 방이 없단다. 오늘도 자동차에서 잠을 청하고 싶진 않은데 어쩌면 좋을까나?!

민준 남은 방이 있나요?	
프런트 직원 죄송합니다. 오늘 밤엔 다 찼는데요.	
민준 이런. 다른 숙소 좀 소개해 주실래요?	
프런트 직원 아마 구하시기 힘들 겁니다. 아시겠지만 최고 성수기니까요.	
민준 민박은 어떨까요?	
프런트 직원 음. 찾아보실 만하겠네요. 한 곳에 방이 없으면, 다른 곳에 연락하는 걸 대행해 주기도 하니까요.	
민준 어쨌든 고마워요.	

Minjun	Are there any rooms left?
Receptionist	I'm sorry, [1]**we're full** tonight.
Minjun	Gosh, could you suggest another lodging?
Receptionist	Perhaps you may [2]**have a hard time finding one**. [3]**'Cause it's the busiest season**, you know.
Minjun	How about a [4]**B&B**?
Receptionist	Well, it's worth trying. If one place had no room left, they might contact another place [5]**on behalf of** you.
Minjun	Thanks anyway.

1 we're full은 '손님이 다 차서 빈 방이 없다'는 말이죠.

2 have a hard time -ing는 '~하는 데 힘든 시간을 보내다', 즉 '~하기 힘들다'란 뜻입니다. have a trouble in ~이라고도 쓰죠. finding one의 one은 앞에 나온 (available) room을 가리킵니다.

3 busiest season은 '가장 바쁜 시기', 즉 '성수기'란 얘기입니다. 'Cause는 because의 준말로, 구어에서 많이 쓰는 표현이라는 것도 알아두세요. 팍 줄여서 'Cuz라고 표기하기도 하죠.

4 Bed and Breakfast의 약자로 '잠자리와 아침식사'를 제공하는 숙소를 말합니다. 우리나라의 민박과 비슷하죠. 더 자세한 내용은 p. 88의 〈이럴 땐 이렇게〉를 참고하세요!

5 on behalf of ~는 '~를 대신해서'란 뜻입니다.

💡 **이럴 땐 이렇게!** "얼마예요?"를 묻는 표현들

얼마냐고 묻는 말은 간단히 How much (is it)?라고 하면 어떤 상황에서건 다 해결되지만, 우리도 상황에 따라 '비용이 얼마냐?' '임대료가 얼마냐?' '요금이 얼마냐?' 등과 같이 말을 조금씩 바꿔 표현하기도 하잖아요. 영어도 마찬가지입니다.

· 비용이 얼마나 드는지 물어볼 때 How much does it cost?

· 슈퍼마켓에서 물건을 살 때 What's the price?

· 렌트카나 숙박료 등 시간당 이용 요금을 물어볼 때 What's the rate?

· 버스나 지하철 등 운송 수단의 요금을 물을 때 What's the fare?

· 수업료나 진료비 같이 전문적인 서비스의 대가를 물어볼 때 What's the fee?

빈 방이 없어 안타까워하는 준순과 민준 씨 옆으로 예약 두 숙객이 당도해 체크인을 하는데… '여기 정말 맘에 드는데 우리도 예약할 걸' 하며 부러운 듯 바라보는 두 사람이다.

Kevin	Hi, I'm here to check in.
Receptionist	Do you have a reservation?
Kevin	Yeah. My name is Kevin Lee.
Receptionist	Fine, sir. Let me check the list. [1]**How do you spell your last name, sir?**
Kevin	Lee, L-E-E.
Receptionist	OK. [2]**Your reservation is for non-smoking room with two beds.** Is that right?
Kevin	That's right. I believe the reservation was until the 30th. Can I stay one more night?
Receptionist	That would be fine. Will you fill in this registration card, please?
Kevin	Sure. Here you are.
Receptionist	Thank you, sir. You're in room 1112. [3]**Here is your key.**

케빈 안녕하세요. 체크인하려고 하는데요.

프런트 직원 예약하셨습니까?

케빈 네. 제 이름은 케빈 리입니다.

프런트 직원 좋습니다. 손님. 명단을 확인해 볼게요. 성의 철자가 어떻게 되나요, 손님?

케빈 '리'요. L-E-E.

프런트 직원 네. 침대가 두 개 있는 금연실로 예약이 되어 있네요, 맞습니까?

케빈 맞아요. 그런데, 30일까지 예약했는데, 하루 더 묵어도 될까요?

프런트 직원 괜찮을 것 같네요. 이 숙박계 좀 작성해 주시겠어요?

케빈 그러죠. 여기 있습니다.

프런트 직원 고맙습니다, 손님. 1112호입니다. 여기 방 열쇠요.

1 How do you spell ~?은 호텔 체크인이 아니어도 미국 생활에서 많이 쓰는 표현입니다. 특히 미국에서 흔한 이름이나 성이 아니라면 또박또박 불러줘야 하죠.

2 예약하고 체크인을 할 때는 예약 사항과 일치하는지, 변동 사항은 없는지를 확인합니다. Your reservation is for ~란 표현을 써서 '당신의 예약은 ~로 되어 있습니다'라고 얘기하죠.

3 보통 두 사람 이상 묵을 때는 key를 두 개 주는데, 경우에 따라 How many keys would you like? 혹은 How many keys do you need?와 같이 몇 개가 필요하냐고 묻기도 합니다.

한편, 또 다시 뉴욕을 찾은 송이 씨. 회사에서 제법 관찮은 호텔을 예약해줘서 한것 들떠 있다. 친절한 벨보이의 서비스를 받으며 기분 좋게 방으로 안내를 받고, 기분 좋~게 팁도 건넨다.

Bellboy	[1]**Can I help with your bags?**
Song-e	Yes, please.
Bellboy	Come this way, please. [2]**Here we are.** This is your room.
Song-e	This is great! [3]**Can you put the bags over there?** Oh, by the way, [4]**what floor is the business center on?**
Bellboy	[5]**It's on the second floor.** Do you need anything else?
Song-e	I'm fine for now, thank you.
Bellboy	If you need more [6]**assistance**, please call me.
Song-e	Okay, thank you for your help. [7]**This is for you.**
Bellboy	Thank you. Enjoy your stay.

벨보이 가방 들어 드릴까요?

송이 그래 주세요.

벨보이 이쪽으로 오세요. 다 왔습니다. 이 방입니다.

송이 멋지네요! 가방은 저쪽에 놔 주세요. 아, 그런데 비즈니스 센터는 몇 층에 있죠?

벨보이 2층에 있습니다. 다른 필요한 건 없으세요?

송이 지금은 없습니다. 고마워요.

벨보이 도움이 필요하시면 전화 주세요.

송이 그러죠. 도와주셔서 고맙습니다. 이거 받으세요.

벨보이 감사합니다. 편히 지내세요.

1 Can I help with your ~?는 상대방에게 도움의 손길을 내밀 때 쓰이는 표현인 만큼, 숙박업과 같은 서비스업종의 직원들이 자주 쓰는 표현입니다. 이때 〈help with your + 명사〉 혹은 〈help you with the + 명사〉는 '상대가 ~을 다루는 걸 돕는다'는 의미인 거죠. 따라서 명사 자리에 짐이 오면 그 짐을 드는 것을 돕는다는 의미가 되고, 보고서가 오면 그 보고서 쓰는 것을 돕는다는 의미가 됩니다.

2 Here we are.는 '여기 우리가 있습니다.'니까 '자, 도착했습니다.'란 의미입니다.

3 짐을 어디에 두라고 할 때는 〈Can you put it/them + 장소 부사구?〉로 요청하면 됩니다.

4 숙소에서 알고 싶은 시설의 위치를 물어보고 싶을 때는 〈What floor is + 시설 + on?〉을 활용하세요. 이때 floor는 '층'을 의미합니다.

5 '2층에' 있다고 말할 때는 전치사 on을 써서 on the second floor라고 합니다. 질문에서도 on을 써서 What floor is ~ on?이라고 했죠?

6 assistance는 '도움', assistant는 '조수', '보조의'란 뜻입니다.

7 This is for you.는 직역하면 '이건 당신을 위한 거예요.'인데, 벨보이에게 팁을 주면서 하는 말입니다.

❶ 미국에서 괜찮은 숙소를 고를 때

특별한 경우가 아닌 이상 여행을 하면서 늘 고급 호텔을 이용할 수는 없잖아요. 가격은 적당하면서 시설도 그런 대로 괜찮은 곳을 찾아 미물리야 할 텐데요. 미국에서 전국적인 체인망을 갖추고 있는 괜찮은 중급 숙박업소로는 Holiday Inn, Days Inn, Best Western, Ramada Inn, Howard Johnson, Fairfield Inn 등이 있답니다. 이들보다 조금 더 저렴한 곳으로는 Travelodge, Redroof Inn, Super 8, Econolodge 등이 있죠. Motel은 motor와 hotel의 합성어로, 자동차 여행객을 위한 호텔이라는 뜻입니다. 역시 대로변에 위치해 있고, 숙박 요금이 저렴한 게 가장 큰 장점이지요. 우리나라로 치면 여관 정도에 해당되지만 수영장까지 딸려 있는 등 시설이 썩 괜찮은 곳도 많습니다. Motel이라는 이름 대신 Motor Lodge나 Motor Inn 같은 말을 쓰기도 합니다. 또 가끔은 도로변에서 B&B란 표지도 보게 되는데요. Bed and Breakfast의 약자로 '잠자리와 아침식사'를 제공하는 숙소를 말합니다. 우리나라로 치면 민박과 비슷한 것으로, 대부분 가정집에서 남는 방 한두 개를 빌려주고 아침식사까지 제공해주는 거지요. 숙박비도 저렴하고 미국 가정의 모습을 경험해볼 기회도 얻을 수 있습니다.

이와 같은 사실을 바탕으로 그때그때 상황과 형편에 맞게 숙소를 선택하면 될 텐데요. 요즘은 웬만하면 홈페이지를 다들 운영하고 있으니까 해당 숙소의 웹사이트에 들어가서 한번 둘러보고 선택하는 것도 나쁘지 않겠죠?

Chicago's Essex Inn
800 S. Michigan Avenue
South Loop Area
WEEKEND: $79
WEEKDAY: $79
American Express® Upgrade
Blackouts: 2/4-5, 2/24-26

▲ Chicago 관광 안내책자에 실린 Chicago's Essex Inn 광고입니다. 주중(WEEKDAY)에는 79달러, 주말(WEEKEND)에도 동일한 가격이라고 나와 있네요.

◀ GROVE라는 모텔 앞에 붙어있는 표지판입니다. VACANCY라고 빈 방이 있다는 게 표시되어 있군요. 예약하지 않고 현지에서 바로 숙소를 알아봐야 하는 경우, 이렇게 VACANCY라고 표시되어 있는 곳이 있는지 살펴보세요.

❷ 팁(tip)을 줄 때

미국에서는 서비스에 대한 감사의 표시로 팁을 주는 게 일반화되어 있습니다. 그렇지만 우리나라 사람들은 팁을 주는 데 익숙지 않아 어떤 사람들은 많이 줄수록 좋은 거라고 생각하기도 하고, 어떤 사람들은 아까워하기도 합니다. 하지만 로마에 가면 로마 법을 따르랬다고, 적절한 팁을 기분 좋게 주고 충분한 서비스를 받는 게 가장 좋지요.

일반적인 팁의 수준은 전체 요금이나 비용의 18~22%입니다. 호텔에서 어느 정도의 팁이 적절한지는 concierge(호텔 객실 담당 안내인)에게 묻거나 관광 안내책자를 참고하면 됩니다. 대개 호텔의 bellhop(짐꾼)에게는 가방 한 개당 1달러를 주고, 호텔 방을 정돈해주는 chambermaid에게는 1박당 1달러 정도를 베개 밑에 놓으면 됩니다.

① 2인용 빈 방 있어요?

Do you have any rooms   2?

② 빈 방 있나요?

Do you   any   ?

③ 1박에 60달러입니다.

It $60   .

④ 이쪽으로 오세요.

                               , please.

⑤ 숙박계 좀 작성해 주시겠어요?

Could you   the

                         ?

⑥ 체크인하려고 하는데요.

                                 .

⑦ 예약은 하셨나요?

Do you   a   ?

⑧ 다른 숙소 좀 소개해 주실래요?

Could you   ?

| 정답 |
① available, for
② have, vacancies
③ costs, per, night
④ Come, this, way
⑤ fill, out, registration, form
⑥ I'm, here, to, check, in
⑦ have, reservation
⑧ suggest, another, lodging

There is something wrong with the toilet.

변기에 문제가 있어요.

강의 및 예문듣기

사진으로 만나는 미국

❶ 호텔 안내도 보기

호텔을 이용할 때는 로비에 있는 안내도를 한 번쯤 살펴보세요. 어떤 시설들이 어디에 있는지를 확인하고 이용하고픈 시설이 있다면 무료로 이용할 수 있는지도 프런트에 문의해 볼 수 있겠죠? 호텔 구석구석에 들어서 있는 시설들 자체가 서비스의 일환이니까요. 그럼 연습 삼아 미국의 한 호텔에 있는 다음 안내도를 한번 살펴본 다음, 호텔의 일반적인 서비스 내용에 대해 알아보도록 하죠.

▲ 애너하임(Anaheim)에 있는 쉐라톤 호텔의 1층 로비 안내도입니다. 엘리베이터, 비상구, 교환전화, 게임룸, 선물 가게, 귀빈실의 위치 등이 자세히 안내되어 있네요.

court 안마당 bistro 작은 바 lounge 휴게실 regent room 귀빈실 concierge 관리 사무실 catering office 식품 관리 사무실 (catering은 '출장 요리업'을 말합니다.) pay phone 공중전화 deli 조제 식품 판매 식당 (delicatessen을 줄인 말이죠.) house phone 건물 내 교환 전화

❷ 호텔 서비스 이용하기

아침을 주는지 여부를 제외한다면, 호텔 서비스는 대개의 경우 그렇게 많지는 않습니다. 알뜰 여행자들이 사용하는 서비스는 모닝콜^{wake-up call}, 비누나 타월, 담요 등의 비품에 대한 요구 정도지요. 세탁물은 간단한 속옷 외에는 호텔 내 세탁소에 맡기는 것이 좋고요. 식사나 술을 방으로 시키는 룸서비스는 이름은 서비스지만 다른 식당에서 먹는 것보다 비싼 경우가 많으니 주의해야 합니다. 호텔 객실의 전화도 매우 비싸므로 로비의 공중전화^{pay phone}를 사용하는 편이 좋습니다. 특히 시외 전화나 국제 전화를 이용할 경우 엄청난 요금이 나오니까요.

대부분의 호텔에는 팩스나 컴퓨터 등 비즈니스 용무를 볼 수 있는 비즈니스 센터^{business center}가 있습니다. 그리고 도착한 팩스를 객실로 전달해주는 서비스도 있지요. 미국에서는 letter-size 용지를 많이 쓰는데, A4 용지보다 길이가 조금 짧습니다. 팩스를 이용하면 letter-size 용지 한 장당 보통 1달러 정도를 받습니다. 또, 요즘은 대개의 호텔이 무선 인터넷 연결 서비스^{Wireless Service}를 제공하죠. 하지만 가끔 무선 인터넷 서비스를 제공하지 않거나 제공하면서 돈을 받는 경우도 있으니 사전에 꼭 확인해보는 것이 좋습니다.

큰 호텔에는 보통 수영장, 온천^{spa}, 헬스클럽 등의 시설들이 갖춰져 있습니다. 안내도나 프런트 데스크를 통해 위치와 이용 방법(무료 이용인지, 운영시간이 어떻게 되는지 등)을 확인해 이런 시설들도 적극 이용해 보도록 하세요.

❸ 체크아웃하기

숙소에서 요금을 정산하고 나오는 과정을 체크아웃이라고 합니다. 보통 체크아웃 시간은

11시지만, 호텔마다 시간이 다르므로 체크인할 때 미리 확인해두는 것이 좋습니다. 체크아웃 시간을 넘겼다는 이유로 요금을 추가로 지불하게 되는 경우도 있으니까요. 만약 체크아웃 시간을 넘겨야 한다면 사전에 프런트^{front desk}에 연락해서 양해를 구해두면 됩니다. 큰 문제가 없는 한 양해해 주기도 하니까요.

❶

내일 아침 7시에 모닝콜 좀 해주시겠어요?

Can you give me a wake-up call at 7 tomorrow morning?

아침에 전화로 깨워달라고 할 때 give a wake-up call이란 표현을 씁니다. 우리나라 사람들은 모닝콜이라고 하는데, 영어로는 wake-up call이죠. 동사로 give를 쓴 것 기억하세요.

❷

제 방으로 팩스 좀 갖다 주시겠어요?

Can I get my fax to my room?

한국에서 팩스를 보내기로 되어 있으면 프런트로 전화를 걸어 좀 갖다달라고 해야겠죠? 그럴 때는 Can I get ~?을 활용하면 됩니다. 식당이나 가게 등에서 무엇을 달라고 할 때나 이처럼 호텔 프런트로 전화해 무엇을 갖다달라고 할 때 등, 일상생활에서 두루두루 쓰이는 매우 활용도 높은 패턴이죠.

❸

팩스가 들어오는 대로 곧 보내드리겠습니다.

I'll send it up as soon as the fax comes in.

send up은 '올려보내다'죠. 식사나 물건, 필요한 사람 등을 객실로 '보내다'라고 할 때 send up을 씁니다. as soon as ~는 '~하는 대로 곧', '~하자마자'란 뜻으로 뒤에는 완전한 문장을 말해주면 됩니다.

❹

그 비용은 제 방으로 달아두세요.

Please charge it to my room.

charge에는 '외상으로 달아두다'란 뜻이 있어서 charge A to B는 'A를 B 앞으로 달아두다'란 뜻이 됩니다. 숙소에서 이런저런 서비스에 대한 추가 비용(extra charge)은 대개 방 번호별로 달아두었다가 체크아웃할 때 정산합니다.

⑤ 변기에 문제가 있어요.

There is something wrong with **the toilet.**

There is something wrong with ~는 '~에 잘못된 뭔가가 있다', 즉 '~가 고장 난 것 같다'는 말입니다. don't work, 즉 '작동하지 않는다'는 표현도 많이 쓰죠. 숙소의 TV나 냉장고, 헤어드라이기, 변기, 샤워기 등등, 문제가 있으면 꾹꾹 참지만 말고 프런트에 전화해 There is something wrong with ~로 시정을 요청하세요.

⑥ 전부 해서 얼마죠?

What's my total?

my total이란 말은 '내가 지불해야 할 총액'을 뜻합니다. How much is my total?이나 What do I owe you?라고도 할 수 있죠. 미국에서는 세금이 붙기 전 가격을 알려주고 계산할 때 세금을 붙인 총액(total)으로 지불하기 때문에 이를 항상 염두에 두어야 하지요.

⑦ 오늘 아침에 체크아웃하고 싶은데요.

I'd like to check out **this morning.**

이제 숙소를 떠날 시간이 되었다면 미리 전화해서 체크아웃하겠다고 말해두는 것이 좋습니다. 프런트에서 요금을 계산할 시간을 주는 것이 좋지 않겠어요? 이럴 때도 역시 '~하고 싶다'는 의미를 나타내는 〈I'd like to + 동사원형〉 패턴을 활용해 보세요. 호텔에서 요금을 정산하고 나오는 과정을 동사로 check out이라고 하니까, to 뒤에 check out이라고 말하면 되는 거죠.

⑧ 짐을 나를 벨보이를 보내드릴까요?

Should I send **a bellboy up for your baggage?**

프런트에 체크아웃하겠다고 통보하면 짐을 나를 사람이 필요하냐고, Should I send a bellboy up for your baggage?라고 묻는 경우가 있습니다. 역시 send up이 쓰이네요. 필요하면 Yes, please.라고 하고, 필요 없으면, 퉁명스럽게 No.라고 하지 말고 No, thank you. 또는 No, thanks.라고 대답해 보세요.

① 프런트에 서비스 요청하기　　　　　🎧 08-1.mp3

출장차 고급 호텔에 묵게 된 민준 씨. 내일 고객과의 미팅 시간에 차질 없이 맞춰갈 수 있도록 프런트에 모닝콜을 요청하면서 이런저런 다른 서비스도 부탁하는데…

Minjun	Hello, this is room number 1245. **¹Can you give me a wake-up call at 7 tomorrow morning?**
Receptionist	All right, **²sir**, at 7 o'clock.
Minjun	And I'm expecting a couple of fax messages from Korea. Can I get my fax to my room?
Receptionist	I'll send it up as soon as the fax comes in.
Minjun	One more thing. **³How late do you have room service?**
Receptionist	We can send up meals until 1 a.m. Would you like to order now?
Minjun	Yes. Could you also get me a bottle of wine?
Receptionist	Sure. I'll send it up right away.
Minjun	Thank you. **⁴Please charge it to my room.**

민준 여보세요. 여기는 1245 호실인데요. 내일 아침 7시에 모닝콜 좀 해주시겠어요?

프런트 직원 그러죠, 손님. 7시요.

민준 그리고 저한테 한국에서 팩스가 몇 장 올 게 있는데요. 제 방으로 팩스 좀 갖다 주시겠어요?

프런트 직원 들어오는 대로 곧 보내드리겠습니다.

민준 한 가지만 더요. 룸서비스는 몇 시까지 돼요?

프런트 직원 새벽 1시까지 식사를 가져다 드립니다. 지금 주문하시겠습니까?

민준 예. 그리고 와인 한 병도 주시겠어요?

프런트 직원 그럼요. 곧 보내드리죠.

민준 감사합니다. 계산은 제 방으로 달아두세요.

1　호텔에서의 wake-up call은 대부분 신청하면 자동으로 설정되는 무료 서비스니까 편하게 이용하세요.

2　미국식 영어에서 sir나 ma'am은 상대의 이름을 모를 때 편하게 사용하는 존칭입니다. 여기서는 우리말의 '손님'에 해당되죠.

3　How late ~?는 '언제까지 ~하나요?'의 의미입니다. 따라서 Until what time ~? 또는 Until when ~?으로 바꿔 쓸 수 있죠. 그래서 위 표현은 Until when is room service available?(언제까지 룸서비스 하시나요?)이라고 해도 마찬가지 뜻입니다.

4　대개 호텔에서 서비스 요금은 달아두었다가 나중에 체크아웃할 때 한꺼번에 처리하죠. 이럴 때 charge to는 '~앞으로 요금을 부과하다'란 의미라는 점, 다시 한 번 짚고 넘어가죠.

❷ 문제가 있을 때 해결 요청하기　　　　　🔊 08-2.mp3

시간차를 두고 민준 씨와 같은 호텔, 같은 방에 묵게 된 송이 씨. 그런데 이게 웬걸! TV며, 냉장고며 방 안에 비치된 물건 중에 제대로 작동되는 게 하나 없다.

프런트 직원 프런트 데스크입니다. 뭘 도와드릴까요?

송이 저는 1245호실에 묵고 있는 '백'인데요. TV가 작동이 안 되는 것 같은데요.

프런트 직원 아, 죄송합니다. 손님. 즉시 수리할 사람을 보내겠습니다.

송이 화장실 변기에도 문제가 있어요. 저녁 내내 물이 새요. 게다가 냉장고도 작동을 안 해요. 어제 넣어 놓은 음료수가 아직도 미지근해요.

프런트 직원 아, 정말 죄송합니다. 당장 방을 바꿔드리죠.

송이 예, 그렇게 좀 해주세요.

Receptionist	Hello, front desk. May I help you?
Song-e	This is Baek in ¹**room 1245**. ²**The TV doesn't seem to work.**
Receptionist	Oh, I'm sorry, ma'am. I'll get someone to fix it right away.
Song-e	³**There is something wrong with the toilet.** ⁴**It has been leaking all evening.** And the refrigerator doesn't work, either. The ⁵**soda** I put in yesterday is still warm.
Receptionist	Oh, we're ⁶**terribly** sorry. ⁷**We'll get you a different room** immediately.
Song-e	Yes, please.

1　호텔의 호수를 말할 때는 말하는 사람의 습관에 따라 연도를 읽을 때처럼 두 자리씩 끊어 읽기도 하고, 한 자리씩 끊어 읽기도 합니다.

2　work는 '(기계가) 작동하다'니까 don't work는 '작동하지 않는', '고장 난'입니다. seem을 쓰는 것은 전형적인 미국식 표현입니다. 미국인들은 부정적인 상황에 대해 seem이나 afraid 같은 유보적인 표현을 즐겨 쓰죠.

3　1단계에서 익혔던 표현이죠? There's something wrong with ~는 Something is wrong with ~라고 해도 같은 의미라는 점, 하나 더 알아두자고요.

4　leak은 '(액체가) 새다'라는 뜻입니다. It has been leaking all evening.이라고 한 것은 저녁 내내, 그리고 지금까지 계속해서 새고 있다는 뜻이지요.

5　soda는 콜라, 사이다와 같은 '탄산음료'를 가리킵니다.

6　terribly는 원래 '지독하게'의 뜻이지만 very의 뜻으로도 많이 쓰입니다.

7　'방을 바꿔주겠다'고 할 때는 change를 쓸 수도 있지만, 구어에서는 보통 get을 더 많이 씁니다.

요즘 들어 부쩍 출장이 잦아진 민준 씨. 이번 주 내내 시카고의 한 호텔에 머물며 출장 온 목적을 성공적으로 달성했다. 이제 이곳 시카고를 떠날 때가 된 민준 씨는 호텔 프런트 데스크로 전화해 체크아웃을 알린다.

Receptionist	Good morning, front desk.
Minjun	I'd like to ¹**check out** this morning.
Receptionist	Your name and room number, please?
Minjun	My name is Minjun Na. And the room number is 614.
Receptionist	²**What time would you like to check out?**
Minjun	10:30, please. Can you ³**prepare my check-out?**
Receptionist	All right, sir. We'll ⁴**have your bill ready**.

프런트 직원 좋은 아침입니다. 프런트 데스크입니다.

민준 오늘 아침에 체크아웃하고 싶은데요.

프런트 직원 성함과 방 번호를 말씀해 주시겠습니까?

민준 나민준이고요, 614호실입니다.

프런트 직원 몇 시에 체크아웃하시겠습니까?

민준 10시 30분에요. 체크아웃 준비 좀 해주시겠어요?

프런트 직원 알겠습니다, 손님. 청구서를 준비해 놓겠습니다.

1. 호텔에서 요금을 정산하고 나오는 과정을 check out이라고 합니다.

2. '몇 시에 ~하고 싶나?'는 What time would you like to ~?로 물어보면 됩니다. 이때 to 뒤에는 동사원형을 말하면 된다는 건 알고 있죠?

3. prepare my check-out은 prepare my bill과 같은 의미입니다. 여러 가지 요금을 정산해서 지불할 수 있는 준비를 해달라는 뜻이죠.

4. have something ready는 '무엇을 준비시키다'는 뜻이죠. 따라서 '무엇을 준비해 놓겠다'고 얘기할 때는 이 표현을 이용해 I'll/We'll have something ready.와 같이 말하는 게 보통입니다. 여기서 something 자리에 들어간 your bill의 bill은 '계산서', '청구서'를 의미하죠.

💡 **이럴 땐 이렇게!** **체크아웃 시간을 줄여야 할 때**

시간이 없어 체크아웃 시간을 줄여야 한다면 체크아웃하기로 되어 있는 날 아침에 미리 요금을 정산한 표를 방에 넣어주는 서비스를 이용하세요. 그리고 이런 서비스가 없다면 나서기 약 30분 전에 프런트 데스크에 전화를 걸어 체크아웃 준비를 해달라고 하면 시간을 절약할 수 있습니다. 반대로 체크아웃한 후 시간이 좀 남는다면 호텔 구내에 있는 화물 보관소에 짐을 보관할 수도 있습니다.

10시 30분에 전화로 체크아웃을 하는 민준 씨. 호텔 비용은 숙박 전 알려줬던 신용카드로 해결! 이제 가벼운 발걸음으로 호텔을 나서기만 하면 되는데, 왠지 이곳 시카고를 떠나기가 아쉽기만 하다.

Minjun	[1]**I'm ready to check out.**
Receptionist	[2]**How would you like to pay your bill?**
Minjun	[3]**What is my total?**
Receptionist	It's $239.78 [4]**including tax.**
Minjun	I'd like to [5]**put that on my credit card.**
Receptionist	All right. Should I send a [6]**bellboy** up for your baggage?
Minjun	[7]**No, thanks.** I already got them down to the lobby.
Receptionist	[8]**We're looking forward to seeing you again.**
Minjun	I'll try. Good bye.

민준 체크아웃하려고 하는데요.

프런트 직원 어떻게 지불하시겠습니까?

민준 전체 요금이 얼마죠?

프런트 직원 세금 포함해서 239달러 78센트입니다.

민준 신용카드로 지불했으면 하는데요.

프런트 직원 알겠습니다. 짐을 나를 벨보이를 보내드릴까요?

민준 아니요, 괜찮습니다. 제가 이미 로비에 옮겨 놓았어요.

프런트 직원 다시 만나 뵐 수 있기를 바랍니다.

민준 저도 그러고 싶군요. 안녕히 계세요.

1 I'm ready to check out.은 간단히 Check out, please. 혹은 I need to check out.이라고 해도 됩니다.

2 현금, 신용카드, 수표 등등 계산을 어떤 식으로 하겠냐고 물어볼 때는 의문사 How를 사용합니다.

3 요금 총액을 물을 때는 How much is the total charge?라고 해도 되죠.

4 including은 '~을 포함해서'란 의미로, 세금 포함해서 얼마, 팁 포함해서 얼마, 이런 식으로 비용 내역과 관련된 이야기를 할 때 꼭 따라붙는 표현이죠.

5 put that on my credit card는 '내 카드에 놓다'니까 카드로 지불하겠다는 뜻이죠.

6 호텔 투숙객의 짐을 날라주는 짐꾼을 bellboy 혹은 bellhop이라고 부릅니다.

7 제안이나 권유를 거절할 때는 No 뒤에 thanks를 붙이는 것이 좋습니다. 거절하기는 하지만 상대의 제안을 고마워한다는 의미를 전달하는 것이죠.

8 서비스 직종에 종사하는 사람들이 고객에게 후속 이용을 기대하며 인사조로 늘 쓰는 표현입니다. look forward to -ing는 '~하기를 고대하다'는 의미이죠.

다음은 한 관광 안내책자에 실린 Intercontinental Hotel의 광고입니다. 특급 호텔로는 매우 저렴한 가격인 149달러에 패키지 상품(Winter Delights Package)을 내놓았네요. 이런 호텔들은 시즌별로 여행객들을 위한 패키지 상품을 마련합니다. 이런 안내책자가 아니더라도 호텔 웹사이트에 들어가면 어떤 특별 패키지 상품이 마련되어 있는지 바로 확인이 가능하죠.

호텔 안에는 식당 및 바부터 수영장, 스파까지 여러 편의시설이 갖춰져 있기 때문에 휴양 차 여행을 떠나는 사람들에게는 그 자체가 하나의 휴양지가 될 수 있지요. 이런 사람들을 겨냥한 패키지 상품도 수시로 등장하니, 인터넷 등을 통해 이것저것 따져보고 선택하세요.

Winter in Chicago. Perfect time for a swim.

Take advantage of our Winter Delights Package.

Now through 3/31/XX, enjoy rates as low as $149 and experience our lavish indoor junior Olympic swimming pool plus your choice of breakfast or daily valet parking — with our compliments this winter. To make reservations, please contact your travel agent or contact the hotel directly. One hotel understands you.

INTERCONTINENTAL.
CHICAGO

312-944-4100
505 Michigan Avenue
www.chicago.intercontinental.com

우리 호텔에서 드리는
겨울 선물 패키지를
이용해 보세요.

지금부터 XX년 3월 31일까지 올 겨울에는 하루에 149달러밖에 안 되는 요금으로 안락한 올림픽 수영장급 소형 실내 수영장에서 수영을 즐기시고 아침식사를 식성대로 선택하실 수 있습니다. 또한 매일 발레 파킹 서비스를 받으실 수 있습니다. 여행사를 통해서 예약하시거나 우리 호텔에 직접 연락하셔서 예약하실 수 있습니다. 여러분을 이해하는 단 하나의 호텔에서 드립니다.

① 내일 아침 7시에 모닝콜 좀 해주시겠어요?

Can you ██ ████████████████████ at 7 tomorrow morning?

② 제 방으로 팩스 좀 갖다 주시겠어요?

Can I ██ ████████████████████████████████ ?

③ 팩스가 들어오는 대로 곧 보내드리겠습니다.

I'll ████████████ it ████████████ as soon as the fax ████████████████████ .

④ 그 비용은 제 방으로 달아두세요.

Please ████████████ it ████████████ my room.

⑤ 변기에 문제가 있어요.

There is ████████████████████████████████ the ████████████ .

⑥ 전부 해서 얼마죠?

██ ?

⑦ 오늘 아침에 체크아웃하고 싶은데요.

I'd like to ████████████████████████ this morning.

⑧ 짐을 나를 벨보이를 보내드릴까요?

Should I ████████████████████████████ for your baggage?

먹기

패스트푸드 및 배달 음식 사먹기

For here or to go?

여기서 드실 건가요, 가져가실 건가요?

강의 및 예문듣기

사진으로 만나는 미국

❶ 미국의 패스트푸드점에서 음식 주문하기

밥과 국과 몇 가지 반찬은 있어야 제대로 식사를 했다고 생각하는 우리와 달리, 미국 사람들은 저녁을 제외하고는 베이컨이나 계란, 그리고 빵 정도로 간단하게 식사를 합니다. 특히 점심은 잼이나 버터를 바른 샌드위치와 과일 정도만 싸가지고 다니는 사람, 패스트푸드나 길거리 음식으로 식사를 간단히 해결하는 사람도 많지요. 우리나라에도 요즘엔 다양한 브랜드의 패스트푸드점이 많이 생겨났지만, 미국에는 정말 엄청나게 많은 종류의 차별화된 브랜드들이 있습니다. 또 그렇게 많은 사람이 찾는 만큼 다양한 선택이 가능해서, 빵의 종류나 크기, 안에 넣어 먹는 소스까지 자기 취향대로 요구할 수 있죠.

미국의 패스트푸드는 fast라고는 해도 한꺼번에 사람들이 몰리는 점심시간에는 그렇게 빨리 나오지는 않습니다. 하지만 주문이 간단하고, 팁을 지불하지 않으니까 경제적이라는 점 등에서 여행객에게는 한 끼 식사로 그만이죠. 주문은 메뉴판이나 안내판의 그림을 보고 하면 되지만, 그래도 음료수며, 감자칩 같은 걸 주문하는 게 복잡하다면, 한 끼 식사용 세트

▲ 왼쪽 사진은 LA의 한 쇼핑몰에 있는 카페테리아로, 중국 음식과 일본 음식을 파는 코너입니다. 맨 오른쪽이 계산하는 곳(PAY HERE)이고, 그 바로 왼쪽에 START HERE라고 되어 있는 곳에서 시작하면 됩니다. 오른쪽 사진은 한 카페테리아의 정경으로, 주문한 음식을 받아가는 곳(PICK UP HERE)이라는 표지입니다.

로 되어 있는 meal menu(또는 combo)를 주문하면 됩니다. I'd like combo 3.(콤보 3로 주세요.) 하고 말이죠. 또한 패스트푸드점에서는 항상 안에서 먹을 건지 포장해 갈 건지 물어봅니다. 이건 우리나라도 마찬가지죠. 대답할 때는 먹고 갈 거면 For here.나 Here. 라고 하면 되고, 포장해 갈 거면 To go.라고 하면 됩니다. 먹던 음식을 싸달라고 할 때는 Can I take this?라고 하면 되지요.

❷ 미국에서 간단하게 한 끼 때우기 좋은 곳들

미국에 출장가거나 장기 체류를 해야 하는 경우, 늘 고급 식당만 이용할 순 없지 않겠어요? 그렇다고 매일 패스트 푸드점만 갈 수도 없고요. 패스트푸드 점처럼 간단하면서 비교적 저렴하게 한 끼를 때울 수 있는 곳으로는 카페테리아^{cafeteria}, 드라이브인 레스토랑^{drive-in restaurant}, 커피숍, 델리^{deli}, 스낵바^{snack bar} 등이 있습니다.

▲▶ 이 표지판들은 JACK in THE BOX라는 패스트푸드점에서 자동차를 탄 채로 주문하고 음식을 가져갈 사람들을 위해 만들어놓은 길 안내판과 메뉴판입니다. 표지판에서는 through를 줄여서 THRU라고 씁니다.

물론 피자나 중국 음식 등을 배달시켜 간단히 한 끼 때울 수도 있겠죠. 그런데 미국은 배달 문화가 그리 발달되어 있지 않습니다. 중국 식당도 뉴욕 같은 대도시를 제외하곤 음식을 배달해주는 곳이 잘 없죠. 배달을 해주는 곳도 대부분 배달료를 지불해야 하는 경우가 많기 때문에 음식을 배달시킬 때는 배달이 무료^{free}인지 아닌지 확인하는 것이 좋습니다.

◀ 동양인들이 많이 사는 LA의 Panda Garden이라는 중국 음식점에서 뿌린 전단지입니다. 가지고 있는 모든 요리(recipes)와 스페셜 메뉴를 소개하고, 쿠폰까지 들어 있습니다. 미국에서도 역시 중국 음식점에서는 무료 배달을 해주는군요.

authentic 확실한, 진정한 No M.S.G. added 화학조미료를 넣지 않았습니다 free delivery 무료 배달 catering available for all occasions 각종 연회 출장 가능

1단계

핵심표현 익히기

오디오 파일을 3번씩
듣고 따라 말하세요.

①

이 근처에 간단히 한 끼 때울 만한 곳 있어?

Is there any place to grab a bite around here?

bite는 '한 입'이란 뜻으로, grab a bite는 직역하면 '한 입 움켜쥐다'지만 간단히 끼니를 때우는 것을 표현할 때 씁니다. 같은 표현으로 get a bite도 많이 쓰지요.

②

주문하시겠습니까?

Can I take your order?

order는 '주문', '주문하다'라는 뜻인데, 음식을 주문하는 것뿐만 아니라 모든 종류의 주문에 광범위하게 쓰입니다. '제가 주문받을 수 있을까요?'라는 말은 뭘 먹을지 결정했냐고 묻는 거죠. Are you ready to order?라고 묻기도 합니다.

③

치즈버거 주세요.

I'll have a cheese burger.

음식을 주문할 때 가장 쉬운 표현이 I'll have ~. 즉 '~로 먹겠어요'입니다. I'd like to have ~라고 해도 되죠. 해석은 '~ 주세요' 정도가 됩니다.

④

양파는 빼주세요.

Hold the onion, please.

Hold the onion.에서 hold는 '넣지 말고 그냥 들고 있어라', 즉 '넣지 말아 달라'는 의미입니다. leave out the onion이란 표현을 써도 되고, 간단히 No onion, please.라고만 해도 됩니다.

⑤

여기서 드실 건가요, 가져가실 건가요?

For here or to go?

패스트푸드점에서 주문을 하면 '여기서 드실 건가요, 가져가실 건가요?'라고 묻죠. 같은 표현으로 To dine in or take out?도 있습니다. dine은 '정찬을 먹다', take out은 '싸가다'죠. 대답은 For here.나 Here. 또는 To go.라고 하면 됩니다.

⑥

반경 3마일 이내는 무료로 배달해 드립니다.

We offer free delivery service within **a 3-mile radius.**

free delivery service는 '무료 배달 서비스'를 말합니다. 미국의 배달 서비스는 무료가 아닌 경우가 많기 때문에 free인지 아닌지 반드시 확인해야 하지요. offer는 '제공하다', delivery는 '배달', radius는 '반경', '반지름'입니다.

⑦

한잔하러 갑시다.

Let's go out for a drink.

영어에도 '한잔하다'란 말이 있습니다. go out for a drink는 '한잔하러 나가자'란 말이죠. 원래 drink는 셀 수 없는 명사지만 여기서처럼 '술 한 잔'이란 의미로 쓰일 때는 a drink라고 할 수 있습니다.

⑧

같이 먹으러 가지 않을래?

Why don't you **go to eat with me?**

Why don't you ~?는 이유를 묻는 것이 아니라 '~하지 않을래요?, ~하는 게 어때요?'라며 권유를 할 때 자주 쓰는 표현입니다. 따라서 상대방에게 같이 밥 먹으러 가자고 권유할 때도 이 표현을 활용하면 되지요.

1 한 끼 때울 만한 곳 추천받기

🎧 09-1.mp3

아침을 꼬박꼬박 챙겨먹는 민준 씨지만, 오늘은 아침 일찍 잡힌 미팅 때문에 아침밥을 거르고 말았다. 배가 고파참을 수 없는 민준 씨, 오늘은 어디서 점심을 때울까?

민준 아침을 걸렀더니. 너무 허기지네. 이 근처에 간단히 먹을 만한 데 있어?

제네사 건물 지하에 카페테리아가 새로 생겼어. 먹을 만할 거야.

민준 같이 가지 않을래?

제네사 어… 난 도시락 싸왔어. 그냥 참치 샌드위치나 먹을래.

민준 그래? 그럼 나도 버거킹 가서 햄버거나 사다 먹을래. 음료수 사다 줄까?

Minjun	[1]**I skipped breakfast, so I'm starving now.** Is there any place to grab a bite around here?
Jenessa	There is a new cafeteria in the basement. [2]**I bet they have some good food.**
Minjun	Why don't you go to eat with me?
Jenessa	Well… I brought a [3]**brown-bag**. I'll just have a tuna sandwich.
Minjun	Oh, yeah? Then I'm just going to get a hamburger from Burger King. [4]**Would you like something to drink?**

1. skip은 '건너뛰다', '거르다'란 뜻입니다. starve는 '굶주리다'란 뜻으로 I'm starving.은 I'm hungry.보다 더 많이 배고픈 상태를 표현하죠.

2. I bet은 '틀림없이 ~하다'란 표현으로 많이 쓰입니다. You bet!은 '틀림없어!', You bet?은 '정말이야?'라는 의미이고요.

3. brown-bag은 '도시락'을 말합니다. 보통 갈색 종이 봉지에 담아오기 때문이죠.

4. Would you like something to drink?는 '뭐 좀 마실래?'라고 권하는 말이죠. 여기선 분위기상 사다 주겠다는 뉘앙스가 있습니다.

⏱️ **잠깐만요!** **카페테리아는 뭐고 드라이브인 레스토랑은 뭐지?**

앞서 미국에서 한 끼 때우기 좋은 곳들을 간단히 열거했는데요, 각각은 어떤 특징들이 있는지 살펴볼까요?

- **cafeteria**: 셀프 서비스라는 점에서는 패스트푸드점과 비슷하지만, 좀 더 요리다운 요리를 맛볼 수 있는 곳. 주메뉴(main dish)는 메뉴판을 보고 주문하고, 샐러드나 디저트 등의 기타 음식(side dishes)은 진열대에 놓인 것 중에 원하는 걸 가져오면 됩니다.

- **drive-in restaurant**: 차에 탄 채로 주문을 하고 차 안에서 식사를 할 수 있는 식당. 물론 패스트푸드점에도 이렇게 차에 탄 채로 주문해갈 수 있도록 drive-in through 창구를 마련해놓고 있지요.

- **deli**: delicatessen을 줄여 쓴 말로 큰 슈퍼마켓이나 백화점 내의 스낵 코너를 말하죠.

- **snack bar**: 햄버거나 소시지, 치킨, 샐러드, 음료수 등을 파는 간이식당.

패스트푸드점에서 간단히 점심을 때우기로 한 민준 씨, 제일 좋아하는 치즈버거를 주문하는데… 올 때마다 느끼지만 미국은 햄버거 하나를 시켜도 이것저것 묻는 게 참 많다.

점원 주문하시겠습니까?	Clerk **¹Can I take your order?**
민준 예. 치즈버거 주세요.	Minjun Yes. I'll have a cheese burger.
점원 모든 걸 다 얹으시겠어요?	Clerk Do you want everything on it?
민준 양파는 빼주세요.	Minjun Hold the onion, please.
점원 다른 거는요?	Clerk Anything else?
민준 감자튀김 큰 거랑 콜라 중간 거요.	Minjun I'd like one large **²fries** and a medium Coke.
점원 치즈버거, 감자튀김 큰 것, 콜라 중간 사이즈요. 주문 다 하셨나요?	Clerk A cheese burger, large fries and a medium Coke. **³Will that be all?**
민준 예.	Minjun Yes.

1 점원이 손님에게 주문 받을 때 흔히 쓰는 표현입니다. '다음 분!' 하고 줄 서 있는 사람을 부를 때는 Next, please. 또는 May I help you here?(이쪽에서 도와드릴까요?)라고 얘기하죠.

2 패스트푸드점에서 보통 fries라고 하면 French fries, 즉 프랑스식으로 튀긴 감자 요리를 말합니다. 우리나라 패스트푸드에서도 흔히 볼 수 있는 거죠.

3 Will that be all? 하면 '주문은 그게 전부인가요?' '다 주문하셨어요?'의 뜻입니다.

⏱ **잠깐만요!** **미국 패스트푸드점엔 고를 것도 많다!**

처음 미국에 갔을 때 간단히 한 끼 식사를 해결할 수 있으려니 하고 들어간 곳이 미국에서 흔히 볼 수 있는 Subway였습니다. 물론 Roast beef sandwich, please.까지는 간단했죠. 그런데 바로 White or wheat?라는 질문을 하는 겁니다. 에라, 모르겠다. White.했더니 이번엔 6 inch or foot long? 하고 물어오더군요. 알고 보니 white는 밀가루로 만든 흰 빵, wheat는 호밀로 만든 갈색 빵을 말하는 것이었고요, 6 inch or foot long은 6인치짜리 small size를 원하느냐, 1피트 즉 12인치짜리 long size를 원하느냐 하는 얘기였습니다.

이처럼 패스트푸드점에서도 빵의 종류나 소스, 야채 등 갖가지 재료들을 다양하게 선택할 수 있습니다. 우리는 보통 돼지고기나 쇠고기 간 것을 쓰는데, 미국에서는 roast beef(구운 쇠고기)나 turkey(칠면조 고기) 등을 선택할 수도 있죠. 햄버거나 샌드위치 안에 들어가는 부재료(topping)들은 주문할 때 더 넣거나 빼달라고 할 수도 있고요. 또 음료를 주문할 때도 우리보다 구체적으로 주문하는 경우가 많습니다.

· **decaf coffee:** 카페인 없는 커피. decaf는 decaffeinated(카페인이 빠진)의 준말입니다.

· **iced-tea:** 아이스 티. tea라고 하면 보통 '홍차'를 가리킵니다. 영어로는 ice tea가 아니라 iced-tea죠.

· **low-fat milk:** 저지방 우유. fat은 '지방'

❸ 패스트푸드점에서 계산하기

🎧 09-3.mp3

햄버거 주문을 마친 민준 씨. 신용카드로 계산하려는데 현금만 받는다고 한다. 간혹 이렇게 현금만 받는 곳도 있어서 늘 20 ~ 30달러 정도는 갖고 다니는 민준 씨, 역시 철두철미한 남자다!

점원 여기서 드실 건가요, 가 저가실 건가요?

민준 여기서 먹을 거예요. 치 즈버거 반으로 잘라줄 수 있어 요?

점원 그럼요. 총 6달러 14센트 입니다. 주문 번호는 134번이 에요.

민준 신용카드로 지불할 수 있 나요?

점원 죄송합니다. 저희는 현금 만 받습니다.

민준 알겠습니다. 여기요. 리필 되나요?

점원 물론이죠. 다 드시면 컵 을 가져오세요.

Clerk	For here or to go?
Minjun	For here. ¹**Could you have my cheese burger cut in half?**
Clerk	No problem. Your total comes to six fourteen. Your order number is 134.
Minjun	²**Could I put it on plastic?**
Clerk	Sorry, we only take cash.
Minjun	Okay. Here you are. ³**Can I get refills?**
Clerk	Oh, sure. Just bring the cup when you're ⁴**done.**

1 햄버거를 먹기 좋게 반으로 잘라달라고 할 때 쓰는 표현이 cut in half 또는 split in half입니다. Could you have A p.p. ~?는 'A를 ~ 되게 해 주시겠어요?'라는 표현이죠.

2 신용카드로 지불해도 되는지 물을 때는 Do you accept credit card?(신용카드 받아요?)라고도 할 수 있지만, Could I put it on plastic? 또는 Can I charge it?이라고도 많이 씁니다. plastic은 plastic card, 즉 신용카드를 가리키는 말이지요. charge는 원래 '외상으로 사다'라는 뜻이 있는데, 최근 에는 '신용카드로 계산한다'는 의미가 되었죠.

3 음료를 마신 후에 다시 컵에 음료를 채워주는 것을 refill이라고 하지요. 미국 대부분의 패스트푸드점이나 카 페테리아에서는 No Refill이라는 사인이 없는 한 refill이 됩니다.

4 여기서 done은 '끝낸'이란 뜻으로, finished를 쓸 수도 있습니다.

💡 **이럴 땐 이렇게!** **햄버거가 잘못 나왔어요!**

분명히 치즈버거를 주문했는데, 나온 건 새우버거였다고요? 그런데도 말이 안 통해서 울며 겨자 먹기로 먹었 다고요? 영어 못한다고 기죽어서 내 돈 내고 먹고 싶은 것도 못 먹는다면 너무 억울하겠죠? 이럴 땐 당당하게 I ordered a cheese burger, but you gave me a shrimp burger.(전 치즈버거를 주문했는데 새우버거가 나 왔어요.)라고 말하면 됩니다. 간단하죠? 그리고 Can you replace it, please? (바꿔주시겠어요?)라고 덧붙이 면 아주 미안해하면서 바꿔줄 겁니다.

④ 전화로 음식 배달시키기

🎧 09-4.mp3

미국에 있는 언니네 집으로 숙소를 옮긴 송이 씨, 미국에서도 음식을 한번 배달시켜 먹고 싶다. 낮에 챙겨온 피자 전단지를 보며 피자 가게에 전화하는데… 다행히 배달료는 무료란다. 앗싸!

송이 전화 주문 받습니까?	
점원 물론이죠. 반경 3마일 이내는 무료로 배달해 드립니다. 주문하시겠어요?	
송이 콜라 무료 쿠폰을 갖고 있는데, 사용할 수 있나요?	
점원 네, 아직 쿠폰 받고 있습니다.	
송이 광고에 나와 있는 23번과 25번으로 주세요.	
점원 흠. 콤비네이션 팬 피자와 치즈 스파게티군요. 맞습니까?	
송이 예. 얼마나 걸릴까요?	
점원 30분 정도면 됩니다.	
송이 (30분 후) 제가 30분 전에 주문을 했는데요. 왜 이렇게 늦죠?	
점원 죄송합니다. 주문이 좀 밀려서요. 지금 막 출발했으니 5분 내로 도착할 겁니다.	
송이 알겠습니다.	

Song-e [1]**Can I order by phone?**

Clerk Sure. We offer free delivery service within a 3-mile radius. May I take your order?

Song-e I've got a coupon for a free Coke. Can I use it?

Clerk Yes, we're still taking coupons.

Song-e I'd like to order item No. 23 and 25 on the advertisement.

Clerk Hmm, combination pan pizza and cheese spaghetti, right?

Song-e Yes. How long will it take to [2]**prepare**?

Clerk Within 30 minutes [3]**or so**.

Song-e (after 30 minutes) I [4]**placed an order** 30 minutes ago. [5]**What's the delay?**

Clerk We're sorry, we had too many orders. The delivery man just left and he'll be there within 5 minutes.

Song-e OK.

---

1 '전화로 주문할 수 있나요?(Can I order by phone?)'는 다시 말해 '배달이 가능하냐?'고 묻는 거죠.

2 여기서 prepare는 '음식을 먹을 수 있도록 준비하다'라는 뜻입니다.

3 or so는 우리말로 '내외', '쯤'이란 의미죠.

4 place가 동사로 쓰이면 '두다'란 뜻입니다. 그래서 place an order는 '주문해두다'란 뜻이죠.

5 주문한 음식이 늦어져 독촉할 때 쓰는 표현으로는 Why is it taking so long? 또는 What's taken so long?(왜 이렇게 오래 걸리죠?)이라고 해도 됩니다.

 잠깐만요! **미국에서는 '한 줄 서기'하세요!**

우리나라 패스트푸드점에서는 줄을 설 때 각각의 창구마다 줄을 만들지요. 그래서 운이 나쁘면 일찍 오고도 일이 늦어질 수 있습니다. 그런데 미국에서는 한 줄로만 서 있다가 아무 창구나 비면 맨 앞사람부터 차례로 이동합니다.

Get in line over there. 저기 가셔서 줄을 서세요.

Are you **lining up**? / Are you **in line**? / Is this **a line**? 여기 줄 서신 거예요?

뉴욕 출장을 몇 번을 왔지만 엇갈리기만 했던 민준 씨와 송이 씨. 결국 일 관계로 미국에서 만난 날, 첫눈에 먼가에 끌린 두 사람은 얼른 일을 마치고 분위기 좋은 바로 향한다.

민준	한잔하러 가죠.
송이	좋아요. 이 근처에 분위기 좋은 바가 있어요.
바텐더	어떤 걸로 드실래요?
송이	저는 버드요. 술을 잘 못하거든요.
민준	여기, 버드와이저 하나랑 스카치 언더락스 하나 주세요.
송이	위하여!
민준	건배!
송이	한 잔 더 하실래요?
민준	좋죠. 취기가 좀 오르는 것 같네요.

Minjun	Let's go out for a drink.
Song-e	That sounds good. I know a good bar close from here.
Bartender	What would you like?
Song-e	I'll have a ¹**Bud**. ²**I'm not a heavy drinker.**
Minjun	Excuse me. We'll have a Budweiser and ³**a Scotch on the rocks.**
Song-e	⁴**Cheers!**
Minjun	Bottoms up!
Song-e	⁵**Will you have another drink?**
Minjun	That sounds good. ⁶**I'm feeling a little tipsy.**

1　Bud는 맥주의 상표명인 Budweiser 또는 Budlight를 가리키는 말입니다. 어떤 종류가 있는지 물을 때는 What do you have?라고 하고 '～는 안 파는데요', '～는 없는데요'라고 할 때는 We don't have ~ 라고 하지요.

2　I'm not a heavy drinker.는 술을 별로 못한다고 할 때 쓰는 표현이죠. heavy drinker는 우리말의 '술고래' 정도에 해당되겠네요.

3　위스키(whisky)나 보드카(vodka)에 얼음을 넣는 것을 on the rocks라고 합니다.

4　'건배', '위하여'라고 할 때 Cheers!라는 표현을 많이 쓰죠.

5　'한 잔 더 하실래요?'라고 권할 때 Will you have another drink?라고 합니다. 그러자고 할 때는 민준이처럼 That sounds good. 또는 I might as well.이라고 하면 되고, 그만 마시겠다고 할 때는 No, thanks. That's enough.라고 하면 되죠.

6　술기운이 돌아 약간 취한 상태를 표현할 때 I'm feeling a little tipsy.라고 합니다.

 잠깐만요!　**음료와 술을 가리키는 영어 표현**

음료를 일컫는 말에도 여러 가지가 있습니다. beverage나 drink는 음료수를 전반적으로 가리키는 말이지만 beverage가 좀 더 형식적인(formal) 표현입니다. 알코올 음료를 말할 때는 alcoholic beverage 또는 drink라고 하고요, 알코올이 포함되지 않은 음료(non-alcoholic drink)는 soft drink라고 합니다. 그리고 독한 술은 hard liquor 또는 stiff drink라고 합니다.

❶ 이 근처에 간단히 한 끼 때울 만한 곳 있어?

Is there any place to around here?

❷ 주문하시겠습니까?

Can I your ?

❸ 치즈버거 주세요.

a cheese burger.

❹ 양파는 빼주세요.

the , please.

❺ 여기서 드실 건가요, 가져가실 건가요?

or ?

❻ 반경 3마일 이내는 무료로 배달해 드립니다.

We offer

within a 3-mile radius.

❼ 한잔하러 갑시다.

Let's .

❽ 같이 먹으러 가지 않을래?

go to eat

with me?

| 정답 |
❶ grab, a, bite
❷ take, order
❸ I'll, have
❹ Hold, onion
❺ For, here, to, go
❻ free, delivery, service
❼ go, out, for, a, drink
❽ Why, don't, you

10 레스토랑 예약하고 식사하기

Are you ready to order?

주문하시겠어요?

강의 및 예문듣기

 사진으로 만나는 미국

○○

❶ 레스토랑 예약하기

주머니 사정을 생각하면 가급적 싼 음식을 먹어야 하지만, 그래도 타지로 여행을 왔는데 그렇게만 먹을 수는 없죠. 그 나라, 그 지역만의 식사를 즐기는 것도 좋은 추억이 됩니다.

미국에서 맛볼 수 있는 음식의 종류는 그들의 문화적, 인종적 다양성만큼이나 다채롭습니다. 프랑스, 이탈리아, 중국, 타이, 일본, 지중해, 인도, 멕시코 음식 등 마음만 먹으면 거의 지구촌 대부분의 음식을 두루 섭렵할 수 있지요.

레스토랑에서 가장 먼저 부딪히게 되는 상황은 예약입니다. 보통 점심이나 저녁 시간에 여럿이서 갈 거라면 미리 예약을 하고 가는 것이 좋습니다. 고급 식당이나 손님이 많은 식당은 예약을 하지 않고 가면 적어도 20~30분, 심지어 한 시간 이상씩 기다리는 경우도 있으니까요. 예약을 할 때는 언제, 몇 명이 갈 것인지, 예약 대표자가 누구인지를 미리 정해두어야 전화로 예약할 때 당황하지 않게 됩니다.

Daily Specials
Ask Your Server

◀ 이 메뉴판은 Daily Grill이라는 레스토랑 입구에 있던 것으로, Welcome to Daily Grill이라는 말과 함께 서빙할 수 있는 모든 메뉴가 소개되어 있어, 식당에 들어가기 전에 미리 어떤 음식이 있는지 살펴볼 수 있습니다.

· **Please see host for seating** 자리를 안내받으려면 호스트를 찾으세요
· **Daily Specials** 매일 제공되는 특선 요리
· **Ask Your Server** 담당 서버(웨이터)에게 물어보세요
· **DRAFT** 생맥주
· **APPETIZER** 전채요리
· **CHARBROILED** 숯불에 구운

❷ 레스토랑에서 자리잡기

일단 입구에 들어서면 프런트^{reception desk}에서 안내를 받습니다. Please wait to be seated.(자리를 안내해드릴 때까지 기다리세요.)라고 씌어 있는 곳은 물론이고, 이런 말이 없더라도 삼시 몽안은 기나리는 세 좋시요. Please seat yourself.(원하시는 대로 앉으세요.)라는 팻말이 있다면 맘에 드는 자리에 가서 앉으면 되죠.

❸ 레스토랑에서 계산하기

미국의 레스토랑에서 계산할 때는 웨이터에게 계산서를 갖다달라고 해서 앉은 자리에서 계산합니다. 음식을 다 먹고 자리에서 일어나고 싶을 땐 웨이터에게 계산서를 갖다달라고 하거나(Bill, please.), 웨이터와 눈이 마주쳤을 때 신용카드를 손에 들고 흔들면 되지요. 돈은 음식 값에 팁을 합하여 자리에 놓고 일어나면 됩니다.

서빙을 받으며 식사를 즐겼을 경우, 보통 식사비의 10~20% 정도를 팁으로 주죠. 하나 좀 까다로운 것이 신용카드로 계산할 때 팁을 어떻게 하는가인데요. 그래서 미국의 레스토랑에서는 아예 팁을 써 넣는 항목이 있는 신용카드 전표를 내놓곤 합니다. 이런저런 계산을 하기 싫다면 적당한 팁을 더한 금액을 total란에 써 넣으면 되죠.

▶ 우리나라에서도 인기 있는 패밀리 레스토랑 T·G·I Friday's의 할인 쿠폰입니다. 시카고의 관광 안내책자 안에 들어 있던 것이죠. 20달러 이상 주문하면 5달러가 할인된다고 적혀 있네요.

❶

오늘 저녁 7시에 자리를 예약하려고 합니다.
I'd like to make a table reservation at 7 this evening.

'예약하다'가 make a reservation이니까 식당의 자리를 예약할 때는 make a table reservation
이 되죠. '예약하셨어요?'라고 물을 때는 Did you make a reservation? 혹은 Do you have a
reservation?이라고 합니다.

❷

일행이 몇 분이나 **되십니까?**
How many would there be in your party?

여기서 party는 '일행'의 뜻으로 company라고도 합니다. would를 사용하면 더 정중한 표현이 되는
데, 보통 How many (people) are there in your party? 또는 간단히 How large is your
party?라고 묻기도 합니다.

❸

어떤 **종류의 맥주**가 있나요?
What kinds of beer do you have?

What ~ do you have?는 상점이나 식당에서 어떤 품목을 갖추고 있는지 물어볼 때 씁니다. 반면 '~
는 안 파는데요'라고 할 때는 We don't have ~라고 말합니다.

❹

주문하시겠습니까?
Are you ready to order?

직역하면 '주문할 준비가 되었습니까?'란 말로 주문 받을 때 쓰는 표현입니다. 간단히 Ready to
order?라고도 하고, May I take your order now?(지금 주문 받아도 될까요?)라고 할 수도 있습
니다. Do you need a few more minutes?(좀 더 시간이 필요하십니까?)라는 표현도 자주 쓰죠.
'충분히 생각하고 결정하세요.'라고 할 때는 Take your time.이라고 합니다.

⑤ 수프는 뭘로 하시겠습니까?

What **soup** would you like?

What ~ would you like?는 '어떤 ~을 원하십니까?'란 의미입니다. 고객의 다양한 입맛을 배려하는 고급 레스토랑일수록 이런 질문이 많죠. 선택의 여지가 있는 것이라면 무엇이든 What kind of ~ would you like?(~는 뭘로 하시겠습니까?) 또는 How would you like ~?(~는 어떻게 해드릴까요?) 하고 물어옵니다.

⑥ 뭐 필요한 거 없으세요?

How's everything?

'모든 게 어떻습니까?'라는 이 말은 '뭐 필요하신 거 없나요?'라는 의미로 묻는 말입니다. 미국의 웨이터들은 우리가 보기엔 귀찮을 정도로 자주 와서 How's everything? 또는 Everything's OK?라고 묻는데요. 필요한 게 있으면 얘기하고, 없으면 OK.나 Very nice.라고 답하세요.

⑦ 계산서 주세요.

Let me have the check.

Let me ~는 '내가 ~하게 해주세요'란 의미이고, check은 '계산서'를 말합니다. 따라서 이 표현은 음식을 다 먹고 웨이터에게 계산서를 갖다 달라고 요청할 때 흔히 쓰는 말이랍니다. 같이 식사를 한 상대에게 '내가 계산할게.'라고 할 때는 It's my treat. / It's on me. / I'll pick up the tab. 등으로 말하면 됩니다.

⑧ 이것 좀 싸 주실래요?

Can you wrap this up, please?

'남은 음식 좀 싸 주실래요?'에 해당하는 표현입니다. 간단히 Can I take this?(이걸 가져갈 수 있을까요?)라고도 할 수 있죠. 비슷한 표현으로는 Can you wrap this up in a box? 또는 Can I have a box, please?가 있습니다.

① 식당 자리 예약하기　　🎧 10-1.mp3

각자의 현지 친구들을 불러 함께 식사자리를 갖기로 한 송이 씨와 민준 씨. 민준 씨가 이들을 대표해 근사한 레스토랑을 예약한다.

Receptionist	Good morning, Broadway. May I help you?
Minjun	Hi, I'd like to make a table reservation at 7 this evening.
Receptionist	¹**I'm afraid we're booked up at that time.** Could you ²**make it** at 7:30?
Minjun	All right.
Receptionist	Thank you, sir. And how many would there be in your party?
Minjun	³**Five.**
Receptionist	⁴**Your name, sir?**
Minjun	My name is Minjun Na.
Receptionist	Thank you, Mr. Na. That's a table for 5, at 7:30 this evening.
Minjun	That's right.
Receptionist	⁵**Thank you for calling**, Mr. Na. See you later.

프런트 직원 안녕하세요. 브로드웨이 레스토랑입니다. 무엇을 도와드릴까요?

민준 안녕하세요. 오늘 저녁 7시에 자리를 예약하고 싶은데요.

프런트 직원 죄송하지만 그 시간에는 예약이 다 찼습니다. 7시 30분은 어떠십니까?

민준 좋아요.

프런트 직원 감사합니다. 그럼 일행은 몇 분이나 되십니까?

민준 다섯 명입니다.

프런트 직원 성함을 말씀해 주시겠습니까?

민준 나민준입니다.

프런트 직원 나 선생님. 감사합니다. 오늘 저녁 7시 30분 다섯 분을 위한 자리요.

민준 맞아요.

프런트 직원 전화 주셔서 감사합니다. 나 선생님. 이따 뵙겠습니다.

1　I'm afraid는 '미안하지만'하고 거절의 답을 할 때 미국인들이 습관적으로 붙이는 말이죠. '예약이 다 찼다'고 할 때는 booked up 또는 fully booked를 씁니다.

2　make it은 여기서 '시간에 맞추어 도착하다'란 뜻이죠.

3　여기서 Five라는 대답을 완전한 문장으로 하면 My party is 5.가 아니라, There are 5 members in my party. 또는 I have a party of 5.가 됩니다.

4　Your name, sir?은 Can I have your name? 또는 May I have your name?을 간단히 줄여서 말한 것입니다. 남성일 경우에는 Your name, sir? 여성일 경우에는 Your name, ma'am?이라고 하고요. 간단히 Your name, please?라고도 합니다.

5　'전화 주셔서 고맙습니다.'라고 할 때는 Thank you for calling.이라고 하죠. 서비스 직종의 직원들이 전화 끝인사로 흔히 하는 말입니다.

민준 씨가 예약한 레스토랑의 창가 자리에서는 뉴욕의 야경을 보며 저녁식사를 할 수 있다고 한다.
일행을 데리고 레스토랑에 도착한 민준 씨, 창가 자리를 부탁한다.

호스트 좋은 저녁입니다! 안녕하세요?	Host　Good evening! How are you today?
민준 예, 안녕하세요. 자리를 예약했는데요.	Minjun　¹**Pretty good.** We have a reservation.
호스트 예, 누구 이름으로 예약하셨죠?	Host　OK. In whose name did you make it?
민준 나, N–A요.	Minjun　Na, N-A.
호스트 아, 나 선생님. 다섯 분 좌석 예약하셨네요, 맞나요?	Host　Yes, Mr. Na. A reservation for five, right?
민준 맞아요, 창가 쪽 저 자리에 앉을 수 있을까요?	Minjun　That's right. ²**Can we have that table by the window?**
호스트 그럼요. 이리로 오세요.	Host　Certainly. ³**Right this way.**
……	……
웨이트리스 뭐 마실 것 좀 갖다 드릴까요?	Waitress　Can I get you something to drink?
민준 맥주는 무슨 종류가 있어요?	Minjun　What kinds of beer do you have?
웨이트리스 국산 맥주와 수입 맥주가 있습니다. 쿠어스, 밀러, 버드와이저 등이요.	Waitress　⁴**We have domestic and imported beers: Coors, Miller, and Budweiser, etc.**
민준 쿠어스 두 병 주세요.	Minjun　Two Coors, please.

1　여기서 pretty는 '꽤, 아주(fairly, very)'라는 뜻의 부사죠. Pretty good.은 '아주 좋아요.'란 말입니다.

2　Can we have ~?는 '~로 선택할 수 있나요?'라고 묻는 표현이지요. 자리에 앉을 때는 보통 웨이터가 정해준 자리에 앉으면 됩니다. 하지만 다른 자리가 더 마음에 들 때는 이렇게 물어볼 수 있지요.

3　Right this way.는 손님을 안내할 때 쓰는 표현으로, 그냥 This way, please.라고 해도 되고, Come this way.나 Follow me, please.라고도 할 수 있습니다.

4　domestic은 '국내의', imported는 '수입의', '수입된'이죠. 대개는 이처럼 브랜드 이름으로 주문을 합니다. 뭘 시켜야 할지 잘 생각이 나지 않으면 버드와이저와 같이 한국에서도 유명한 맥주를 시키면 됩니다.

💡 **이럴 땐 이렇게!　왜 물을 안 갖다 주지?**

우리나라의 식당에서는 계절에 따라 찬물, 따뜻한 물을 갖다 주지만, 북미의 레스토랑에서는 그렇게 하는 곳이 거의 없습니다. 북미 쪽에서 영업을 하는 중국 식당에서는 보통 재스민차를 내주고, 한국 식당에서는 얼음물(ice water)을 주는 것이 전부죠. 그 대신 대부분의 경우 주문을 받기 전 음료수를 마실 건지 물어봅니다. 물이 먹고 싶다면 Can we have two ice waters to start out?이라고 말하며 갖다 달라고 할 수도 있습니다. start out은 '~로 시작하다'란 뜻으로 start with로도 쓸 수 있습니다. 대개 물은 무료지만, 그 밖의 음료수는 모두 돈을 받죠. 곳에 따라서는 굳이 병에 든 생수(bottled water)를 갖다 주면서 돈을 받는 곳도 있고요.

③ 오늘의 특선요리 주문하기

어떤 음식을 먹을지 고민하던 민준 씨. 오늘따라 왠지 메뉴를 결정하기가 힘들다. 이럴 땐 뭐니 뭐니 해도 '오늘의 특선 요리'가 최고란 말이지! 민준 씨는 특선 요리를 주문하기로 한다.

웨이트리스 주문하시겠어요?	
민준 아직요. 오늘의 특선 요리는 뭐죠?	
웨이트리스 오늘의 특선 요리는 새우튀김이에요.	
민준 좋아요. 그걸로 할게요.	
웨이트리스 수프는 뭘로 하시겠습니까?	
민준 야채수프로 주세요. 그리고 나머지 분들은 바비큐 치킨이요.	
웨이트리스 그밖에 다른 건요?	
민준 지금은 그걸로 됐어요. 고마워요.	

Waitress	Are you ready to order?
Minjun	[1]**Not yet.** What is today's special?
Waitress	[2]**Today's special** is fried prawns.
Minjun	OK. I'll have that one.
Waitress	What soup would you like?
Minjun	Vegetable soup, please. And barbecue chicken [3]**for the rest**.
Waitress	Anything else?
Minjun	That's all for now. Thank you.

1 Not yet.은 I haven't decided yet.을 줄인 말이죠. I need a couple more minutes to decide.(좀 더 생각해 보고요.) 혹은 Just a moment.라고 말해도 됩니다.

2 today's special은 그 식당에서 매일매일 저렴한 가격에 선보이는 특별한 메뉴를 말합니다. 메뉴를 고르는데 자신이 없으면 이것을 선택하면 무난합니다. fried prawns는 '새우 튀김'입니다.

3 다른 사람 대신 뭘 주문해 줄 때는 for를 써서 for the lady와 같이 말하면 됩니다.

⏱ **잠깐만요!** **이것이 바로 음식 주문 쉽게 하는 요령!**

• 일행이 시킨 것을 따라 시킨다.
  I'll have the same. 저도 같은 걸로 하겠습니다.
  Make it two, please. 같은 걸로 둘 주세요.

• 딴 사람이 맛있게 먹고 있는 음식이 뭔지 물어본다.
  What is it that they're having over there? 저 사람들이 먹는 게 뭐죠?
  That looks good. Can I have one too? 저거 맛있어 보이네요. 저도 저걸로 주실래요?
  What did they pick from menu? 저 사람들은 메뉴에서 뭘 골랐죠?

• 웨이터에게 물어본 뒤, 대답하는 것 중에서 고른다.
  Do you have any suggestion? 추천해주실 것 있으신가요?
  What do you recommend? 뭘 추천해 주실래요?
  What's today's special? 오늘의 특선 요리는 뭐죠?
  Do you have any specials? 특선 요리가 있습니까?

• 뭘로 만든 요리인지 꼬치꼬치 물어보고 맘에 드는 걸로 시킨다.
  What is it like? 이건 어떤 음식이죠?
  Would you explain this one? 이것 좀 설명해 주실래요?

미국에 와서 근사한 레스토랑에는 처음 와본 송이 씨. 메뉴판을 보며 웨이터에게 이것저것 물어보다 양고기 스테이크를 선택한다. 미국에 1년째 살고 있는 민준 씨보다 더 실속 있다.

Song-e	[1]**Can you explain what No. 34 is?**
Waiter	Let me see... Oh, No. 34 is grilled lamb with mashed potato.
Song-e	Good. I'd like this one.
Waiter	[2]**How would you like your steak?**
Song-e	[3]**Medium-well, please.**
Waiter	What kind of dressing would you like?
Song-e	What dressing do you have?
Waiter	[4]**We have honey mustard, french, thousand island, blue cheese, and hawaiian dressing.**
Song-e	I'd like thousand island dressing.
Waiter	I'll bring them right out to you.
	......
Waiter	There you go. Enjoy it, please.

송이 34번 메뉴가 어떤 음식인지 좀 설명해 주실래요?

웨이터 김민민요 이, 34번은 으깬 감자가 곁들여진 구운 양고기입니다.

송이 좋아요. 이걸로 주세요.

웨이터 고기는 어떻게 해드릴까요?

송이 약간 잘 익힌 걸로 주세요.

웨이터 드레싱은 어떤 걸로 하시겠습니까?

송이 어떤 드레싱이 있는데요?

웨이터 허니 머스타드, 프렌치, 사우전 아일랜드, 블루 치즈, 하와이안 드레싱이 있습니다.

송이 사우전 아일랜드로 주세요.

웨이터 곧 가져다 드리죠.
......

웨이터 음식 나왔습니다. 맛있게 드십시오.

---

1 메뉴판을 보고도 어떤 음식인지 모를 때는 메뉴판에 적힌 번호로 물어보면 됩니다. 더 간단히 말하고 싶으면 What's this? 하고 손가락으로 가리켜도 친절하게 설명해 준답니다.

2 '스테이크가 어떻기를 원하십니까?'란 말은 '얼마나 구워 드릴까요?'라는 말이죠. How do you want your meat? 또는 How would you like your lamb? 등으로도 물어봅니다.

3 스테이크를 주문할 때는 취향에 따라 익힌 정도를 다양하게 선택할 수 있죠. 기본적인 것이 rare(핏기만 가신), medium(중간 정도 익힌), well done(완전히 구운)입니다. 여기서 좀 더 다양하게 얘기하자면, very rare(불 근처에만 갔다 온), medium-rare(겉만 익을 정도로 구운), medium-well(좀 잘 익은) 등을 얘기할 수 있겠죠.

4 honey mustard는 말 그대로 '꿀과 겨자'가 들어가 달콤매콤한 드레싱이고, thousand island는 마요네즈 소스에 잘게 다진 야채가 들어가 '천 개의 섬'처럼 보인다고 해서 이름 지어진 드레싱이죠.

 잠깐만요! **Pork와 Pig의 차이는?**

영어에는 '살아 있는 동물'과 '그 동물의 고기'를 일컫는 말이 따로 있습니다. 닭의 경우에는 '닭'이나 '닭고기'를 모두 chicken이라고 하지만, 쇠고기만 해도 cow나 bull을 먹는다는 말은 하지 않고 beef를 먹는다고 하죠. 마찬가지로 돼지는 pig이지만 돼지고기는 pork, 송아지는 calf지만 송아지고기는 veal이라고 합니다. 또 양은 sheep이지만, 양고기를 말할 때는 lamb을 쓰죠.

드디어 음식이 나오고, 마냥 즐겁기만한 민준 씨는 뭘 먹어도 꿀맛이다. 그런데, 민준 씨의 친구 제네사가 오늘따라 음식을 잘 못 먹는다! 무슨 일이지?

Minjun	[1]**This steak looks mouth-watering.**
Jenessa	This restaurant is famous for that!
Minjun	The sauce is [2]**fantastic**, too. Do you want to try?
Jenessa	No, thanks. [3]**I'm not very keen on meat.**
Minjun	What's the matter? Don't you like the food?
Jenessa	[4]**Mine needs more salt.** And I have a hard time digesting these days.
Waiter	How is everything?
Jenessa	Do you want some dessert?
Minjun	No, thanks. I'm full.
Jenessa	I need some more coffee. Can I get a refill, please?
Waiter	Sure. Just one moment, please.

민준 이 스테이크 정말 군침 도는데.

제네사 이 집이 그걸로 유명하지.

민준 소스도 기가 막혀. 맛 좀 볼래?

제네사 아냐, 됐어. 난 고기 별로 안 좋아해.

민준 왜 그래? 음식이 별로야?

제네사 내 건 좀 싱거워. 그리고 요즘 소화가 잘 안 돼.

웨이터 뭐 필요하신 거 없나요?

제네사 디저트 먹을래?

민준 아니. 난 배불러.

제네사 난 커피나 좀 더 마셔야겠다. 커피 리필 좀 해주실래요?

웨이터 물론이죠. 잠깐만 기다리세요.

1   mouth-watering은 입에서 물이 흘러나온다는 말이니 '군침이 흐른다'는 의미입니다. 식욕을 돋운다는 표현인 appetizing을 쓸 수도 있고, It smells good.이란 말도 할 수 있겠죠.

2   '맛있다'는 표현으로 delicious만 알았다면 fantastic(환상적인)이란 표현을 써보는 것도 좋을 겁니다.

3   keen on은 '~에 열심인', '~을 아주 좋아하는'이죠. 채식주의자는 vegetarian입니다.

4   영어에는 '싱겁다'는 표현이 따로 없습니다. It needs more salt. 또는 '짜다'란 뜻인 salty를 써서 It's not salty.라고 합니다.

화기애애한 분위기 속에 식사를 마치고 각자 식사값을 계산하려 하는데, 민준 씨가 갑자기 '내가 쏜다!'를 외친다. 짠돌이로 유명한 민준 씨의 평소답지 않은 모습에 친구 제임스와 제네사는 웬일이냐며 짐짓 놀라고, 송이 씨와 친구 레이첼은 그저 좋기만 하다.

민준　내가 계산할게. 이건 내가 사는 거야.

제네사　웬일이야?

민준　하지만 항상 내가 낼 거라고 생각지는 마. 계산서 주세요.

웨이트리스　여기 있습니다.

민준　마스터 카드 받아요?

웨이트리스　그럼요.

민준　좋아요. 이것 좀 싸주실래요?

웨이트리스　그러죠

Minjun	Let me have the check. [1]**It's my treat.**
Jenessa	What's the occasion?
Minjun	But don't expect me to always pick up the tab. [2]**Bill, please.**
Waitress	Here it is, sir.
Minjun	Do you take [3]**Master Card?**
Waitress	Sure, we do.
Minjun	Here you are. Can you wrap this up, please?
Waitress	Certainly.

1　treat에는 '대접하다'라는 뜻이 있습니다. 그래서 It's my treat.은 '이건 내가 대접하는 거야.'가 되죠. 비슷한 표현으로는 It's on me. 또는 Let me get this.가 있습니다. '오늘은 내가 모두에게 한턱 내지!'는 I will treat you all!이죠.

2　bill은 '계산서'입니다. 가정에서 매달 지불하는 각종 요금 청구서를 뜻하기도 하죠. Bill, please.나 Could I have the check?이라고 하면 '계산할 수 있을까요?', 즉 '계산서 좀 갖다 주세요.'가 되죠. 간단하게 Check, please.라고 말하기도 합니다.

3　Master Card를 말할 때는 Card를 생략하지 않고 반드시 Master Card라고 말합니다. 하지만 Visa Card의 경우에는 간단히 Visa라고 말하는 경우가 많습니다.

레스토랑에서 쓸 수 있는 유용한 표현들

❶ 레스토랑에서 이런저런 부탁하기

미국 레스토랑의 웨이터들은 얼마나 친절하게 서비스하느냐에 따라서 팁이 달라지기 때문에 수시로 찾아와서 필요한 게 없는지 묻곤 합니다. 그러니 필요한 게 있으면 언제든 Excuse me! 하고 부르세요.

다음은 웨이터에게 필요한 것을 요청할 때 알아두면 좋은 표현들입니다.

- This isn't what I ordered. 제가 주문한 게 아닌데요.
- Can I have some (more) tissue? 티슈 좀 더 주세요.
- Could I get another fork? 포크 하나 더 갖다 주실래요?
- Could you take my fries back? These are too greasy.
  이 감자튀김 좀 가져가실래요? 이거 너무 기름기가 많아요.
- Can you cook it little more? 스테이크 좀 더 익혀주시겠어요?
- This knife is dull. Can you get me another one? 이 칼이 잘 안 들어요. 좀 바꿔주시겠어요?

❷ Let's go Dutch!

미국에서는 특별히 어떤 사람이 미리 자기가 내겠다고 하지 않는 한 음식 값을 각자 냅니다. 심지어는 같이 식사하자고 사람을 초대해 놓고도 아무렇지도 않게 자기 음식 값만 내는 걸 보고 처음엔 적응이 잘 안 되더군요. 각자 계산하는 문화가 발달해서 계산서를 나누어 끊어주는 것도 자연스러운 일이죠. 우리는 '더치페이'란 말을 많이 하는데, 그건 go Dutch라는 표현에서 나온 콩글리시입니다. 각자 내자고 할 때는 Let's go Dutch!라고 하세요.

다음은 각자 계산하자고 할 때 쓸 수 있는 그 밖의 표현들입니다.

- Let's split the bill. 각자 내죠.
- Let's go fifty-fifty. 반씩 냅시다.
- I'll pay my own way. 제 건 제가 낼게요.
- Can we have separate bills? 계산서를 각각 주실래요?

1 오늘 저녁 7시에 자리를 예약하려고 합니다.

I'd like to make a ⬚⬚⬚⬚⬚ at 7 this evening.

2 일행이 몇 분이나 되십니까?

⬚⬚⬚⬚⬚ would there be in your ⬚⬚⬚ ?

3 어떤 종류의 맥주가 있나요?

⬚⬚⬚⬚⬚ of beer do you ⬚⬚⬚ ?

4 주문하시겠습니까?

Are you ⬚⬚⬚⬚⬚ ?

5 수프는 뭘로 하시겠습니까?

⬚⬚⬚ soup ⬚⬚⬚ you ⬚⬚⬚ ?

6 뭐 필요한 거 없으세요?

⬚⬚⬚⬚⬚ ?

7 계산서 주세요.

Let me ⬚⬚⬚⬚⬚ .

8 이것 좀 싸 주실래요?

Can you ⬚⬚⬚⬚⬚ , please?

123

11 직접 장봐서 요리해먹기

Add some salt and pepper and stir-fry it.

약간의 소금과 후추를 넣고 그걸 볶아.

강의 및 예문듣기

사진으로 만나는 미국

미국 사람들은 집에서 밥을 잘 안 해 먹고 밖에서 음식을 사먹을 거라고 생각하는 경우가 많습니다. 하지만 사실 미국인들은 전자레인지microwave oven에 데워 먹는 인스턴트 요리를 먹더라도 가급적 집에서 식사를 합니다. 점심도 간단한 샌드위치 등을 싸가지고 다니는 사람이 많지요.

미국에 오래 거주하지 않더라도 일정 기간 체류하게 된다면, 사먹는 밥에 질릴 수도 있고 내 입맛에 맞는 음식이 그리워지기도 할 겁니다. 요리할 도구만 있다면, 서점에 가서 맘에 드는 음식 조리법recipe이 적힌 요리책을 사다가 그대로 해먹어 보는 것도 좋습니다.

처음 미국의 슈퍼마켓에 가서 음식 재료를 사려면 좀 당혹스러운 것이 단위 문제일 겁니다. 미국 사람들은 그램이나 리터 같은 미터법 단위 대신 파운드니, 온스니, 갤런이니 하는 단위를 쓰거든요.

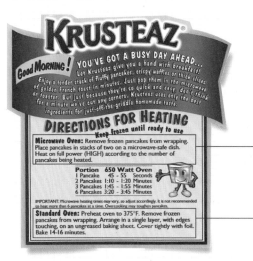

◀ 이 안내는 냉동 핫케이크 제품의 포장에 붙어 있던 것으로, 냉동식품을 어떻게 데워야 하는지 설명해놓은 지시 사항입니다.

전자레인지에서: 팬케이크의 포장을 벗겨 내세요. 팬케이크 두 장을 전자레인지용 접시에 넣고, 최고 온도에서 팬케이크의 양에 맞게 가열하세요.

보통 오븐에서: 오븐을 화씨 375도로 미리 덥히고, 팬케이크의 포장을 벗겨내세요. 한 장씩 기름을 먹이지 않은 종이 위에 올려놓고 테두리를 맞춰서 놓으세요. 호일로 꼭 맞게 덮고 14~16분 정도 구워내세요.

direction for heating 데우는 방법 Keep frozen until ready to use 데울 준비가 될 때까지는 냉동 상태를 유지하세요.
microwave oven 전자레인지 frozen 냉동된 wrapping 포장 stack 더미, 장 according to ~에 따라서 portion 일부, 양, 1인분 preheat 예열하다 arrange 가지런히 하다 layer 층 edge 가장자리 ungreased 기름기가 없는

미국에는 우리나라처럼 동네 구석구석에 작은 가게가 들어서 있지 않습니다. 물론 식료품이나 잡화, 간단한 약품 등을 파는 작은 식료품점^{grocery store}이 있기도 하지만, 대개는 1, 2주일에 하루 정도 냉장고 채우는 날^{stock up day}을 잡아서 좀 떨어진 대형 슈퍼마켓에 가 장을 보죠. 그러다 보니 한 번에 많은 양의 음식을 사야 하고, 또 그런 사람들을 위해 대용량으로 포장하여 싸게 파는 할인점들도 많이 생겼습니다.

다음은 여러 가지 닭 요리법에 관해 실려 있는 Tempting Chicken Cookbook이란 요리책에 나와 있는 Chicken Chop Suey라는 요리의 조리법입니다. 재료를 준비해서 집에서 한번 해먹어 보세요.

❶ Heat oil in frying pan. Add chicken and pork mince and stir-fry. After cooked remove them from pan.
프라이팬에 기름을 두르고 달구세요. 저민 닭고기와 돼지고기를 넣고 볶으세요. 익은 후에 팬에서 꺼내 놓으세요.

❷ Add chopped cabbage, celery, carrot, onion, capsicum and crushed garlic to pan. Stir-fry for 3 minutes.
썰어 놓은 양배추, 샐러리, 당근, 양파, 고추와 다진 마늘 등을 팬에 넣고, 3분간 볶으세요.

❸ Pour in combined stock, soy sauce, corn flour and ginger. Stir-fry until sauce boils and thickens.
육수와 간장, 옥수수 가루와 생강 섞은 것을 부어 넣으세요. 그런 다음 소스가 끓어서 걸쭉해질 때까지 볶으세요.

❹ Return chicken and pork to pan with champignon, bamboo shoots. Stir-fry for 2-3 minutes.
닭고기와 돼지고기를 가져와 샴피뇽 버섯과, 죽순을 곁들이세요. 그런 다음 2~3분간 볶으세요.

heat 데우다, 뜨겁게 하다 mince 저미다, 저민 고기 stir-fry 볶다 (stir는 '젓다', fry는 '튀기다') capsicum 고추 열매 garlic 마늘 pour in ~에 부어 넣다 (pour 뒤에 it, 즉 야채 볶아놓은 것을 가리키는 말이 생략되어 있습니다.) combine 결합시키다 (recipe에서는 '섞다'란 의미로 쓰입니다.) stock 수프의 재료가 되는 국 soy 간장 (soybean은 '콩') flour 가루 또는 밀가루 ginger 생강 thicken 걸쭉하게 하다, 진해지다 ('두꺼운'이란 뜻의 thick에서 나온 말) champignon 버섯의 일종 bamboo 대나무 shoot 식물의 새로 나온 가지

❶

어떻게 만드는 거야? (요리 비법이 뭐야?)

What's the recipe?

recipe는 '조리법'이란 뜻입니다. '이거 어떻게 만드는 거야?'라고 물어볼 때 How did you cook this?라고 할 수도 있지만 간단하게 recipe를 써서 많이 얘기합니다.

❷

약간의 소금과 후추를 넣고 그걸 볶아.

Add some salt and pepper and stir-fry it.

영어 레시피를 보면 'A에 B를 넣다'라고 할 때 보통 add나 put을 씁니다. add A to B, put A in B 의 형식으로 많이 쓰죠. 국물을 넣을 때는 pour(붓다)를 쓰기도 합니다. stir-fry는 '센 불에 볶다'는 의 미죠. 중국 음식 조리에 많이 쓰이는 방법이죠.

❸

우유 1갤런이면 충분할 거야.

One gallon of milk will be enough.

미국에서는 리터보다는 온스나 갤런 단위를 많이 씁니다. 영화에 보면 냉장고에서 큰 플라스틱 통에 든 우 유를 꺼내는 장면이 나오죠? 그게 바로 1갤런짜리 우유 통입니다. 1갤런은 3.78리터 정도의 양입니다. 양 이 이 정도면 '충분할 거야'라고 할 때는 ~ will be enough를 쓰면 되죠.

❹

모든 육류는 5번 통로에 있어.

All meats are in aisle 5.

aisle은 열차나 교회의 좌석이나 마켓의 진열대 사이에 사람이 지나다니도록 만들어놓은 통로를 가리킵 니다. 비행기에서 통로 쪽 좌석을 aisle seat이라고 했던 것 기억나세요? 미국 슈퍼마켓에는 이렇게 통 로에 번호를 붙여놓고 상품이 있는 위치를 표시하죠.

❺   반드시 **샐러리** 같은 싱싱한 야채도 준비해놓고.

Make sure to get some fresh vegetables like celery.

요즘은 너도나도 건강을 챙기기에 바빠서 싱싱한 야채는 꼭 먹으려고 하죠. 그러니 반드시 싱싱한 야채를 챙겨야겠죠? 이럴 때 사용할 수 있는 말이 Make sure to get some fresh vegetables like ~ 입니다. 〈Make sure to + 동사원형〉은 '반드시 ~하라'는 의미이죠.

❻   내 비결은 **거기에 키위를 갈아서 위에 얹는 거야.**

My secret is putting grated kiwi right on top of it.

나만 알고 있는 요리의 비법을 공개하고 싶으면, My secret is ~하고 운을 떼면서 말해보세요. 이때 is 뒤에는 명사나 동명사가 이어집니다.

❼   별로 어려울 것 같지는 않네.

That doesn't sound too hard.

요리법을 들어보니 할 만하겠다 싶을 때 던질 수 있는 말입니다. That sounds ~는 '~일 것 같다'는 의미이고, That doesn't sound ~는 '~일 것 같지 않다'는 의미의 유용한 패턴이죠.

❽   이런 건 계산대에서 무게를 재줄 거야.

They'll weigh them for us at the cashier.

거의 모든 상품을 포장해서 파는 우리나라와 달리, 미국에서는 야채, 땅콩, 사탕 등을 그냥 무더기로 쌓아 놓는 경우가 있기 때문에 처음에는 좀 당황스럽습니다. 당황한 사람에게 필요한 양만큼 가지고 가면 계산대에서 무게를 달아준다고 말해줄 수 있죠. They'll weigh them for us at the cashiers.라고 하면 됩니다. 이때 weigh는 '~의 무게를 재대[달다]'는 뜻이고, cashier는 '계산대'를 말합니다.

1 요리비법 물어보기 🎧 11-1.mp3

요리가 취미인 민준 씨. 제네사가 만들어 온 치킨 샐러드를 한입 먹어보니 웬만한 음식점에서 파는 것보다 훨씬 맛있다. 레시피를 캐지 않고 그냥 넘어갈 민준 씨가 아니지!

민준 이 치킨 샐러드 정말 맛있다. 어떻게 만든 거야?

제네사 음… 우선 닭고기를 삶은 다음 기름을 걷어내. 그리고 닭고기를 찢어서 소금과 후추를 넣고 매콤하게 하고 싶으면, 카레를 약간 넣어도 좋아. 반드시 샐러리 같은 싱싱한 야채도 준비해놓고.

민준 음… 이 프렌치 소스는 맛이 정말 좋은데.

제네사 그냥 갈아놓은 양파와 올리브유, 식초, 설탕, 소금을 섞어. 내 비결은 거기에 키위를 갈아서 위에 얹는 거야. 타바스코 소스도 뿌려야 해.

민준 별로 어려울 것 같지 않네.

Minjun	Wow, this is a great chicken salad. What's the recipe?
Jenessa	Well… First, you need to boil the chicken and ¹**skim the fat.** And then shred the chicken, add some salt and pepper to it and stir-fry it. If you like it ²**spicy,** you can put in some ²**curry.** ³**Make sure to** get some fresh vegetables like celery.
Minjun	Um… I really like the taste of this French sauce.
Jenessa	Just add grated onion, olive oil, vinegar, sugar and salt. My secret is putting grated kiwi right on top of it. You also have to ⁴**sprinkle** Tabasco sauce.
Minjun	Well, that doesn't sound too hard.

1 fat은 '기름', '비계'죠. skim은 '걷어내다'입니다.

2 양념을 넣는 건 give a seasoning 또는 relish, 또는 spice라고도 합니다. 여기서 spice의 형용사형인 spicy는 '매콤한'이라고 할 때 많이 쓰는 표현이죠. curry는 '카레' 가루고요.

3 Make sure to ~는 '반드시 ~하라'는 뜻입니다.

4 sprinkle은 '(액체, 분말 등을) 뿌리다'라는 뜻입니다.

⏱️ 잠깐만요! 요리할 때 쓰이는 다양한 단어들

- **자르다**

peel (껍질을) 벗기다	cut (칼 등으로) 자르다	chop 비슷한 크기로 썰다
dice 깍둑 썰다	slice 얇게 자르다	carve 베어내다
snip (가위 따위로) 자르다	mince 저미다	shred 찢다

- **으깨다**

crush (마늘 등을) 찧다	mash (삶은 감자 등을) 짓이기다	squeeze (과즙 등을) 짜다

- **섞다**

stir 젓다	blend, mix 섞다	combine 합치다	whisk (달걀, 크림 등을) 저어 거품을 내다

- **끓이다**

boil 삶다	steam (증기로) 찌다	stew 졸이다	simmer 뭉근히 끓이다

- **굽다**

broil (고기 따위를) 굽다	bake (빵이나 과자를) 굽다	grill (석쇠로 고기 따위를) 굽다

직접 치킨 샐러드를 만들어 보기로 한 민준 씨. 주말을 이용해 제네사와 함께 식료 품점에 장을 보러 간다.

Minjun	[1]**What do we have to buy?**
Jenessa	Milk, chicken and some vegetables.
Minjun	OK, one gallon of milk will be enough. And... oh, where's the chicken?
Jenessa	All meats are in aisle 5. Let's go over there. [2]**Can you put one pack of chicken in the cart?**
Minjun	No problem. Shall we [3]**get** a dozen eggs?
Jenessa	Sure, and we also [3]**need** vegetables. Let's just get enough cabbage and celery, they'll weigh them for us at the cashier.
Minjun	Is that everything? Let's [4]**go pay**.

민준 우리 뭐 사야 하지?

제네사 우유, 닭고기 그리고 야채.

민준 좋아. 우유는 1갤런이면 충분할 거고… 어, 닭고기는 어디 있지?

제네사 육류는 5번 통로에 있어. 저쪽으로 가자. 포장 닭고기 하나 카트에 넣어줄래?

민준 그러지. 우리 달걀 1다스 살까?

제네사 좋아, 그리고 야채도 필요해. 여기서 필요한 만큼 양배추와 샐러리를 가져가면, 계산대에서 무게를 재 줄 거야.

민준 다 됐지? 계산하러 가자.

1　What do we have to ~?는 '우리가 뭘 ~해야 하지?'란 의미입니다. to 뒤에는 동사원형으로 말해줍니다.

2　어떤 재료를 '카트에 넣어달라'고 부탁할 때는 Can you put ~ in the cart?라고 말하면 되죠.

3　장을 볼 때 뭐도 사야 되고, 뭐도 필요하고 하는 식으로 많이 말하잖아요. 이때 '사다'는 의미로 흔히 사용되는 동사가 get입니다. '필요하다'는 need인 거, 잘 알고 있죠?

4　특이하게도 '~하러 가다'라고 할 때는 동사 go 뒤에 바로 동사원형을 말합니다. 단, 기본형 go 뒤에만 동사원형을 쓸 수 있지, goes나 went 뒤에는 이렇게 쓸 수 없습니다. 이때는 to를 붙이고 동사원형을 써야 하죠.

❶ 미국인들은 kg을 쓰지 않는다!

우리나라에서는 모든 제품을 g, kg이나 ml, l 단위로 계산하지만, 미국에서는 미터법을 잘 쓰지 않습니다.
미국 수퍼마켓에서 쓰는 단위를 정리해 볼까요?

- **곡류나 육류, 야채**

  ounce, oz 온스 - pound, lb 파운드

- **우유나 주스 같은 액체**

  fluid ounce, fl, oz 온스 - pint, pt 파인트 - quart, qt 쿼트 - gallon, gal 갤런

1파운드는 16온스로, 453g입니다. 1파인트는 16온스. 보통 패스트푸드점에서 파는 콜라 컵이 1파인트죠. 1쿼트는 2파인트, 1
리터가 좀 안 되는 양입니다. 1갤런은 4쿼트로, 약 3.78리터쯤 되죠. 보통 페트병 하나가 1.5리터인 걸 생각하면 감이 잡힐 겁니다.
그러니까 액체 16온스는 1파인트이고, 고체 16온스는 1파운드가 됩니다. 그래서 유제품 코너에 가 보면, 치즈나 버터는 oz나 lb
로 표시되어 있고, 우유는 pint나 qt, 또는 gal로 표시되어 있죠.

또 요리책을 보다 보면 tsp, Tbsp 같은 단위가 나오는데, tsp는 teaspoon(찻숟가락)을, Tbsp는 tablespoon(식사용 숟가락)
을 가리키는 말입니다. 또 요리책에서 1 cup이라고 하면 보통 8 oz짜리 컵을 얘기한다는 것도 알아두세요.

❷ 밀가루 한 포는 뭐라고 할까?

미국의 수퍼마켓에 가면 대개는 포장 단위별로 가격이 매겨집니다. 따라서 물건의 종류에 따른 포장 단위를 알아둘 필요가 있죠.
물론 bulk 제품(따로 포장 단위 없이 쌓아놓고 파는 제품) 같은 건 '파운드당 얼마'로 가격이 매겨지기도 하고, 개당 가격이 매겨
지는 것은 24 ea와 같이 적혀 있습니다. ea는 each죠.

- **bag**: 밀가루 같은 가루나, 쌀 같은 곡류, 감자 등과 같이 포대에 담긴 것.

  a **bag** of flour 밀가루 한 포

- **bar**: 초콜릿, 버터, 비누 등과 같이 딱딱한 막대 모양으로 된 것.

  a **bar** of chocolate 초콜릿 한 덩이

- **box**: 시리얼이나 과자 등과 같이 박스로 포장된 모든 것.

  a **box** of cereal 시리얼 한 박스

- **can**: 맥주나 과일처럼 원통형의 알루미늄 통 안에 들어 있는 것.

  a **can** of beer 맥주 한 캔

- **tin**: 참치나 가공 식품처럼 납작한 알루미늄 통 안에 들어 있는 것.

  a **tin** of tuna 참치 한 캔

- **pack**: 딱딱한 곽으로 포장이 된 제품들.

  a **pack** of milk 우유 한 곽

- **jar**: 잼이나 피클, 올리브처럼 항아리에 들어 있는 저장 식품.

  a **jar** of jam 잼 한 항아리

- **roll**: 랩이나 화장지 등과 같이 둘둘 말아서 파는 것.

  a **roll** of toilet paper 화장지 한 롤

❶ 어떻게 만드는 거야? (요리 비법이 뭐야?)

　　　　　the 　　　　　?

❷ 약간의 소금과 후추를 넣고 그걸 볶아.

　　　　　some salt and pepper and 　　　　　

it.

❸ 우유 1갤런이면 충분할 거야.

One gallon of milk 　　　　　

　　　　　.

❹ 모든 육류는 5번 통로에 있어.

All 　　　　　are 　　　　　

　　　　　.

❺ 반드시 샐러리 같은 싱싱한 야채도 준비해놓고.

　　　　　get some

fresh vegetables like celery.

❻ 내 비결은 거기에 키위를 갈아서 위에 얹는 거야.

　　　　　

　　　　　grated kiwi right on top of it.

❼ 별로 어려울 것 같지는 않네.

　　　　　too hard.

| 정답 |
❶ What's, recipe
❷ Add, stir-fry
❸ will, be, enough
❹ meats, in, aisle, 5
❺ Make, sure, to
❻ My, secret, is, putting
❼ That, doesn't, sound,
　too, hard
❽ weigh, cashier

❽ 이런 건 계산대에서 무게를 재줄 거야.

They'll 　　　　　them for us at the 　　　　　.

쇼핑

12 쇼핑하기

I'm looking for a skirt to go with this jacket.

이 재킷에 어울릴 스커트를 찾고 있어요.

강의 및 예문듣기

사진으로 만나는 미국

❶ 미국의 쇼핑몰

미국 사람들이 가장 많이 쇼핑을 즐기는 곳은 몰^{mall}입니다. 적어도 두세 채 이상의 건물, 많으면 열 개가 넘는 건물들이 들어선 종합 쇼핑 공간이죠. 수십, 수백 가지 전문화된 매장이 갖추어져 있어서 one-stop-shopping이 가능한 데다, 대개는 여러 개의 극장과 놀이 ^{entertainment}를 위한 시설까지 함께 갖추고 있어서, 주말이면 가족들이 함께 몰에서 구경도 하고 물건도 사면서 여가를 즐기곤 합니다. 이들 대부분은 밤 9시에서 11시 정도까지 문을 엽니다. 요즘은 우리도 그렇지만 맞벌이가 많은 미국에서는 주 고객인 주부가 퇴근 후 쇼핑하는 경우가 많기 때문입니다. 또 하나 우리와 다른 점은 인건비가 비싸기 때문에 매장의 크기나 상품의 수에 비해 점원 수가 아주 적다는 겁니다.

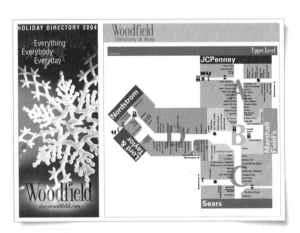

◀ 미국 중서부 최대의 쇼핑몰인 Woodfield의 안내책자 중 일부분. Everything, Everybody, Everyday라는 문구에서도 볼 수 있듯이 일 년 내내 쇼핑과 식사, 놀이를 모두 즐길 수 있는 곳입니다. Categorial Index에는 이 쇼핑몰 내에 입점한 상점들이 각 품목 별로 정리되어 나열되어 있습니다. 또 Directory & Map에서 볼 수 있듯이 JCPenny나 Sears와 같은 백화점 매장과도 연결되어 있습니다.

Arts, Crafts, & Hobbies 예술, 공예, 취미 용품 Athletic Wear 스포츠 의류/용품 (athletic은 '운동 경기의', wear는 '의류', '용품')
Beauty & Health 미용, 건강 용품 Children's Fashions 아동 의류 Department stores 백화점 매장 Electronics 전자제품
Food-Restaurants 음식-식당

❷ 미국의 옷 사이즈

미국의 셔츠는 S^{small} - M^{medium} - L^{large} - $LL^{extra\ large}$ - $LLL^{extra\ extra\ large}$ 식으로 사이즈가 매겨져 있는데, 한국에서 주로 L 사이즈를 입었다고 해서 무턱대고 L 사이즈를 사버리면 곤란합니다. 우리 식으로 말하면

▲ 한 쇼핑몰의 탈의실 표지판입니다. 대형 상가에는 여러 매장이 공동으로 탈의실을 쓰는데, 매장이 워낙 넓어서 이처럼 천장에 표지판을 달아놓곤 합니다.

95~100 정도가 M이고 105~110 정도면 L에 해당하는 게 일반적이긴 하지만, 브랜드마다 조금씩 차이가 나므로 입어보고 사는 게 가장 확실하죠. 바지는 '허리 사이즈 X 기장'으로 표시합니다. 다만 신사복 바지는 기장이 정해져 있지 않아 구입처에서 별도의 돈을 지불하고 수선해야 하지요. business 셔츠의 경우에는 우리나라와 같이 목둘레 및 팔 길이가 인치로 표시되어 나옵니다. 정장 상의는 '가슴둘레 + 전체 기장'으로 구분하는데, 가슴둘레는 38, 39, 40, 41, 42 등으로, 기장은 S^{short}, $R^{regular}$, L^{long}로 구분해 40R, 39L처럼 표시합니다.

여성복의 경우에는 치수가 훨씬 다양하게 나옵니다. 왜소한 사람을 위한 petites, 보통 체격을 위한 misses, 큰 체격을 위한 plus로 구분하고 이를 다시 2, 4, 6, 8, 10, 12, 14, 16 등의 치수로 나누죠. 한 가지 더! 우리나라에선 프리 사이즈란 말을 흔히 하는데, 영어로는 one size fits all이라고 합니다.

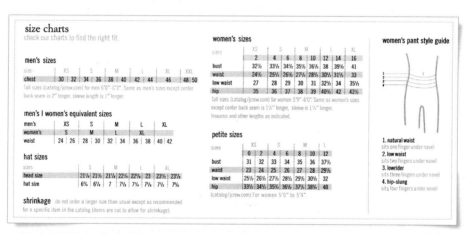

▲ 이 차트는 J. CREW라고 하는 미국의 통신 판매 잡지에 붙어 있던 겁니다. 옷을 입어보고 주문하는 것이 아니라, 카탈로그를 보고 맘에 드는 옷을 주문해야 하기 때문에 정확한 치수를 선택하도록 제시해놓은 거죠.

check our charts to find the right fit. 잘 맞는 것을 찾으시려면 저희 도표를 확인하세요. chest 가슴둘레 tall size 키다리 사이즈 men's | women's equivalent sizes 남성용 | 여성용 대응 사이즈 bust 가슴둘레 waist 허리둘레 low waist 허리 아래쪽 둘레. (오른쪽 그림에서 2번 선) hip 엉덩이, 둔부 petite 작은 크기의 여성 옷 women's pant style guide 여성의 바지 스타일 안내 natural waist 보통 허리선 sits one finger under navel 배꼽에서 손가락 하나 정도 아래에 위치합니다. lowrider 낮추어서 입을 때 hip-slung 허리에 걸치는 선

❶

그냥 둘러보는 거예요.

I'm just looking around.

가게 안에서 상품들을 그냥 둘러보는 걸 look around 또는 browse라고 합니다. 우리가 흔히 쓰는 윈도우 쇼핑(window shopping)은 가게 밖에서 둘러보는 걸 의미하죠.

❷

배낭 있어요?

Do you carry backpacks?

carry가 쇼핑과 관련해서 쓰이면 '취급하다'란 뜻이 되어서, 상점 점원에게 Do you carry ~? 하면 '~ 있어요?'라고 물어보는 말이 됩니다. 같은 뜻으로 Do you have ~?도 많이 쓰이죠.

❸

조카에게 줄 배낭을 찾고 있어요.

I'm looking for a backpack for my nephew.

I'm looking for ~는 상점에서 어떤 물건을 '사려고 찾고 있다'며 점원에게 도움을 청할 때 흔히 쓰는 표현입니다. I want ~나 I'd like to buy ~ 또는 I'm just trying to find ~라고도 쓰죠. 조금 돌려서 Can you show me ~?나 Can you find me ~?라고도 부탁할 수 있습니다.

❹

이건 어떠세요?

How about this one?

How about ~?은 '~은 어때요?'라고 점원이 물건을 보여주며 고객의 의향을 물을 때 가장 많이 쓰는 표현입니다. What about ~?도 많이 쓰죠. 여기서 this one은 '이런 종류', '이런 스타일'이란 의미입니다.

⑤

이거 한번 입어봐도 되나요?

Can I try these on?

try는 '~해보다'란 뜻이죠. 쇼핑하면서 try on하면 상황에 따라 '입어보다, 신어보다, 발라보다, (손목이나 목에) 차보다, (향수 따위를) 뿌려보다, (안경을) 써보다' 등 몸 위에 뭔가를 걸치거나 입어보는 것을 모두 의미합니다.

⑥

탈의실은 저쪽에 있습니다.

The fitting room is over there.

fit은 '(옷이 몸에) 맞다'니까, fitting room은 옷이 맞는지 입어보는 '탈의실'이죠. dressing room 이라고도 합니다. 대형 몰(mall)에서는 보통 여러 가게가 공동으로 탈의실을 쓰므로 어디 있는지 안내를 받는 것이 좋습니다.

⑦

그건 너한테 약간 큰데.

They are a little too big for you.

옷이나 신발 등이 맞지 않고 '너무 크다, 작다, 낀다, 헐렁하다'고 할 때는 too를 써서 too big, too small, too tight, too loose 등으로 말합니다. 여기에 '~한테', '~에게'라고 덧붙일 때는 for ~를 쓰죠.

⑧

그건 너에게 잘 어울려.

It looks good on you.

look good on ~은 '~에게 잘 어울린다'는 뜻으로, good 대신 nice나 cool 등을 쓸 수도 있고, 사람을 주어로 You look good in it.이라고 해도 되죠. 좀 더 강조하는 표현으로는 It's you! 또는 It's totally you!(딱 너를 위한 거야!)가 있습니다.

① 물건 구경하기

🎧 12-1.mp3

문구를 사러 나온 민준 씨. 백화점에 들어서자마자 눈에 들어오는 신발이며 가방을 보며 송이 씨를 떠올린다. 잠깐 한번 둘러보기나 할까?

Clerk	[1]**Are you being helped?**
Minjun	No, but I'm fine. I'm just looking around.
Clerk	Okay. [2]**Take your time** and call me if you need any help.
Minjun	Oh, I have one question. [3]**Where do you keep your stationery corner?**
Clerk	It's on the second floor.
Minjun	Thank you.

점원 점원의 안내를 받고 계신 가요?

민준 아뇨, 근데 괜찮아요. 그냥 둘러보고 있거든요.

점원 그러세요. 천천히 보시고, 도움이 필요하면 저를 부르세요.

민준 아, 하나 물어볼 게 있어요. 문구 코너는 어디 있죠?

점원 그건 2층에 있어요.

민준 고맙습니다.

1 Are you being helped?(도움을 받고 있나요?)란 말은 '점원의 안내를 받고 있나요?', 즉 Can I help you?나 May I help you?와 같은 뜻이죠. 같은 의미로 Would you like some help? 또는 May I be of any assistance? 등을 쓰기도 합니다.

2 Take your time.은 '여유 있게 하세요.'라고 할 때 쓰는 표현입니다. Please feel free to look around.(마음 놓고 둘러보세요.)라고도 합니다.

3 Where do you keep ~?은 '~을 어디에 두었나요?', 즉 '~은 어디에 있나요?'라는 뜻입니다. 앞에서도 배웠던 Where can I find ~?와도 같은 표현이고, 간단하게는 Where's ~?로도 쓸 수 있죠. stationery는 '문구, 사무용품'입니다.

⏱ **잠깐만요!**　**'와이셔츠'는 콩글리시!**

옷 종류를 부르는 말에 잘못된 영어가 많습니다. 이 기회에 제대로 된 표현을 알아둡시다.

• pants: 바지를 가리키는 가장 일반적 표현으로, trousers보다 많이 쓰입니다. 반바지는 shorts죠.

• slacks: 주로 정장 바지, 특히 남자의 양복바지를 가리키죠.

• jacket: 우리는 잘못된 일본어로 '마이'라고 많이 하는데, jacket이 맞습니다. 흔히 '잠바'라고 부르는 것도 jacket에 들어가죠. jumper는 점퍼 스커트(소매 없는 원피스)를 가리킵니다.

• shirt: 보통 '와이셔츠'라고 잘못 부르는 비즈니스 셔츠(business shirts, dress shirts)를 말합니다. 티셔츠는 그냥 shirt가 아닌 T-shirt라고 해야 통하죠.

• one piece, two piece: 한국에서는 대개 여성들의 치마 정장을 얘기할 때 이런 말을 쓰는데, 미국에서는 남성복과 여성복 구분 없이 몇 조각(piece)으로 이루어진 한 벌짜리 옷을 말합니다. 우리가 말하는 원피스는 dress라고 해야하죠.

언니 집에 머물고 있는 송이 씨. 조카의 생일을 앞두고 선물을 사러 백화점에 들렀다. 럭셔리한 겉모습과는 달리 제법 깐깐하게 재고 따지는 송이 씨, 은근 민준 씨와 비슷한 구석이 있다니깐!

Clerk	[1]**Can I help you find something?**
Song-e	Do you carry [2]**backpacks?**
Clerk	Sure. [3]**Anything in particular?**
Song-e	I'm looking for [4]**a backpack for my nephew.**
Clerk	How about this one? This is [5]**the popular one** these days.
Song-e	How much is it?
Clerk	It's $35.
Song-e	It's a bit on the high side. [6]**Do you have any cheaper ones?**
Clerk	This one here is $25.
Song-e	Well, I don't like that one. [7]**I'll look around and come back.**

점원 물건 찾는 걸 도와드릴까요?

송이 배낭 있어요?

점원 물론이죠. 특별히 찾는 거 있으세요?

송이 조카에게 줄 배낭을 찾고 있어요.

점원 이건 어떠세요? 요즘 한창 인기 있는 건데요.

송이 얼만데요?

점원 35달러요.

송이 좀 비싸네요. 좀 더 싼 거 있어요?

점원 이쪽에 있는 건 25달러예요.

송이 별로 마음에 안 드네요. 둘러보고 다시 올게요.

1 '뭘 도와드릴까요?' 하는 Can I help you 뒤에 '뭔가 찾는 걸'이란 뜻으로 find something이 붙었습니다. 상점에서는 대개 물건을 찾는 걸 돕게 되니까요.

2 배낭처럼 메는 가방의 영어 표현은 backpack이 맞습니다. 우리는 sack이란 말을 많이 하는데, 미국에서 sack은 '부대자루'를 말합니다.

3 Anything in particular?는 Is there anything in particular you are looking for?를 줄여 쓴 말이죠. 특별한 상표나 디자인 등 원하는 것이 있는지 묻는 겁니다.

4 backpack for ~는 '~를 위한 배낭'이니까, 이때 for는 '~에게 줄'이란 의미가 되죠.

5 popular는 '인기 있는', '사람들이 많이 찾는'이란 뜻이죠. 선물 같은 걸 고를 때 Which is the most popular one?(어떤 게 가장 인기 있는 거예요?) 하고 찾으면 물건 고르기가 수월하죠.

6 any cheaper ones는 '같은 종류로 더 싼 어떤 것'이란 뜻이죠. 여기서 ones는 backpacks를 가리킵니다. Do you have anything cheaper?라고 해도 같은 뜻이죠.

7 골라보다가 그냥 나갈 때, 우리도 흔히 '좀 더 둘러보고 올게요.'라고 하죠? 그 표현이 I'll look around and come back.입니다. '좀 생각해 볼게요.'라는 의미로 Let me think for a while.도 씁니다.

여성복 매장을 지나던 송이 씨. 매장 쇼케이스에 진열된 바지에 꽂혀버렸다. 순간 눈이 뒤집힌 송이 씨, 조카의 가방을 사러 가다 말고 친구 샘을 끌고 여성복 매장으로 휘리릭 들어간다.

Song-e	Excuse me. Can you show me [1]**those pants** in the showcase?
Clerk	[2]**You have good taste.** [3]**These are in style.**
Song-e	Can I try these on?
Clerk	Sure. The fitting room is over there.
Song-e	How do they look, Sam? Do they look all right?
Sam	[4]**I like this style**, but they are a little too big for you.
Song-e	[5]**Do you have a smaller size?**
Clerk	Sure. Here we go. They're a size 4.
Song-e	Are they [6]**hand washable**?
Clerk	Well, yes. But you need to [7]**have it dry-cleaned** once.

송이 저기요. 저 진열장에 있는 바지 좀 보여 주실래요?

점원 정말 안목이 있으시군요. 이건 요즘 유행하는 거예요.

송이 한번 입어봐도 돼요?

점원 물론이죠. 탈의실은 저쪽입니다.

송이 이거 어때 보여, 샘? 괜찮아 보여?

샘 스타일은 좋은데. 그거 너한테 좀 커.

송이 한 사이즈 작은 거 있어요?

점원 물론이죠. 여기 있습니다. 사이즈 4예요.

송이 이거 물빨래 되나요?

점원 예. 하지만 처음 한번은 드라이클리닝 해주셔야 돼요.

1　바지는 those pants에서처럼 항상 복수로 씁니다. 그래서 위 대화에서도 계속 these나 they로 가리키고 있는 거죠.

2　have good taste는 '취향이 세련되었다'는 뜻으로 가장 널리 쓰이는 말입니다. taste 대신에 sense를 쓸 수도 있죠. '좋은 안목을 가졌다'는 뜻을 강조하고 싶을 땐 Have a good eye.란 말을 씁니다.

3　be in style은 '유행하고 있다'란 뜻입니다.

4　I like this style.을 직역하면 '난 이 스타일을 좋아해.'이지만 실은 '그 스타일 좋은데.'의 뉘앙스입니다. I like your tie. 같은 말을 '난 당신의 타이를 좋아해요.'로 해석하면 갖고 싶어 하는 것으로 오해하기 쉬운데, 사실은 '당신 넥타이 멋진데요.' 정도의 표현이죠.

5　Do you have a smaller/larger size? 하면 '한 치수 작은 거/큰 거 있어요?'란 말입니다.

6　hand washable은 '손으로 빨 수 있는', machine washable은 '세탁기로 빨아도 되는'이죠.

7　have it dry-cleaned는 '세탁소에 맡겨서 드라이클리닝 하도록 시킨다'는 표현입니다.

패셔니스타 송이씨. 민준과의 데이트를 앞두고 재킷과 매치해 입을 스커트를 하나 사러 왔다. 저렴한 가격으로 자신의 스타일을 최고로 끌어올릴 줄 아는 송이씨, 그대는 센쑤쟁이~!

점원	어떤 걸 찾으시는지 제가 도와드릴까요?
송이	이 재킷에 어울릴 만한 스커트 좀 골라 주실래요?
점원	이건 어때세요? 19달러밖에 안 해요.
송이	이런 스타일은 별로예요. 다른 걸 좀 보여 주실래요?
점원	그럼 이건 어때세요? 우리 가게에서 가장 잘 나가는 상품이에요. 한번 입어보시지 그러세요? 잘 맞나요?
송이	잘 맞네요. 그런데 같은 걸로 아이보리색은 없나요?
점원	죄송합니다. 그 색깔로는 다 팔렸어요. 하지만 제 생각엔 그게 손님에게 잘 어울리는 것 같은데요.
송이	좋아요. 그걸로 할게요.
점원	좋아요! 잘 사신 겁니다.

Clerk　Is there anything I can help you find?

Song-e　¹**Can you find me some skirts to go with this jacket?**

Clerk　How about this one? It's only ²**19 bucks**.

Song-e　I don't like this style. Can you bring me another one?

Clerk　Then, how about this? ³**This is our best one.** Why don't you try this on? ⁴**How does it fit?**

Song-e　It fits very well. But, ⁵**does this come in ivory?**

Clerk　I'm sorry. ⁶**We're sold out in that color.** But I think it looks good on you.

Song-e　OK. I'll take it.

Clerk　Great! ⁷**This is a good buy.**

1 〈find A + B〉는 'A에게 B를 찾아주다'. Can you find me ~?는 I'm looking for ~와 같은 의미죠. go with에는 '~와 어울리다', 즉 match의 의미가 있습니다.

2 buck은 dollar의 구어적 표현인데, 일반적으로 많이 쓰입니다.

3 our best one은 '우리 가게에서 가장 잘 팔리는 품목'이란 뜻이죠.

4 How does it fit?에서 how를 빼도 같은 뜻이 됩니다. how가 들어간 것은 '얼마나'의 의미죠.

5 Does this come ~?은 Do you have this ~?처럼 같은 스타일의 다른 제품을 찾는 표현입니다. 공장에서 만들어져 나온다는 의미에서 come을 쓰는 거죠. 다른 색깔을 찾을 때는 뒤에 〈in + 색 이름〉을 쓰면 됩니다.

6 sold out은 '다 팔린'이란 뜻이죠. 뒤에 '그 사이즈로는'이라고 하려면 in that size를 붙입니다.

7 이럴 때 this는 '사는 행위'를 가리킵니다. good buy는 '잘한 구매', 즉 싸게 산 거란 의미입니다. 여기서 buy는 명사로 쓰인 거죠.

⑤ 점원에게 추천 받아 물건 고르기　　　　🔊 12-5.mp3

송이 씨에게만큼은 아낌없이 쓰는 민준 씨. 송이 씨에게 줄 선물을 사러 백화점에 들렀지만, 여자 선물이라곤 생전 처음 사보는 거라 뭘 사야할지 막막하기만 한데…

점원 도와드릴까요?

민준 여자친구에게 선물을 걸 찾고 있어요. 권해주실 만한 게 있나요?

점원 가방은 어떠세요?

민준 좋아요.

점원 가방 있는 곳을 안내해 드릴게요. 이거 어때요? 가벼 우면서도 많이 들어가는데요.

민준 이거 진짜 가죽이에요?

점원 그럼요, 양가죽으로 만든 거예요.

민준 하얀색도 있나요?

점원 예, 갈색과 하얀색이 있 어요.

Clerk	May I help you?
Minjun	I'm looking for ¹**something for my girlfriend.** ²**Do you have anything to suggest?**
Clerk	How about a bag?
Minjun	Good.
Clerk	Let me show you where they are. What about this one? ³**It's light but has a lot of room inside.**
Minjun	⁴**Is this real leather?**
Clerk	Yeah. ⁵**It's made of** sheepskin.
Minjun	⁶**Do you have white in stock?**
Clerk	Yes, we have it in brown and white.

1　something for ~는 '~를 위한 어떤 것', anything to suggest는 '권해주실 어떤 것'이죠.

2　suggest 대신 '추천하다'란 뜻의 recommend를 쓸 수도 있습니다. 특별히 필요한 품목이 정해지지 않 았을 때, 또는 디자인 등에 대해 잘 모를 때는 점원에게 이렇게 부탁할 수 있죠.

3　light는 여기서 '가벼운'의 의미죠. have a lot of room inside는 '안에 공간이 많은[넓은]'의 뜻입니다. room은 여기서 '공간'을 말합니다.

4　진짜 가죽이냐고 물을 때 real 대신에 genuine을 써도 마찬가지 뜻입니다.

5　be made of ~는 '~로 만들어지다'란 뜻이죠. What's it made of? 하면 '재질이 뭐죠?'란 의미가 됩 니다.

6　Do you have ~ in stock? 하면 '~를 재고로 갖고 있어요?'라는 뜻으로 Do you have ~?와 같은 의 미입니다.

1 그냥 둘러보는 거예요.

I'm just ░░░░░░░ ░░░░░░░ .

2 배낭 있어요?

░░░░░░ ░░░░░░ ░░░░░░

backpacks?

3 전 조카에게 줄 배낭을 찾고 있어요.

░░░░░░ ░░░░░░ ░░░░░░ a

backpack for my nephew.

4 이건 어떠세요?

░░░░░░ ░░░░░░ this one?

5 이거 한번 입어봐도 되나요?

░░░░░░ ░░░░░░ ░░░░░░ these

░░░░░ ?

6 탈의실은 저쪽에 있습니다.

The ░░░░░░ ░░░░░░ is over there.

7 그건 너한테 약간 큰데.

They are a little too ░░░░░░ ░░░░░░

░░░░░ .

| 정답 |
① looking, around
② Do, you, carry
③ I'm, looking, for
④ How, about
⑤ Can, I, try, on
⑥ fitting, room
⑦ big, for, you
⑧ looks, good, on

8 그건 너에게 잘 어울려.

It ░░░░░░ ░░░░░░ you.

13 계산하기

How would you like to pay for that?

그걸 어떻게 지불하실 건가요?

강의 및 예문듣기

 사진으로 만나는 미국

❶ 쇼핑 후 계산하기

미국에서 가장 흔한 지불 방법은 신용카드^{credit card}입니다. 심지어는 1달러짜리 주차비를 카드로 내는 사람도 있으니까요. 미국에서 물건을 살 때는 신용카드를 꼭 지참해야 하고,

소액을 낼 때나, 현금만 받는 곳^{Cash only}에 갈 때를 대비해서 현금도 약간 지참하는 것이 좋습니다. 신용카드를 쓰는 경우 신분증^{ID}을 보여 달라고 하는 곳이 많으므로 여권이나 국제 운전 면허증을 항상 갖고 다니는 게 좋습니다. 여행자 수표^{traveler's check}를 가져갔다면 이를 받는지 사전에 확인해야 합니다. 여행자 수표가 뭔지도 모르는 미국 사람들이 있으니까요.

▲ 대형 슈퍼마켓 월마트에 있는 계산대. EXPRESS CHECKOUT은 소량 구매 고객을 위한 계산대입니다.

SHOPPING
Niketown
669 N. Michigan Ave.
312-642-6363
Complimentary Gift

SHOPPING
Tabula Tua
1015 W. Armitage Ave.
773-525-3500
$15 Off

▶ 관광책자의 쇼핑 할인쿠폰입니다. Niketown에서는 감사선물(Complimentary Gift)을 받을 수 있고, Tabula Tua에서는 15달러를 할인받을 수 있네요.

❷ 교환 및 환불받기

요즘은 한국에서도 교환^{exchange}이나 환불^{refund}에 대한 규정이 예전보다 덜 까다로워졌지만, 미국은 품질 보증 기한에는 거의 무조건 교환이나 환불을 해줍니다. 단, 반드시 영수증^{receipt}이 있어야 하지요. 그렇지만 Final Sale

▶ 대형 슈퍼마켓 월마트에 있는 것으로 교환, 환불을 위한 창구입니다. courtesy는 '예의', '우대'의 뜻으로 환불(refund)이나 교환(exchange) 등을 담당하는 곳을 courtesy desk라고 많이 부르죠.

혹은 Clearance Sale(점포 정리 세일)과 같은 대폭 할인의 경우에는 No refund/No exchange(환불 불가/교환 불가) 같은 사인을 걸어놓는 경우가 있습니다. 이럴 때 산 것은 교환이나 환불이 불가능하므로, 물건을 살 때 나중에 후회하는 일이 없도록 꼼꼼히 살펴보아야겠지요.

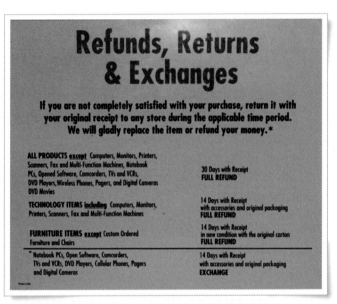

Refunds, Returns & Exchanges

If you are not completely satisfied with your purchase, return it with your original receipt to any store during the applicable time period. We will gladly replace the item or refund your money.*

ALL PRODUCTS except Computers, Monitors, Printers, Scanners, Fax and Multi-Function Machines, Notebook PCs, Opened Software, Camcorders, TVs and VCRs, DVD Players, Wireless Phones, Pagers, and Digital Cameras DVD Movies	30 Days with Receipt FULL REFUND
TECHNOLOGY ITEMS including Computers, Monitors, Printers, Scanners, Fax and Multi-Function Machines	14 Days with Receipt with accessories and original packaging FULL REFUND
FURNITURE ITEMS except Custom Ordered Furniture and Chairs	14 Days with Receipt in new condition with the original carton FULL REFUND
* Notebook PCs, Open Software, Camcorders, TVs and VCRs, DVD Players, Cellular Phones, Pagers and Digital Cameras	14 Days with Receipt with accessories and original packaging EXCHANGE

▲ 이 안내판은 미국의 한 상가에 붙어 있던 환불, 반품, 교환 조건에 대한 안내문입니다. 정해진 기일 안에 영수증과 손상되지 않은 제품을 가져오면 환불해준다고 되어 있네요.

환불, 반품
& 교환

구매에 완전히 만족하지 못한 고객님께서는 적용되는 기한 안에 어느 점포에든지
영수증 원본과 함께 반품하십시오.
우리는 기꺼이 제품을 교환해 드리거나 돈을 환불해 드리겠습니다.

다음을 제외한 모든 제품	30일 안에 영수증과 함께 가져오시면 모두 환불
다음을 포함한 기술 관련 제품	14일 안에 영수증과 부품들과 원래의 포장을 갖고 오시면 모두 환불
다음을 제외한 가구 제품	14일 이내에 새 것 상태대로 원래의 포장과 함께 갖고 오시면 모두 환불

---

refund 환불 return 반품 exchange 교환 be satisfied with ~에 만족하다 purchase 구매. 구입품 any store 어느 상점이든지 ('체인의 모든 상가에서'라는 뜻) during the applicable time period 적용 가능한 기간 동안에 (applicable은 '적용 가능한'. '적절한'. period는 '기간') replace 교환하다. ~를 대신하다 accessory 부속물 packaging 포장 (package는 '꾸러미. 포장한 상품. 포장지' 등을 의미합니다.) in new condition 새것의 상태대로 carton 포장 (원래는 '판지'인데. 확대되어 '판지 상자'란 의미로 쓰입니다. a carton of cigarettes는 담배 한 보루이죠.)

❶

이거 계산하려고 하는데요.

I'd like to ring this up.

ring ~ up은 pay for ~와 마찬가지로 '~에 대해 지불하다'란 뜻입니다. 금전 등록기를 쓰던 시절, 금고를 열면 '땡' 하는 소리가 났기 때문에 ring up이란 말을 쓰게 된 것입니다.

❷

세금 포함해서 모두 35달러 75센트입니다.

Including tax, the total comes to $35.75.

'총 합계가 ~입니다'라고 할 때 total comes to ~를 씁니다. 이때 come to는 '~에 도달하다'란 의미죠. including tax는 '세금을 포함해서'고요, 세금이 포함되지 않은 가격을 말할 때는 가격 뒤에 plus tax를 붙입니다.

❸

현금으로 지불하실 건가요, 카드로 지불하실 건가요?

Cash or charge?

Will it be cash or charge?를 줄인 말입니다. 좀 더 정중한 질문은 How would you like to pay? 또는 How are you paying?이죠. 대답은 현금으로 지불할 거면 I'll pay (in) cash. 카드로 지불할 거면 I'll charge it.이라고 하세요.

❹

비자카드 받아요?

Do you take Visa?

Do you take ~?는 '~ 받나요?'로 카드나 수표로 지불할 수 있는지 물을 때 쓰는 표현입니다. 같은 뜻으로 Can I use ~?나 Do you accept ~?도 쓸 수 있죠.

⑤ 3개월 할부로 **지불하고 싶은데요.**

I'd like to make that in 3-month payments.

3-month payments는 '3개월짜리 지불'이란 뜻이죠. 이 때 months로 쓰지 않는 건 3와 month 가 하이픈으로 이어져 payments를 수식하기 때문이죠. '할부'란 뜻의 installment를 써서 pay in 3-month installments라고 쓸 수도 있습니다.

⑥ 그것에 문제가 있으면 도로 가져와도 **되나요?**

May I bring it back if there's something wrong with it?

bring back은 '도로 가져오다'로 return(반품하다)과 같은 뜻입니다. return은 교환과 환불 모두를 포함하죠. There's (something) wrong with it.은 '그것(제품)에 문제가 있다.'는 뜻입니다.

⑦ 그걸 환불 받고 싶은데요.

I'd like to get a refund for it.

get a refund는 '환불 받다'죠. refund만으로도 give the money back(돈을 도로 주다)의 의미 가 있지만 refund the money라는 표현도 많이 씁니다.

⑧ 주차증 좀 주세요.

I need parking validation, please.

대형 백화점이나 쇼핑몰을 이용하면 주차는 무료이죠. 하지만 이따금 주차요원이 주차를 해주는 경우가 있는데, 이때는 주차증(parking validation)을 받아두어야 쇼핑을 마치고 차를 찾아갈 수가 있습니다.

① 여행자 수표로 계산하기 🎧 13-1.mp3

한국에 있는 친구들에게 줄 기념품을 사러 온 송이씨. 여행자 수표로 물건 값을 지불하고 싶은데 가능할까?

Song-e	I'd like to pay for this.
Clerk	¹**How would you like to pay for that?**
Song-e	²**Can I use traveler's checks here?**
Clerk	Yes, ³**we take those.**
Song-e	Here you are.
Clerk	Please sign here and let me see your ⁴**picture ID.**
Song-e	⁵**There you go.**
Clerk	Here are the ⁶**receipt and change.**
Song-e	Can I have it ⁷**gift-wrapped?**
Clerk	I can give you a box. Is that all right?

송이 이거 계산하려고 하는데요.

점원 어떻게 지불하시겠습니까?

송이 여행자 수표 쓸 수 있나요?

점원 예, 취급해요.

송이 여기 있습니다.

점원 여기에 서명해 주시고요, 사진이 붙은 신분증 좀 보여주세요.

송이 여기 있습니다.

점원 여기 영수증과 거스름돈이요.

송이 선물 포장해주실 수 있나요?

점원 포장용 박스를 드릴게요. 괜찮으시겠어요?

1 How would you like to pay for that?(어떻게 지불하고 싶으십니까?)은 현금으로 지불할 건지, 카드나 수표로 지불할 건지를 묻는 겁니다.

2 여행자 수표는 받는 곳이 제한되어 있기 때문에 물건 값을 지불하기 전에 먼저 여행자 수표를 받는지 물어봐야 합니다.

3 take those에서 take는 '취급하다'입니다. those는 traveler's checks를 가리키죠.

4 picture ID는 사진(picture)이 붙어있는 신분증을 말합니다. photo ID라고도 하죠.

5 There you go는 '여기 있습니다.' 하고 무엇을 건네줄 때 쓰는 말이죠. Here you go.와 바꾸어 쓸 수 있습니다.

6 receipt는 '영수증', change는 '거스름돈'입니다.

7 gift는 '선물', wrap은 '싸다'. 그래서 gift-wrap은 '선물용으로 포장하다'란 뜻입니다. 작은 상점인 경우에는 포장을 해주기도 하지만, 큰 백화점이나 쇼핑몰에서는 보통 접는 곳이 표시된 선물용 상자를 줍니다.

💡 **이럴 땐 이렇게! 거스름돈이 수상할 때**

가격표를 확인해보고 거스름돈을 다시 보아도 받은 돈이 안 맞을 때, 영어 못한다고 꿀 먹은 벙어리로 당할 순 없지요. 그럴 땐 당당하게 이렇게 말하세요.

I'm sorry, but I think this change is wrong. 미안한데요, 거스름돈이 틀린 것 같은데요.

집에 재놓고 쓸 생필품을 사러 마트에 온 민준 씨. 신중하게 필요한 것들만을 골라 카트에 담고 현금으로 계산을 한다.

민준 전부 얼마죠?	

민준 전부 얼마죠?

점원 세금 포함해서 모두 35달러 75센트달러입니다. 현금으로 하실 건가요, 아니면 카드로 하실 건가요?

민준 현금이요. 여기 있어요. 제품에 문제가 있으면 반환되나요?

점원 예. 만약 마음에 안 드시면 14일 안에 제품을 가져오세요.

민준 좋군요. 그리고 주차증 좀 주세요.

점원 여기 있습니다. 다른 건요?

민준 없어요. 됐어요. 좋은 하루 되세요.

Minjun	So [1]**what's the total?**
Clerk	Including tax, the total comes to $35.75. Cash or charge?
Minjun	[2]**I'll pay cash.** Here it is. [3]**May I bring it back** if there's something wrong with it?
Clerk	Yes. If you're not satisfied, [4]**return the goods** within 14 days.
Minjun	Good. And I need parking validation, please.
Clerk	Here you go, sir. Anything else?
Minjun	No, [5]**that's it.** [6]**Have a nice day.**

1 What's the total?은 '모두 해서 얼마죠?'라고 합계 금액을 묻는 표현입니다.

2 I'll pay cash.는 I'll pay in cash.로 쓸 수도 있습니다. 카드로 결제할 때는 I'll charge it.이라고 하지요.

3 May I bring it back?은 Is it returnable?(반품되나요?)과 같은 의미입니다. 때로 No returnable 이라고 되어 있는 곳도 있으니 한번쯤 이런 확인 질문도 필요하죠.

4 return the goods는 '물품을 반품하다'죠. within 14 days는 '14일 안에'라는 뜻입니다.

5 That's it.은 '그거면 됐어요.' '그게 다예요.'입니다. 같은 의미로 That's all.도 많이 쓰죠.

6 Have a nice day!를 모르는 사람은 없지만 인사말을 빼먹기 쉽죠. 꼭 기억해뒀다가 수시로 써먹으세요.

💡 이럴 땐 이렇게! **가격표엔 $3.50인데 4달러 내라고요?**

분명히 가격표에는 3.50이라고 씌어 있는데, 4달러를 내라니? 처음 미국에 와서 물건을 사고는 가격표 금액 외에 세금을 더 내야 된다는 말에 뭔가 속은 듯한 느낌까지 들었죠. 미국에서 쇼핑하면 이처럼 달러 환율에, 할인율에, 세금까지 따져야 할 게 훨씬 많습니다.

미국에서는 주마다 세율이 다르지만 대개 연방 정부세와 주 정부세를 합하면 10%가 훨씬 넘습니다. 물론 주 정부세가 없는 곳도 있긴 합니다. 이런 곳은 물건 값이 상대적으로 싸지요. 어쨌든 쇼핑 전 예산을 짤 때나 매장에서 물건을 살 때, 세금이 포함된 가격인지 잘 확인하고 계산하는 것이 중요합니다.

미국에 있을 동안 사진을 많이 찍어두고 싶은 마음에 큰맘 먹고 디지털 카메라를 구입한 민준 씨.
이번에는 금액이 커서 신용카드로 지불하려한다.

Minjun	I'd like to ring this up.
Clerk	How are you paying, sir?
Minjun	I'll charge it. Do you take Visa?
Clerk	Sure. Can I see your picture ID?
Minjun	Here's my driver's license. What's your [1]**refund policy**?
Clerk	If there's something wrong with it, return the goods within 30 days. We'll refund your money. And we also offer a [2]**1-year repair warranty**.

민준 이거 계산하려고 하는데요.

점원 어떻게 지불하실 건가요?

민준 신용카드로 할 건데요. 비자카드 받나요?

점원 물론이죠. 사진 있는 신분증 좀 보여 주시겠어요?

민준 여기 운전 면허증이요. 환불 규정은 어떻게 되나요?

점원 만약 제품에 문제가 있으면 30일 안에 가져오세요. 환불해 드립니다. 그리고 1년 동안은 무상으로 수리해 드리고요.

1 policy는 '정책', '방침'이란 뜻을 가진 조금 딱딱한 표현인데요, refund policy는 '환불 방침', 즉 며칠 안에 환불해야 하는지, 어떤 경우 환불해 주는지 등 그 상점 내부 방침을 말합니다.

2 warranty는 '보증', '보증서'를 말합니다. 그래서 1-year repair warranty는 '1년간의 수리 보증', 즉 1년 동안 무상으로 수리를 해준다는 뜻이죠.

⏱ **잠깐만요!**   **미국도 신용카드 할부가 되나요?**

미국에서는 보통 신용 카드를 쓰면서 '~개월 할부로 해 주세요'란 말을 하지 않습니다. 신용카드를 쓰면 일단 전액 청구가 들어가거든요. 그렇다고 항상 전액을 결제해야 하는 건 아닙니다. 청구서를 보낼 때 balance(지불해야 하는 총액)와 minimum payment(이번 달에 지불해야 하는 최소 금액)를 따로 기재해서 보내므로, 그 달에 낼 수 있는 만큼 최소 지불 금액 이상만 내면 되죠. 최소 지불 금액은 신용도나 잔액 등에 따라 달라집니다.

미국에서 '할부로 해 주세요'란 말을 할 수 있는 경우는 주로 매장 자체에서 판매 촉진의 일환으로 몇 가지 할부 판매 사양을 제시하는 경우입니다. 즉 금융 회사와 제휴하여 낮은 이자로 할부 지불을 할 수 있는 프로그램을 만든 경우죠.

언니 신세를 톡톡히 지고 있는 송이씨. 언니에게 뭔가 선물을 하고 싶다. 거실에 놓을 예쁜 책장을 하나 사서 배달을 요청하는 송이씨, 이번만큼은 과감히 지갑을 연다.

송이 이것 좀 배달해주실 수 있나요?	Song-e	¹**Can I have this delivered?**
점원 물론이죠. 하지만 별도의 수수료가 부과됩니다.	Clerk	Sure. But there is an ²**extra charge**.
송이 얼마를 내야 하죠?	Song-e	How much is it?
점원 발송료와 취급비를 포함. 25달러를 받습니다.	Clerk	It is $25 ³**including shipping and handling**.
송이 좋아요. 배달하는 데 얼마나 걸릴까요?	Song-e	That's OK. How long will it take to deliver it?
점원 내일 아침엔 받으실 겁니다.	Clerk	⁴**It'll be at your home** tomorrow morning.
송이 아무래도 아침에는 집에 사람이 없을 것 같아요. 저녁 6시 이후가 가장 좋겠는데요.	Song-e	⁵**I'm afraid** nobody will be at home in the morning. After 6 p.m. is the best for me.
점원 알겠습니다. 여기 신청서를 작성해 주십시오.	Clerk	I see. ⁶**Fill out this application**, please.

1 Can I have this delivered?에서 〈have + A + p.p.〉는 'A로 하여금 ~되게 하다'니까 '이것이 배달되도록 할 수 있을까요?'죠. 배달 여부를 물을 땐 간단히 Do you deliver?라고 해도 됩니다. 먼 곳까지 배달해 주는지 확인하려면 뒤에 〈to + 장소〉를 붙이면 됩니다.

2 extra는 '별도의'라는 뜻으로, 주된 것 이외의 것을 지칭하는 말로 많이 씁니다. 그래서 extra charge는 '별도의 수수료'를 말하죠.

3 shipping은 ship에서 파생된 말로 '선적, 발송, 항운' 등의 의미로 쓰이죠. handling은 '취급'이란 뜻입니다. 보통 shipping and handling이라고 하면 '발송 및 취급 경비'란 뜻이죠. including은 '~을 포함해서'의 뜻이고, 반대로 '~을 제외하고'는 excluding입니다.

4 It'll be at ~을 직역하면 '~에 그게 있을 겁니다'란 뜻이죠. 즉 그 물건을 어떤 장소에 갖다놓는 것을 사물의 관점에서 표현한 것이죠. 같은 맥락에서 '내가 거기 갈 거야.'란 말도 I'll be there.라고 합니다.

5 I'm afraid (that) ~은 '~일까봐 걱정이다'인데, '아무래도 ~일 것 같아요', '죄송하지만 ~네요'로 해석하면 자연스럽습니다.

6 fill out은 '양식을 작성하다', application은 '신청', '신청서'입니다.

얼마 전 레이첼에게 청바지를 선물로 받은 송이 씨. 미국 와서 피자를 너무 많이 먹은 탓일까? 송이 씨에겐 바지가 너무 작다. 송이 씨는 눈물을 머금고 청바지를 환불하러 간다.

송이 저기요, 이걸 반품하려고 하는데요.

점원 무슨 문제가 있나요?

송이 며칠 전에 선물 받았는데, 맞지 않아요.

점원 문제없어요. 원하신다면 다른 스타일로 바꾸실 수도 있는데요. 단 지불된 금액 한도 안에서요.

송이 정말요? 그럼 저기 걸린 저 청바지로 바꾸고 싶어요. 초과 금액은 드릴게요.

점원 제가 갖다 드릴게요. 아, 영수증은 있으세요?

송이 예, 여기 있습니다.

Song-e	Excuse me. I'd like to return this.
Clerk	[1]**Is there something wrong with** it?
Song-e	I [2]**received** it a few days ago, but it doesn't fit me.
Clerk	No problem. If you want, you can [3]**exchange** it **for** a different style. But [4]**stay inside the price range paid**.
Song-e	Really? Then I'd like to exchange this for those jeans [5]**on the wall**. And I'll [6]**pay the difference**.
Clerk	Let me get a pair for you. Oh, do you have the receipt with you?
Song-e	Yes, here it is.

1 There is something wrong with ~는 '~에 잘못된 무언가가 있다'니까 '~에 문제가 있다'죠. 문제가 있냐고 물을 때는 Is there something wrong with ~?라고 하면 되고요.

2 우리는 '선물 주다', '선물 받다'라고 할 때 present를 떠올리는데, 영어에서는 대개 give나 receive로 표현합니다.

3 '~로 교환하다'라고 할 때는 exchange with가 아니라 exchange for를 씁니다. exchange는 '맞바꾸다', change는 '바꾸다'. 혼동하지 마세요.

4 stay inside the price range paid는 '지불된 금액 범위 안에 머물러라'니까 지불한 금액 내에서 환불, 교환이 가능하다는 의미죠.

5 on the wall은 '벽에 (걸려/붙어) 있는'이지만 여기서는 '진열되어 있는'의 의미죠.

6 pay the difference라고 할 때 difference는 '차액'을 말합니다.

얼마 전에 티셔츠를 구입한 민준 씨. 디자인이 특이해서 마음에 쏙 들었건만 세탁했더니 색이 변해버렸다. 불량품인가? 속상한 마음으로 민준 씨는 매장에 환불을 요청하러 가는데…

점원 뭘 도와드릴까요?

민준 일주일 전에 이 티셔츠를 샀는데 빨았더니 색깔이 변해버렸어요.

점원 죄송합니다. 그런 일이 생겨선 안 되는데. 교환을 원하세요?

민준 환불 받고 싶은데요.

점원 그렇게 하죠. 그걸 환불 데스크로 가져가셔야 하는데요. 똑바로 가시면 오른쪽에 있어요.

민준 알았어요.

점원 다음에 꼭 다시 들러 주세요.

Clerk	How may I help you?
Minjun	I bought this T-shirt a week ago. And when I washed it, [1]**the color faded**.
Clerk	Oh, I'm sorry, that shouldn't have happened. Would you like to exchange it?
Minjun	I'd like to [2]**get a refund** for it.
Clerk	[3]**That would be fine.** You have to take that to the refund desk. It's straight ahead, [4]**on your right**.
Minjun	Oh, I see.
Clerk	[5]**Do come back** next time.

1. fade는 본래 '사라지다', '차차 없어지다'란 의미인데, 여기서는 '(색깔이) 바래다'의 뜻으로 쓰였습니다. The water is wide란 팝송의 가사 중에도 fade가 나옵니다.
   Love fades away like morning dew. 사랑은 아침 이슬처럼 사라져버리죠.
2. get a refund는 '환불 받다'란 뜻으로, refund와 같은 뜻입니다. '환불 받을 수 있습니까?'라는 질문은 May I get a refund on this?라고 할 수도 있죠.
3. That would be fine.은 That's fine.과 같은 뜻이지만 좀 더 공손한 표현입니다.
4. on your right은 '당신의 오른쪽에'. '왼쪽에'는 on your left죠.
5. do는 '다음에 꼭 오세요.' 하고 come back을 강조하는 의미로 쓰인 겁니다.

❶ 30일간 환불 보장 제도 (30 day money back guarantee)

대부분의 미국 상점들은 30일간 환불 보장 제도를 채택하고 있습니다. 고객이 물건에 만족하지 못하는 경우, 30일 이내에 환불 또는 교환이 가능하다는 거죠. 우선은 영수증을 잘 보관하는 게 가장 중요하고요, 물건을 살 때는 미리 그 상점의 교환이나 환불 방침 (replacement & refund policy)을 알아두어야 합니다. 만일 교환이나 환불을 받으려면 원래의 포장 용기에 넣은 후, 구입한 곳에 가서 영수증을 제시하세요. 카드로 지불했으면 카드 계좌의 결제 금액을 취소해주고, 현금으로 결제한 경우는 현금을 돌려줍니다. 개인 수표로 지불한 경우에는 이미 지불이 되었다면 현금으로 돌려주고, 그렇지 않으면 우편을 통해 수표로 돌려주죠.

❷ 평생 새 TV만 보는 비결?

앞서 말한 대로 미국에는 '30일간 환불 보장제도'라는 것이 있지만 미국은 환불과 교환에 굉장히 관대합니다. 미국에선 정말 '손님이 왕'이죠. 물건에 하자가 있을 때는 물론이고, 단순 변심으로 인한 경우에도 대부분은 환불이 가능하고 심지어는 한번 사용해봤는데 제품의 성능이 마음에 들지 않는다고 해도 대부분의 경우는 환불이 가능하죠. 단, 영수증은 꼭 있어야 하죠. 이렇게 묻지도 따지지도 않는 미국의 환불 문화를 악용하는 경우도 많습니다.

처음 미국에 와서 Bob이란 친구의 집에 homestay(하숙)로 들어가게 되었습니다. 한번은 TV를 사고 싶어 어떤 것이 좋겠느냐고 물으니, 평생 새 TV만 보는 비결이 있다는 것이었습니다. 그 친구 말로는 아무 TV나 사서 3~4개월 보다가 지겨워지면 반품하고, 다른 TV로 바꾸면 된다더군요. 그래서 한번 해보자 싶어, TV를 하나 산 후 3 ~ 4개월 뒤에 반품하겠다고 했더니 정말로 두말 않고 현금을 그대로 내주는 것이었습니다. 나중에 주변 이야기를 들어보니 심지어 여드름 크림을 한 통 거의 다 써가는데 아무래도 내 피부에 맞지 않는 것 같다고 하면서 환불 받는 사람도 있다고 하더군요. 미국은 그만큼 환불, 교환에 대한 소비자의 권리가 보장되어 있습니다. 그래서 물건이 마음에 안 드는데도 끙끙거리면서 참거나, 싸워가며 바꿀 일은 없지요. 그렇지만 소비자를 위한 이런 제도를 Bob처럼 악용하면 안 되겠지요.

❶ 이거 계산하려고 하는데요.

I'd like to   this   .

❷ 세금 포함해서 모두 35달러 75센트입니다.

      , the $35.75.

❸ 현금으로 지불하실 건가요, 카드로 지불하실 건가요?

      or   ?

❹ 비자카드 받아요?

Do you   ?

❺ 3개월 할부로 지불하고 싶은데요.

I'd like to   that   .

❻ 그것에 문제가 있으면 도로 가져와도 되나요?

May I   if there's   it?

❼ 그걸 환불 받고 싶은데요.

I'd like to   a   it.

❽ 주차증 좀 주세요.

I need   , please.

| 정답 |
❶ ring, up
❷ Including, tax, total, comes, to
❸ Cash, charge
❹ take, Visa
❺ make, in, 3-month, payments
❻ bring, it, back, something, wrong, with
❼ get, refund, for
❽ parking, validation

155

물건 싸게 사기

Can you come down a little?

좀 깎아 주실 수 있나요?

강의 및 예문듣기

 사진으로 만나는 미국

알뜰한 여행객이라면 늘 염두에 두는 것이 세일이죠. 자본주의의 메카인 미국에선 정말 흔한 것이 '세일'입니다. 세일이나 할인 쿠폰이 없는 경우가 드물 정도죠. 특히 할인 쿠폰은 매우 일상화되어 있어서 신문이나 잡지의 제품 광고에는 약방의 감초처럼 붙어 있고, 신문에 끼어 배달되는 광고 전단^{flyer}에도 빠지지 않죠. 아예 할인 쿠폰이 묶여진 책자^{coupon book}까지 배달될 정도니까요. 꼭 생활에 쪼들리는 사람이 아니더라도 대부분의 미국인들은 이런 쿠폰들을 잘 모아 두었다가 이 물건은 이 가게에서, 저 물건은 저 가게에서 유용하게 써먹죠.

게다가 대부분의 가게에서 세일을 하기 때문에, 세일이 아닐 때 가면 언제 세일이 시작되니 그때 사라고 일러주기도 합니다. 그러니 조금만 신경을 쓰면 세일 기간에 20~30% 정도 싼 가격에 물건을 구입할 수 있죠. 꼭 세일하는 때가 아니더라도 백화점같이 정찰제가 당연시되는 곳이 아니라면, 한번쯤 값을 흥정해 볼 수도 있습니다.

이번 주 초특가 세일을 놓치지 마세요!

hot buy 특가 판매

BUY ONE GET ONE FREE
하나를 사시면 하나는 무료로 드립니다.

▲ San Jose 지역 신문의 주말판에 끼여 있던 전단지입니다. 특히 주말판 신문에는 쿠폰과 할인 광고가 붙은 수십 페이지짜리 전단지가 끼여 있곤 하죠.

CLIP COUPON FOR EXTRA SAVINGS

Van de Kamp's
Breaded Fish 빵가루를 묻혀 튀긴 생선
Selections
14.8 to 26.4-oz. package.
Selected varieties.

Limit 1 package per coupon;
1 coupon per household.
Coupon cannot be doubled.

$1.00 OFF WITH COUPON

0 00000 09387 3

더 절약하시려거든 쿠폰을 잘라오세요.

clip (신문 · 잡지 등에서) 오려내다 **coupon** 쿠폰
saving 절약

쿠폰을 가져오시면 1달러를 할인해 드립니다.

off ~만큼 할인하여

▶ 미국의 유명 매장인 VONS의 쿠폰 중 하나. 미국의 가정에는 이런 쿠폰이 책자처럼 묶여 하루에도 서너 개씩 배달되곤 합니다. Save $ ~ 또는 ~% off와 같이 할인되는 금액, 퍼센트가 강조되어 있습니다.

**Bring in this coupon
and receive
$100
when moving into
any of our L Ari communities!**

저희 L Ari 빌라로 이사를 오실 경우,
이 쿠폰을 가져오셔서 100 달러를 받으세요!

▲ 부동산 잡지 Equal Housing Opportunity에 실린 광고입니다.
뒷면에는 L Ari community에 속해 있는 빌라들의 주소와 연락처 목록이 있습니다.

Because your eyes are different, the difference is Bausch & Lomb.

save $20

**save
$20
when you buy selected
Bausch & Lomb contact lenses**
Rebate details available at Costco Optical

정선된 바슈롬 콘택트 렌즈를 구입하시면서
20달러를 절약하세요.
할인 금액 환불에 관한 자세한 사항은 코츠코 안경점에서

selected 정선된
rebate (지불 금액의 일부를) 환불해주다
detail 세부 사항
available 이용할 수 있는
optical 눈의, 안경점

▶ 미국의 대형 체인점인 COSTCO의 상품 안내 잡지에 나온 광고입니다. 미국에서는 안과나 치과 관련 비용이 워낙 비싸서 렌즈 한 팩에 20달러나 깎아주기도 합니다.

①

지금 세일하나요?

Are you running a sale right now?

원래 sale은 '판매'지만, '특가 판매', '세일'이란 뜻도 있죠. run a sale에서 run은 '운영하다'란 의미입니다. have a sale 또는 be on sale이라고 해도 '세일 중이다'죠. 세일 중인지 물을 때 Are you having a sale? 또는 Is it on sale?도 많이 씁니다.

②

많은 품목이 30% 세일입니다.

Lots of the items are 30% off.

30% off는 '30% 할인'해준다는 뜻입니다. 전치사 off는 일반적으로 뭔가를 떼어내거나 원래의 지점으로부터 멀어질 때 씁니다. 여기서는 원래 가격에서 얼마를 떼내는 거니까 '할인하다'의 의미가 된 거죠. items는 '(상품) 품목'을 말합니다.

③

저 품목들은 한 개 값에 두 개를 드립니다.

Those items are 2 for 1.

2 for 1은 한 개를 사면 하나는 공짜로 얹어준다는 뜻이죠. Buy one, get one (free).라고 되어 있는 곳도 많습니다. 두 개가 한 개 값이지만 하나만 산다고 반값을 받지는 않죠.

④

조금만 깎아주실 수 있으세요?

Can you come down a little?

물건 값을 흥정할 때 유용한 표현입니다. 여기서 come down은 '값을 내리다'란 의미이죠. give me discount를 쓸 수도 있지만, 미국 사람들은 come down이나 lower 등을 더 많이 씁니다. 그밖에 knock off, cut down 등의 표현도 많이 쓰죠.

⑤   현금으로 내시면 좀 더 깎아드립니다.

You'll get a special discount if you pay in cash.

물건을 파는 사람들은 아무래도 현금을 선호하죠. 그래서 현금을 내면 가격을 깎아주기도 합니다. 그럴 때 하는 말이 You'll get a special discount if you pay in cash.입니다. get a special discount는 '특별히 더 깎아준다'는 의미인 거죠.

⑥   재고 정리 세일에서 건진 거야.

I picked it up at a clearance sale.

물건을 싸게 산 경우에는 아무래도 친구들에게 무용담을 자랑하고 싶어서 입이 근질거리죠? 그런 경우에는 I picked it up at a clearance sale.이라고 마음껏 자랑하세요. picked up은 우리말로 '건졌다'에 해당하죠. clearance sale은 철지난 제품을 정리하는 세일이고요.

⑦   정말 싸게 샀어.

It was a real bargain.

여기서 bargain은 '싼 물건'이란 뜻입니다. '정말 싸게 샀어.'라고 할 때 우리는 I bought it cheaply.라고 생각하기 쉬운데 일상 회화에서는 It was a real bargain.을 주로 씁니다.

⑧   너 완전히 바가지 쓴 거야.

You really got ripped-off.

rip-off는 속어로 '도둑질', '강탈'의 의미가 있는데, 쇼핑에서는 '바가지 씌우다'란 의미로 많이 쓰입니다. 비슷한 뜻으로 clip이 있습니다.

① 할인 쿠폰 이용하기 🎧 14-1.mp3

미국의 전자제품은 세일 기간과 쿠폰만 잘 활용하면 한국에서보다 훨씬 싸게 구입할 수 있다는데… 이런 좋은 정보를 무시하고 지나칠 송이씨가 아니지!

송이 지금 세일하나요?

점원 예. 많은 품목들이 30% 세일입니다. 마지막 세일이죠. 쿠폰을 가져오시면 추가로 5%를 더 할인 받을 수도 있고요.

송이 쿠폰은 가져왔어요. 그런데 코닥 상표는 없는 것 같네요.

점원 그건 다 팔렸어요. 5번 통로에서 다른 상표의 제품을 찾아보시겠어요?

송이 세일은 언제까지예요? 그 때까지 안 들어오나요?

점원 이번 주말까지요. 아마 금요일쯤 들어올 겁니다.

Song-e	Are you running a sale ¹**right now?**
Clerk	Yes. Lots of the items are 30% off. They are ²**final sales.** If you bring a coupon, ³**you can take off 5% more.**
Song-e	Well, I have the coupons but I don't see anymore of the Kodak brands.
Clerk	Oh, they are all sold out. You can find other brands in aisle 5.
Song-e	⁴**How long is your sale going to last?** ⁵**Will you have anymore** before the sale ends?
Clerk	It'll run until this weekend. And we should get some more on Friday.

1   right now는 '바로 지금'을 말합니다.

2   final은 '최후의', '최종의'이므로 final sales는 '마지막 세일'이 됩니다.

3   You can take off 5% more.의 take off에서 off는 떼어낸다는 뜻으로 쓰였습니다. 직역하면 '(원래 가격에서) 5%를 더 제할 수 있습니다'니까 '5%를 더 할인 받을 수 있습니다.'가 되죠.

4   How long ~?은 '얼마나 오래 ~?'라고 물을 때 사용하는 표현입니다. 여기서 last는 '지속되다'니까 '세일이 얼마나 오래 계속됩니까?'라고 묻는 말이죠.

5   Will you have anymore ~?에서 anymore는 anymore of the Kodak brands를 가리키죠.

💡 **이럴 땐 이렇게!**   **이 쿠폰은 기한이 지났어요**

보통 쿠폰에는 할인 가격이 큰 글씨로 적혀 있고, 제한이나 사용 가능한 기한은 깨알 만한 글씨로 적혀 있습니다. 한번은 그동안 신문 전단지며 쿠폰북에서 차곡차곡 모아둔 쿠폰을 큰맘 먹고 가져갔는데, 점원이 보더니 This coupon has expired.(이 쿠폰은 기한이 지났어요.)라고 하더군요. 그러니 쿠폰을 사용할 때는 기한을 꼼꼼히 확인하고, 또 쿠폰을 쓸 때 한번쯤 Can I use this coupon?(이 쿠폰 쓸 수 있어요?) 하고 물어보는 게 좋습니다.

세일 중이라는 광고를 보고 모처럼 쇼핑에 나선 민준 씨. 맘에 드는 물건을 골라 세일가를 물어보는 데… 아차, 전 품목 세일이 아니라 일부 품목만 세일 중이었다.

민준	이건 할인 가격이 얼마예요?
점원	죄송하지만 이건 세일하지 않습니다. 빨간 꼬리표가 붙은 제품들은 모두 세일중이에요.
민준	얼마나 세일되는데요?
점원	소비자 가격에서 20% 깎아드려요.
민준	저기 노란 꼬리표는 뭐예요?
점원	그것들은 1개 가격에 2개를 주는 제품들이죠. 하나를 사면 다른 하나는 공짜예요.

Minjun　[1]**What's the sale price on it?**

Clerk　[2]**Unfortunately**, it's not on sale. All items [3]**with red tags** are on sale.

Minjun　How much is the discount?

Clerk　It will be 20% off the [4]**retail price**.

Minjun　[5]**What are those yellow ribbons for?**

Clerk　Those items are 2 for 1. [6]**You buy one, get one free.**

1　할인 가격이 얼마인지 궁금할 때 유용한 표현입니다. sale price는 the price after discount(할인 후의 가격, 할인된 가격)를 말하죠.

2　Unfortunately는 '유감스럽게도', '죄송하지만'의 의미로 문두에 많이 쓰입니다.

3　빨간 꼬리표가 '붙은'이라고 할 때 with a red tag이라고 합니다. 이처럼 with를 잘 사용하면 긴 문장을 간단히 표현할 수 있죠. '노란 모자를 쓰고 있는 저 사람'도 미국인들은 that man who wears a yellow hat 대신 간단히 that man with a yellow hat이라고 하죠.

4　retail price는 '소매가격'입니다. wholesale price는 '도매가격'이죠.

5　What ~ for?는 '~는 무엇을 위한 건가요?'라고 용도를 묻는 표현입니다.

6　하나를 사면 하나를 공짜로 더 얹어준다는 말이죠. 구어체에서는 If를 넣어 복잡하게 하기보다는 이런 간단한 표현을 많이 씁니다. 광고에 쓸 때는 더 간단히 Buy one, get one!이라고 하죠.

⏱ *잠깐만요!*　**세일 안하는 날 빼고는 항상 세일 중!**

미국의 백화점들은 세일이 없는 날이 드물 정도로 핑계만 있으면 세일을 합니다. 그 중 가장 규모가 큰 것이 추수감사절 세일과 크리스마스 전후의 연말 세일입니다. 특히 크리스마스 다음날부터 연말까지 이어지는 After-Christmas Sale이 유명하죠. 이외에도 Spring Sale(봄맞이 세일)이나 8월 말의 Back-to-school Sale(신학기 직전 세일), 공휴일에 하는 Holiday Sale 등 세일의 종류도 정말 많답니다.

- Lincoln's Birthday Sale 링컨 생일 기념 세일
- Easter Sunday Sale 부활절 세일
- Wednesday Sale 수요일 세일
- One-day Sale 하루 세일
- Semi-annual Sale 1년에 두 번 하는 세일
- Final Sale 마지막 세일
- Close-out Sale 단종 세일
- Annual Sale 1년에 한 번 하는 세일
- Clearance Sale 재고 정리 할인 판매
- Business Sale 점포 정리 세일

▲ 주택가 수퍼마켓 입구에 붙은 세일 광고 포스터. 딱 3일간(3 DAYS ONLY) 빨간 꼬리표(RED TAG)가 붙은 제품은 싸게 판다는 얘기죠.

한국에서 흥정의 달인으로 유명했던 송이 씨. 미국에서도 그 실력을 발휘해보려 한다. 그러나 점원의 내공도 만만치 않은데…

송이 전 이게 맘에 들어요. 근데 값이 너무 비싸네요. 좀 깎아주실 수 있나요?

점원 죄송합니다. 이 가격이면 잘 사시는 거예요. 게다가 여기는 정찰제거든요.

송이 좀 더 싼 거 없어요?

점원 아, 저쪽에 있는 것들은 39달러 99센트로 세일중이에요. 그리고 현금으로 내면 좀 더 깎아 드릴 수 있어요.

송이 저쪽 걸로 하겠어요. 근데, 낱개로도 팔아요?

점원 아니오. 낱개로는 팔지 않습니다.

Song-e	I like this one, but ¹**it's too steep for me.** Can you come down a little?
Clerk	Sorry. ²**This is already a good buy.** ³**Besides, all the prices are fixed here.**
Song-e	Do you have any cheaper ones?
Clerk	Oh, those items are on sale for $39.99. And you'll get a special discount if you pay in cash.
Song-e	I'll take that one. By the way, ⁴**can I buy them individually?**
Clerk	No. We don't sell them separately.

1　steep은 원래 '가파른'이지만, 여기서는 '값이 비싼'의 의미입니다. 미국인들은 expensive 대신 steep이나 high를 더 많이 씁니다. It's too steep for me.와 비슷한 표현으로는 It's too much. / It's too pricy. / It's a bit on the high side. 등이 있습니다.

2　This is already a good buy.(이미 잘 산 거예요.)는 '이 가격은 다른 데보다 싼 거예요.'의 뜻이죠. good buy는 good bye와 발음이 같으니 '아니, 값을 깎아주기는커녕 나보고 가라고?'라고 오해하진 마세요.

3　beside는 '~옆에', besides는 '게다가'의 뜻이죠. fixed는 '고정된', 즉 '정찰제'란 얘기죠.

4　individually는 '개개로', '낱개로'라는 말입니다. separately와 바꿔 쓸 수 있죠. '이거 낱개로 파나요?'라고 물을 때 Can you break up the set?도 쓰는데, break up은 포장을 뜯어 낱개로 판다는 뜻입니다.

⏱ 잠깐만요!　**Shop till You Drop! 쓰러질 때까지 맘껏 쇼핑하세요!**

우리나라에도 대형 할인마트가 많은데요, 이들의 시스템은 대부분 미국에서 들어온 것입니다. 미국의 할인점의 종류에는 factory outlet(공장 직영 도매점), designer outlet(디자이너 할인 매장), wholesale club(회원제 창고형 점포) 등이 있습니다. 미국인들은 1 ~ 2주에 한 번 날을 잡아 한꺼번에 쇼핑을 하는데요, 이런 날을 stock-up day라고 합니다. 대개는 이런 할인점에서 일괄 쇼핑을 하죠.

· **factory outlet:** 공장에서 흠이 있는(irregular) 제품이나 재고를 정리하기 위한 매장

· **designer outlet:** 유명 디자이너의 의류를 싸게 취급하는 매장

· **wholesale club:** 전국적인 체인망을 갖춘, 연회비를 내는 회원을 위한 창고형 점포

❹ 물건 값 흥정하기 (2)

🎧 14-4.mp3

민준 씨와 벼룩시장(flea market) 데이트 중인 송이 씨. 이것저것 둘러보다 마음에 드는 물건을 잡고 흥정에 돌입하는데… 아주 뻔뻔하게 흥정하는 송이 씨의 모습에 민준 씨는 절로 웃음이 난다.

송이 이거 터무니없이 비싸네요.	Song-e	¹**That price is way out of line.**
상인 다른 데서도 다 그 정도는 받아요.	Sales Person	That's what they ²**charge** elsewhere.
송이 좀 더 싸게 해주실 수는 없나요?	Song-e	³**How much more can you go?**
상인 죄송합니다. 그 이하는 곤란합니다.	Sales Person	I'm sorry. That's my ⁴**final offer**.
송이 알았어요. 다른 데 둘러보고 올게요.	Song-e	OK. I'll look around and come back.
상인 제가 졌어요. 2달러 더 깎아드릴게요.	Sales Person	Oh… ⁵**I'm sold!** I'll take off $2 more.

Song-e ¹**That price is way out of line.**

Sales Person That's what they ²**charge** elsewhere.

Song-e ³**How much more can you go?**

Sales Person I'm sorry. That's my ⁴**final offer**.

Song-e OK. I'll look around and come back.

Sales Person Oh… ⁵**I'm sold!** I'll take off $2 more.

1 out of line을 가격에 쓰면 '터무니없이 비싼'의 의미가 되죠. 비슷한 표현으로는 You are asking for too much.가 있습니다. 여기서 ask for는 '요구하다', '청구하다'의 뜻이죠.

2 여기서 charge는 '(대가·요금을) 청구하다'입니다.

3 How much more can you go?(얼마나 더 갈 수 있나요?)는 '얼마나 더 깎아줄 수 있나요?'라는 말입니다. Can you come down a little more? / Can you give me any more discount?와 같은 뜻이죠.

4 final offer, 즉 '마지막 제안'이란 말은 '더 이상 깎아줄 수 없다'는 표현이죠.

5 I'm sold.는 '내가 졌어요.'라는 뜻입니다. sell은 구어에서 '납득시키다'란 뜻이 있습니다.

⏱️ **잠깐만요!** **미국은 쿠폰도 가지가지!**

할인점뿐 아니라 패스트푸드점, 미용실, 심지어는 부동산까지 미국은 쿠폰의 천국이라 해도 과언이 아닙니다. 귀찮긴 하지만 그래도 잘 모아놓으면 많이 절약 되죠.

$1 off any one-pound bag of Dunkin' Donuts coffee when you order at DunkinDonuts.com.

▲ 던킨의 홈페이지에서 주문하면 1파운드에 1달러를 할인해준다는 내용의 쿠폰입니다.

• **제조업체의 쿠폰**(manufacturer's coupon): 주로 잡지나 신문의 제품 광고에 붙어 나오는 것으로, 그 회사의 제품을 사면 어느 가게에서든 할인을 해주는 쿠폰입니다.

• **소매점 쿠폰**(retailer's coupon): 주로 소매점의 광고 전단에 붙어 나오는 것으로, 그 소매점에서 살 때만 할인을 받을 수 있습니다. 품목별로 할인을 해주기도 하고, 소매점의 모든 물건을 할인해 주기도 하죠.

• **두 배 쿠폰, 세 배 쿠폰**(double coupon, triple coupon): 쿠폰에 지정된 소매점에서 특정 제품을 사면, 약속한 할인의 두 배, 또는 세 배를 할인해주는 쿠폰입니다.

• **즉석 복권식 쿠폰**: 할인율 기입란이 가려져 있어 할인율을 알 수 없는 쿠폰. 계산할 때 쿠폰을 주면 담당 직원이 긁어보고 나오는 할인율만큼 할인해 주는데, 적게는 5%에서부터 많을 땐 80%까지도 할인되니 그야말로 복권이죠.

⑤ 싸게 산 물건 자랑하기

재고 세일에서 아주 저렴한 가격에 맘에 드는 티셔츠를 구매한 송이 씨! 그것도 미국에서 말이다. 자랑하고 싶어 입이 근질근질한 송이 씨는 친구 샘을 붙들고 이야기를 쏟아내기 시작한다.

송이 이 티셔츠 5달러에 샀어. 정말 싸게 샀지.

샘 횡재했네!

송이 재고 정리 세일에서 건졌지.

샘 정말 잘 샀네. 난 벼룩시장에서 중고 카메라를 20달러에 샀어. 아무래도 너무 비싸게 산 것 같아.

송이 너 된통 바가지 썼구나!

Song-e	I got this T-shirt for 5 bucks. It was a real bargain.
Sam	[1]**What a steal!**
Song-e	I picked it up at a clearance sale.
Sam	That's a good buy. [2]**I bought a secondhand camera for 20 dollars at the flea market.** I'm afraid I paid too much for it.
Song-e	You really got ripped-off.

1 〈What a + 명사〉 하면 '대단한 ~군!'이란 의미의 감탄문이 됩니다. steal이 명사로 쓰이면 '횡재'란 뜻이 있습니다. 훔친 거나 마찬가지로 싸게 샀다는 얘기죠. 반대로 '옴팡 바가지 썼구나!'라고 하려면 What a rip-off!를 쓰면 됩니다.

2 어디에서 얼마에 중고 제품을 샀다고 자랑하고 싶을 때는 〈I bought a secondhand + 물건 + for + 가격 + at + 장소〉로 말하세요. 이때 secondhand는 '중고의'란 뜻이죠. '벼룩시장'은 영어로도 flea market입니다.

⏱ 잠깐만요! **우리 집 앞마당에서 싼 물건 사가세요~**

미국 사람들은 이사할 때나 대청소할 때, 버리게 되는 중고물품들이 나오면 차고나 앞뒤뜰에 죽 늘어놓고 오가는 사람에게 싼 값에 팔곤 합니다. 이런 걸 garage sale, 또는 yard sale이라고 하죠. garage는 '차고', yard는 '마당', '뜰'이라는 뜻입니다.

주로 아이들의 장난감이 가장 많이 나오고, 소소한 가구들이나 전자제품들을 내놓기도 합니다. 때로는 액자나 책 등을 팔기도 하고, 부엌용품이나 옷 등이 나오는 때도 있죠. 대개는 쓸 만한 물건들인데다 값은 아주 저렴하죠. 주로 토요일이나 일요일에 하는데, 세일을 하기 며칠 전 집 근처의 길가 가로수 같은 곳에 안내 전단을 붙여 광고를 합니다. 그럼 지나다 본 주변 사람들이 모여 물건을 사갑니다.

◀▲ 이 집은 이사를 가느라 짐이 되는 물건들을 내놓았나 봅니다. 옷, 책, 컵, 가방, 그리고 의자와 식탁까지 팔고 있네요. 광고 붙인 사람이 누군가 했더니 꼬마 두 명이 팔고 있더군요.

1 지금 세일하나요?

Are you ▓▓▓▓▓▓▓▓ a ▓▓▓▓▓▓▓▓▓▓ right now?

2 많은 품목이 30% 세일입니다.

Lots of the ▓▓▓▓▓▓▓▓ are ▓▓▓ ▓▓▓
▓▓▓ ▓▓▓ .

3 저 품목들은 한 개 값에 두 개를 드립니다.

Those items are ▓▓▓▓▓▓▓▓▓▓▓▓▓▓
▓▓▓▓▓▓▓▓ .

4 조금만 깎아주실 수 있으세요?

Can you ▓▓▓▓▓▓▓▓▓▓▓▓▓▓ a little?

5 현금으로 내시면 좀 더 깎아드립니다.

You'll ▓▓▓▓▓▓▓▓ a ▓▓▓▓▓▓▓▓▓▓▓▓ if
you pay in cash.

6 재고 정리 세일에서 건진 거야.

I ▓▓▓▓▓▓ it ▓▓▓▓▓ ▓▓▓ at a ▓▓▓▓▓▓
▓▓▓▓▓▓ .

7 정말 싸게 샀어.

It was a ▓▓▓▓▓▓▓▓▓▓▓▓ .

8 너 완전히 바가지 쓴 거야.

You really ▓▓▓▓▓▓▓▓▓▓▓▓ .

165

길 찾기

15 걸어가며 길 찾기

Can you show me the way to Central Park?

센트럴 파크 가는 길 좀 가르쳐 주실래요?

강의 및 예문듣기

사진으로 만나는 미국

❶ 길을 나설 때는 지도부터 챙기기

미국에서 낯선 도시로 여행을 갔다면 어느 곳에 가든 먼저 관광 안내소 Visitor Center에 들러 그 지역의 지도와 버스·지하철 노선 안내도, 현지 여행안내 정보 등을 챙겨두세요. 만약 기회를 놓쳤다면 7-eleven 같은 편의점에서 2~3달러 정도 하는 시내 지도를 사두는 게 좋습니다. 시내 지도는 City Map이라고도 하고, Street Level Map이라고도 하죠. 숙소를 나와 길을 나설 때는 언제나 지도를 갖고 다니는 게 좋습니다. 지도에 현재 자신의 위치를 표시해두면 길 찾기가 더 쉽고요, 길을 물어볼 때도 지도를 보여주면서 설명을 들으면 알아듣기도 쉽죠. 물론 요즘은 구글맵 Google Map같은 온라인 지도나, 스마트 폰 지도 어플이 잘 되어 있어서 길 찾기가 더 편해졌죠. Street View라고 해서 가고 싶은 곳의 주변 사진을 보여주기도 하니 너무 편하고요.

▲ 시카고의 관광안내책자. 시내 각 부분의 자세한 지도와 지하철, 버스 노선 뿐 아니라 쇼핑·숙박·관광 가이드에 쿠폰들까지 쏠쏠하게 들어 있습니다.

◀ Anaheim 지역 소식지에 나와 있는 Castle Inn & Suites라는 숙소의 광고입니다. 약도를 보니 Santa Ana Frwy.와 Harbor Blvd.가 만나는 곳에 있는 모텔이군요. 주소는 캘리포니아(CA)의 Anaheim시 Harbor가 1734번지네요. 우편 번호(Zip Code)는 92802고요.

pond 연못
CONVENTION CTR. 회의, 집회 등을 위한 시설이 갖춰져 있는 건물

➋ 미국 거리에서 길 찾기

미국에서 길 찾기는 한국에서보다 쉽습니다. 도시 구조와 주소 체계가 단순해서 거리 이름과 번지수^{Street Number}만 알고 있으면 쉽게 찾아갈 수 있죠. 길이 바둑판처럼 수직으로 뻗어 있고, 한쪽은 짝수, 다른 한쪽은 홀수로 차례차례 번호가 매겨져 있기 때문입니다. 게다가 대부분의 건물이 거리에서 잘 보이는 곳에 번지수를 표시하고 있거든요. 다만 찾아가는 곳이 아파트나 빌딩이라면 호수^{Suite Number}까지도 챙겨두는 게 확실하죠. 빠뜨렸다면 물론 관리실^{Managing Office}에 문의하는 게 가장 빠른 방법입니다.

· St.	street의 약자. 차도 양쪽에 인도와 건물이 있는 도로
· Rd.	road의 약자. 두 개의 마을을 잇는 도로
· Dr.	drive의 약자. 주로 고인, 사립, 주택가의 차도
· Ave.	avenue의 약자. 가로수 길. 특히 street를 가로지르는 길
· Bl./Blvd.	boulevard의 약자. 가로수가 있는 넓은 길
· Ln.	lane의 약자. 골목길
· Cr.	crescent의 약자. 초승달 모양의 길
· Pkwy.	parkway의 약자. 주로 상업 지역의 차도
· Frwy.	Freeway의 약자. 고속도로
· Hwy.	highway의 약자. 고속도로

그런데 미국 지도나 표지판을 보면 St. Ave. Rd. Blvd.와 같은 글자를 접하게 되는데, 이것은 각각 street, avenue, road, boulevard의 약자랍니다. 모두 '거리, 도로'를 나타내는 명칭입니다. 참 다양한 명칭을 사용하죠? 일반적으로 avenue는 '대로'를, street와 boulevard는 이 대로를 가로지르는 길을 뜻하는데요, 실제로는 이렇게 엄격하게 의미를 구분해 쓰지는 않지만 그래도 기본적인 의미는 알고 있는 것이 좋겠죠.

▲ VILLAGE CENTER DR.와 VILLAGO PL.의 교차점에 거리 이름을 표시해놓은 표지판입니다.

Pl. place의 약자. 광장. 또는 짧은 길거리

▲ 표지판이 서 있는 방향, 즉 가로 쪽 거리의 이름이 GRANT라는 표시입니다. 이렇게 표시가 있으면 현재 자신의 위치를 알기도 쉽죠. 또 찾아가야 할 장소도 거리 이름만 알면 이런 표시를 보고 찾아갈 수 있습니다.

1단계

핵심표현 익히기

오디오 파일을 3번씩
듣고 따라 말하세요.

① 가장 가까운 우체국에 가는 길 좀 가르쳐 주시겠어요?

Could you show me the way to the nearest post office?

모르는 곳을 찾아갈 때 꼭 알고 있어야 할 표현이 Could you show me the way to ~?입니다. 어디로 가는 길을 알려달라고 정중하게 물어보는 말이죠. to 뒤에는 물론 가려고 하는 목적지를 얘기하면 되고요. 비슷한 표현으로 How can I get to ~?(~에 가려면 어떻게 해야 하죠?), Which way is to ~?(~로 가는 길이 어디죠?), Can I get the direction to ~?(~로 가는 길을 알 수 있을까요?) 도 있습니다.

② 교차로가 나올 때까지 이 길을 따라가세요.

Go along this street till you come to an intersection.

우리말 '이 길로 쭉 가세요.'에 해당하는 표현이 Go along this street.이죠. Go straight. 또는 Go down the street.라고 해도 됩니다. '~가 나올 때까지 쭉 가라'고 하려면 뒤에 till you come to ~를 이어주면 되는데, 이때 come은 '다다르다', 즉 arrive의 뜻입니다.

③ 오른쪽으로 도세요, 그러면 오른쪽에 맥도날드가 보일 거예요.

Turn right, and then you will see McDonald's on your right.

Turn right/left는 '오른쪽/왼쪽으로 돌아라'는 뜻이죠. 길을 알려줄 때 가장 많이 쓰는 표현중 하나입니다. 이때 turn은 '방향을 바꾸다'라는 뜻입니다. you will see ~ on your right/left는 '오른쪽/왼쪽에 보면 ~가 있어요'란 의미로, 역시 길을 알려줄 때 흔히 쓰는 유용한 표현입니다.

④ 여기서부터 걸어서 약 15분 정도 거리예요.

It's about a 15-minute walk from here.

〈a 숫자-minute walk〉는 '걸어서 ~분 거리'라는 뜻이죠. '차로 ~분/시간 거리'라고 할 때는 〈a 숫자-minute/hour drive〉라고 합니다. '걸어서 ~분 걸립니다'라고 할 때는 '시간이 걸린다'는 의미의 동사 take를 써서 It takes ~ minutes to walk라고도 말할 수 있습니다.

⑤ 길을 완전히 잃어서 여기가 어딘지 **모르겠어요.**

I'm **completely lost and I have no idea** where I am.

'여기가 어디죠?'를 영어로는 Where am I? 즉 '내가 어디 있죠?'라고 합니다. I have no idea.라는 문장에 포함되면서 where I am으로 순서가 바뀐 거죠. lost에는 '길을 잃은'이란 뜻이 있어서 '길을 잃었어.'는 I'm lost. 또는 I got lost.라고 합니다.

⑥ 전 여기가 처음이라서요.

I'm a stranger here myself.

나도 이 동네가 처음인데 낯선 사람이 그것도 영어로 내게 길을 물어오면 당황하기 십상이죠. 하지만 이 한 마디만 알아두면 앞으론 당황할 일 없답니다. I'm not from here.(전 이곳 사람이 아닙니다.), I'm new here too.(저도 여긴 처음이에요.) 등도 같은 의미로 간편하게 쓸 수 있는 표현이니 모두 입에 배게 익혀두세요. 참고로 stranger는 '이방인' 또는 '처음 온 사람'이라는 뜻입니다.

⑦ 어느 쪽에서 오시는데요?

Where are you coming from?

이쪽을 찾아오겠다고 전화 등으로 길을 묻는 사람에게 길을 알려주려면 우선적으로 물어봐야 할 사항이죠. 이때 coming from이라고 진행형을 써야 어디서 '오고 있는지' 또는 '올 예정인지'를 묻는 말이 됩니다. 참고로 Where are you from? 또는 Where do you come from?은 상대의 출신지, 즉 고향을 묻는 질문이 되죠.

⑧ 이 길을 따라서 곧장 2블록을 가세요.

Go straight down the road for **2 blocks.**

미국에서 길을 알려주거나, 길을 알려주는 상대의 말을 알아들으려면 꼭 알고 있어야 할 표현입니다. 미국 도시는 구획이 잘 정리되어 있어서 몇 블록을 가서 어느 쪽으로 가는지만 알면 별 어려움 없이 원하는 곳을 찾을 수 있으니까요. Go 2 blocks down this road.도 같은 의미입니다.

① 길 물어보기   🎧 15-1.mp3

한국에 소포를 보내려고 우체국을 찾고 있는 송이 씨. 낯선 곳에서는 무조건 물어보는 게 상책이란 굳은 신념(?)으로 지나가는 중년 남성에게 우체국 가는 길을 물어보는데…

송이 저, 뭐 좀 여쭤봐도 될까요?

행인 네?

송이 우체국을 찾고 있는데요. 가장 가까운 우체국에 가는 길 좀 가르쳐 주시겠어요?

행인 음. 이 길을 따라서 교차로 나올 때까지 쭉 가세요. 오른쪽으로 돌면 오른편에 맥도날드가 보일 거예요. 우체국은 바로 옆에 있어요. 찾기 쉬워요.

송이 시간은 얼마나 걸릴까요?

행인 여기서 걸어서 한 15분 거리예요.

송이 감사합니다.

행인 뭘요.

Song-e	Excuse me. Can I ask you something?
Passerby	Yes?
Song-e	I'm looking for a post office. Could you show me the way to the nearest post office?
Passerby	Well, go along this street till you come to an intersection. Turn right, and then you will see McDonald's on your right. The post office is right next door. [1]**You can't miss it.**
Song-e	And how long will it take?
Passerby	It's about a 15-minute walk from here.
Song-e	Thank you so much.
Passerby	[2]**It's no sweat!**

1 You can't miss it.은 직역하면 '놓치지 않을 거예요.'이지만 길을 알려준 다음 '찾기 쉬워요.'라고 덧붙이는 말로 많이 씁니다.

2 Thank you.에 대한 대답으로 It's no sweat.도 알아두세요. '땀 흘리지 않는 일이에요.'란 말은 결국 '어렵지 않은 일이에요.', 즉 '별일 아녜요.'란 의미인 거죠.

 이럴 땐 이렇게!   길을 알려줄 때 쓰는 말말말!

길을 알려줄 때 '가다 보면 오른쪽/왼쪽에 있어요.'라는 식의 말을 하게 되는데, 그 표현이 It's on your right/left.입니다. 그 외에도 방향을 알려줄 때 유용한 표현들을 몇 가지 더 알아둘까요?

• on the opposite side of ~의 건너편에	• on the corner of ~의 모퉁이에
• next to ~옆에	• between ~사이에
• near ~가까이에	• middle of ~의 중간에

딴 생각에 정신이 팔려 무작정 걷던 민준 씨. 문득 정신을 차려보니 길을 잃은 것이 아닌가! 지나가는 사람에게 도움을 청해보지만 그 사람도 초행길이라는데…

Minjun	[1]**Can I ask you a favor?**
Passerby	Sure, go ahead.
Minjun	I'm [2]**completely** lost and [2]**I have no idea** where I am. Can you show me where I am on this map?
Passerby	OK. [3]**You're on 5th Avenue, between 43rd and 44th Street.**
Minjun	Oh, I see... Then, how could I [4]**get to** the West Park Hotel?
Passerby	Um... I don't know exactly. I'm a stranger here myself. [5]**Why don't you ask that police officer over there?**
Minjun	OK. [6]**Thanks anyway**, bye.
Passerby	Bye.

민준 저기 부탁 하나 드려도 될까요?

행인 물론이죠, 말씀하세요.

민준 제가 완전히 길을 잃어버려서 여기가 어딘지 모르겠어요. 여기가 어딘지 이 지도를 보고 좀 알려 주실래요?

행인 네. 여긴 5번 애비뉴의 43번 스트리트와 44번 스트리트 사이예요.

민준 아, 알겠습니다… 그럼 웨스트 파크 호텔에는 어떻게 가면 될까요?

행인 음… 정확히는 모르겠네요. 저도 여기가 처음이라서요. 저기 있는 경찰관에게 물어보시지 그래요?

민준 알겠어요. 어쨌든 감사합니다. 안녕히 가세요.

행인 네, 안녕히 가세요.

1 favor는 '호의', '친절'이니까 ask a favor라고 호의를 요청하는 건 '부탁 하나 하다'란 의미인 거죠. Can I ask you a favor?는 상대에게 부탁의 말을 꺼낼 때 흔히 쓰는 말로, Can/Would you do me a favor?와 바꿔 쓸 수 있습니다.

2 completely는 '완전히'입니다. have no idea는 don't know와 같은 뜻이죠.

3 Where am I?(여기가 어디죠?)에 대한 답은 Here is ~(여기는 ~예요)가 아니라 You are ~(당신은 ~에 있어요)로 한다는 것 주의하세요. '~번가에 있다'고 할 때는 길 위에 있는 거니까 on ~을 쓰고, 길 번호는 항상 서수로 읽는다는 것도 주의하세요. 미국에서는 위치를 설명해줄 때 가로 세로 좌표를 가리키듯이 '어느 거리와 어느 거리가 만나는 지점'이란 식으로 곧잘 알려 줍니다.

4 여기서 get to는 arrive at의 의미이죠. 일상생활에서는 arrive at보다 get to를 더 많이 씁니다.

5 '~하지 그래요? (그러는 편이 나을 거 같은데)'라는 뉘앙스로 권유할 때 Why don't you ~?를 씁니다. You'd better ~는 '~하는 게 좋을 거야, 그렇게 해'라는 명령의 뉘앙스로 쓰이는 표현이니 가려서 써야 하죠. '~에게 물어보다'라고 할 때 ask 뒤에는 to를 붙이지 않습니다. 'A에게 B를 물어보다'라고 한다면 ask B of A로 쓰죠.

6 Thanks anyway.는 원하는 답을 얻지 못했지만 감사함을 전할 때 쓰는 표현입니다.

민준 씨와 송이 씨를 통해 친해진 제네사와 레이첼. 레이첼이 거처를 옮겨 제네사와 함께 살기로 했다. 집 정리를 다 마친 제네사와 레이첼은 집들이 파티를 할 거라며 친구들을 초대한다.

Rachel	Hi, James. We are [1]**holding a housewarming party** this Friday. You're coming, right?
James	[2]**You bet.** By the way, how can I get to your house?
Rachel	Hmm... Where are you coming from?
James	I live on Neil Av. and 46th St. And I'll take the subway.
Rachel	All right. First, Take the green line and get off at Westminster. And then come out exit #7. Go straight down the road for 2 blocks. It's about a 3-minute walk. Then you can see the Starbucks Coffee on your left. My apartment is right on the opposite side of the coffee shop.
James	What's your [3]**apartment number**?
Rachel	It is 5A. On the fifth floor.
James	Okay, [4]**I got it.**

레이첼 안녕, 제임스. 우리 금요일에 집들이 파티를 할 거야. 너 올 거지?

제임스 가고말고. 그런데 너희 집 어떻게 가지?

레이첼 음… 넌 어디서 오는데?

제임스 난 닐가와 46번가 사이에 살아. 그리고 지하철 타고 갈 거야.

레이첼 알았어. 우선 녹색 노선을 타고 웨스트민스터역에서 내려. 그런 다음 7번 출구로 나와. 길을 따라 곧장 2블록을 와. 걸어서 3분 정도 거리야. 그러면 스타벅스가 왼쪽으로 보일 거야. 우리 아파트는 바로 그 건너편에 있어.

제임스 아파트 호수는?

레이첼 5A. 5층에 있어.

제임스 알았어.

1　housewarming party는 '집들이'를 말합니다. party를 연다고 할 때는 동사 hold를 쓰죠. hold 대신 have나 throw도 많이 씁니다.

2　You bet.은 '물론.'이라는 뜻으로, Of course.와 같죠. 하지만 You bet? 하며 끝을 올려 말하면 '정말이야?'란 의미가 됩니다.

3　apartment number는 아파트 호수를 얘기하는 거죠. 만약 빌딩의 사무실 호수를 묻는다면 suite number라고 합니다.

4　I got it.에서 get은 '알아듣다'라는 의미입니다. it은 상대방의 설명을 가리키죠.

💡 **이럴 땐 이렇게!** **Where am I?와 Where was I?의 차이**

'여기가 어디죠?'를 영어로는 Where am I?라고 한다고 했죠? 모양은 비슷하지만 전혀 다른 의미로 쓰이는 다음의 표현들과 헷갈리지 마세요. Where was I?는 직역하면 '내가 어디 있었지?'이지만, '내가 어디까지 얘기했지?'란 의미이고 Where were we?는 '우리 어디까지 했지?'라고 선생님이 지난 시간까지 나간 진도를 물어볼 때 쓰는 말입니다.

1 가장 가까운 우체국에 가는 길 좀 가르쳐 주시겠어요?

Could you ▭▭▭ ▭▭▭ ▭▭▭ ▭▭▭ the nearest post office?

2 교차로가 나올 때까지 이 길을 따라가세요.

Go along this street till you ▭▭▭ an ▭▭▭ .

3 오른쪽으로 도세요, 그러면 오른쪽에 맥도날드가 보일 거예요.

▭▭▭ ▭▭▭ , and then you will ▭▭▭ McDonald's ▭▭▭ ▭▭▭ .

4 여기서부터 걸어서 약 15분 정도 거리예요.

It's about ▭▭▭ ▭▭▭ from here.

5 길을 완전히 잃어서 여기가 어딘지 모르겠어요.

▭▭▭ completely ▭▭▭ and I have no idea ▭▭▭ ▭▭▭ ▭▭▭ .

6 전 여기가 처음이라서요.

I'm a ▭▭▭ here ▭▭▭ .

7 어느 쪽에서 오시는데요?

Where are you ▭▭▭ ?

8 이 길을 따라서 곧장 2블록을 가세요.

▭▭▭ straight ▭▭▭ the road ▭▭▭ ▭▭▭ .

16 **차 몰고 가며 길 찾기**

Make a left turn at the second signal.

두 번째 신호등에서 좌회전하세요.

강의 및 예문듣기

사진으로 만나는 미국

❶ 미국은 고속도로도 가지가지

미국의 고속도로는 우리와 달리 장거리 여행뿐 아니라 출퇴근길에도 이용됩니다. 보통 highway를 거쳐서 국도^{local}를 이용, 최종 목적지에 도착하는 식이죠.

▲ 고속도로의 tollgate 모습입니다. 요금을 내기 위해 멈추라고(STOP TO PAY TOLL) 되어 있네요.

'고속도로'를 가리키는 영어로 흔히 expressway나 highway를 생각하기 쉬운데, 미국에는 고속도로에도 여러 종류가 있습니다. 이 중 규모가 가장 큰 것이 interstate로, 주^{state}와 주를 연결하는^{inter-} 고속도로입니다. 대표적 주간 고속도로로 미국의 남북을 가로지르는 I-95는 북단의 메인 주에서 남단의 마이애미까지 달리는 데 34시간이나 걸리고, 동서로 보스턴과 시애틀을 연결하는 I-90를 끝까지 달리려면 쉬지 않고 운전해서 4~5일이나 걸릴 정도라니 얼마나 긴 도로인지 짐작이 가죠?

주간 고속도로보다 작은 규모가 expressway 또는 highway, freeway라 불리는 것으로, 주 경계 안에서 끝나는 고속도로를 가리키죠. expressway에는 중앙 분리대가 있고, highway는 고속도로인데도 중간에 신호등이나 빠질 수 있는 길이 있는 경우이며, freeway는 이런 것들 없이 그저 끝없이 죽죽 뻗어 있는 고속도로입니다. 그래서 미국에서

다른 도시를 가려면 흔히 freeway를 이용하죠. 하지만 땅덩이가 큰 도시는 그 안에서 움직이더라도 freeway를 이용할 때가 많습니다.

❷ 미국에서 자동차로 길 찾아가기

미국에서 자동차로 길을 찾아갈 때 가장 중요한 것은 도

로 번호와 방향을 잘 알아두는 것입니다. 미국인들은 운전하는 사람에게 길을 설명할 때, 들어서야 할 도로 번호와 동서남북의 방향으로 모든 걸 얘기하기 때문입니다. 'xx번 북쪽행 도로를 타고 가다가 xx번 서쪽행 도로를 탄 다음에 xx거리로 나가는 오른쪽 진입로로 들어서세요' 하는 식이죠. 도로가 워낙 잘 정비되어 있어서 그렇게만 설명해도 충분하므로, 우리가 길 설명할 때처럼 '무슨 무슨 건물 있는 데서 우회전해' 식의 이정표^{landmark}는 잘 얘기하지 않습니다.

반드시 그렇지는 않지만, 일반적으로 도로 번호는 남북으로 난 도로는 홀수로, 동서로 난 도로는 짝수로 매겨져 있습니다. 가끔씩은 표지판이 가리키는 방향이 미심쩍기도 하지만 대체적으로 '자동차의 천국'이라는 명성에 걸맞게 체계적으로 연결된 도로망과 일목요연한 표지판을 갖추고 있어 도로 번호와 방향만 잘 알면 엉뚱한 길로 빠질 위험은 적으니 너무 겁내지 마세요.

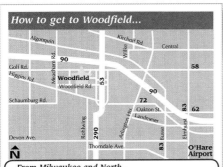

Milwaukee와 북쪽에서…
94번 도로 남쪽 방면으로 가다가 294번 도로를 타세요. 294번 도로를 타고 남쪽으로 오다가 90번 도로를 탄 후 서쪽으로 가다가 Illinois 53번 도로를 타세요. 그리고 남쪽으로 오면 Woodfield가 있습니다.

Joilet과 남쪽에서…
294번 도로를 타고 북쪽으로 오다가 290번 도로를 타세요. I-290의 서쪽 방면으로 가다가 Illinois 72/Higgins 출구로 나오세요. Frontage Road를 타고 오다가 Woodfield Road에서 좌회전하면 됩니다.

O'Hare 공항과 동쪽에서…
90번 도로를 타고 서쪽으로 오다가 Illinois 53번 도로를 타세요. Illinois 53번 도로에서 남쪽 방면 출구로 나오면 Woodfield가 있습니다.

Rockford와 서쪽에서…
I-90(북서쪽 유료 도로)을 타고 동쪽으로 가다가 Illinois 53번 도로를 타세요. Illinois 53번 도로에서 남쪽 방면 출구로 나오면 Woodfield가 있습니다.

남동쪽과 외곽 지역에서…
355번 도로를 타고 북쪽으로 오다가 290번 도로를 타세요. I-290을 타고 서쪽 방면으로 오다가 Illinois 72/Higgins 출구로 나오세요. Frontage Road를 타고 오다가 Woodfield Road에서 좌회전하면 됩니다.

▲ 시카고에 있는 쇼핑몰 Woodfield에 오는 법을 안내한 약도와 설명. 동서남북이나 외곽 지역 등 어디서든 이 쇼핑몰을 쉽게 찾아올 수 있는 길을 안내하고 있습니다. 우리나라에서는 상행선, 하행선, 혹은 인천 방면, 강릉 방면 이런 식으로 고속도로의 방향을 이야기하지만, 미국의 고속도로는 동서남북으로 그 방향을 표시합니다.

Interstate 주간 고속도로 (미국의 각 주를 잇는 고속도로, I-90, I-290 등으로 고속도로명을 표시합니다.) southbound 남행의, 남쪽으로 가는 exit 출구 toll road 유료 도로 eastbound 동행의, 동쪽으로 가는

①

가는 길 좀 가르쳐 주시겠어요?

Please give me the directions.

direction은 '방향', '지시' 등의 의미가 있습니다. give me the directions는 앞에서 배운 show me the way(길을 알려주다)와 같은 의미죠. Can I get the directions to ~?라고도 씁니다. 길을 맞게 찾아가고 있는지 확인할 때는 I'd like to go to ~ Is it in this direction?(~에 가려고 하는데요. 이 방향으로 가면 되나요?) 하고 물어보면 됩니다.

②

리버사이드로 향해 있는 91번 동쪽 고속도로 진입로를 타세요.

Take the highway **91 East ramp** towards **Riverside.**

운전자에게 길을 가르쳐줄 때는 〈take + 도로 번호 + 방향〉의 순서로 타야 할 도로를 알려줍니다. 이처럼 take는 교통수단을 이용한다고 할 때도, 도로를 이용한다고 때도 모두 쓰인답니다. 물론 이 경우엔 take 대신 drive를 써도 되죠. ramp는 '경사로', '진입로'를 뜻합니다.

③

신호등 있는 데서 우회전하세요.

Make a right turn at **the lights.**

걸어서 가는 경우에는 turn right/left라고 말하지만 차로 가는 경우에는 make a right/left turn 이라고 많이 얘기합니다. make 대신 take를 써도 되죠. '~에서'라고 덧붙일 때 at ~이라고 하는 건 같고요.

④

그 근처에 뭐 눈에 띄는 건물 같은 게 있나요?

Are there any **landmarks** around there?

landmark는 큰 건물이나 유명한 장소 같이, 길을 찾을 때 이정표가 되는 것을 말합니다. 도로 이름만 알면 찾기 쉽게 되어 있어선지, 미국인들은 길 설명할 때 landmark를 우리처럼 많이 얘기하지는 않더 군요.

⑤   거리가 얼마나 되죠?

How far is it? / How many miles to get there?

How far is it?은 거리가 얼마나 되는지 묻는 표현이죠. Is it far from here?(여기서 머나요?) 하고 묻기도 하고, 구체적으로 거리를 물어볼 때는 How many miles to get there?(거기까지 몇 마일이에요?)라고도 묻죠. 이때 get은 arrive의 의미입니다.

⑥   110번 도로를 타려면 어느 진입로로 들어서야 하죠?

Which ramp do I have to get on to take 110?

여기서 get on은 '(버스나 기차 등에) 올라타다'라고 할 때와 같은 의미입니다. ramp, 즉 '진입 경사로'에 들어서는 것을 '올라탄다'고 표현한 거죠.

⑦   지나치셨네요.

You've just passed it.

차를 몰고 가던 사람이 잠시 차를 세우고 길을 물었는데, 가고자 하는 곳을 이미 지나쳐온 경우에 제일 먼저 던지게 되는 말입니다. 이때 it은 물론 상대방이 가고자 하는 목적지를 뜻하죠.

⑧   네비게이션상으로는 101번 고속도로가 가장 빠르네요.

According to the navigation, 101 is the direct route.

네비게이션을 보면서 이용해야 할 도로 등을 얘기할 때 '네비게이션상으로는'이라고 말을 시작하면 되겠죠. 이럴 땐 '~에 따르면'이란 의미의 according to를 이용해 According to the navigation으로 말문을 열면 됩니다. 지도를 보면서 얘기를 나누는 경우라면 According to the map이라고 하면 되고요.

❶ 전화로 위치 파악하기　🎧 16-1.mp3

민준 씨와 함께 레이첼과 제네사의 아파트에 가기로 한 송이 씨. 민준 씨의 차를 타고 출발하기 전에 아파트 관리소로 전화를 걸어 위치를 꼼꼼하게 확인한다.

남자 요르바 린다 파인즈 아파트입니다. 뭘 도와드릴까요?	
송이 여긴 애너하임의 사우스 하버가인데요. 가는 길 좀 알려주세요.	
남자 좋습니다. 운전하고 오실 건가요, 버스로 오실 건가요?	
송이 운전해서 갈 건데요.	
남자 알았어요. 우선 사우스 하버가를 타고 북쪽으로 가세요. 91번 고속도로가 나오면 리버사이드로 향하는 동쪽 경사로를 타세요. 그 코너에서 세븐 일레븐을 볼 수 있을 겁니다. 터스틴가가 나오면….	
송이 뭐라고요?	
남자 터스틴, T–U–S–T–I–N 가가 나오면 그 출구로 나오세요. 가다가 요르바 린다가가 나오면 우회전하면 됩니다.	

Man	Yorba Linda Pines. How may I help you?
Song-e	I'm on the South Harbor Boulevard, in Anaheim. Please give me directions.
Man	OK. Are you going to drive, or take a bus?
Song-e	I'm going to drive.
Man	All right. ¹**Start out by going north** on South Harbor Boulevard. Take the highway 91 East ramp towards Riverside. You can find 7-Eleven on the corner. Take the Tustin Avenue...
Song-e	²**I'm sorry?**
Man	Take the Tustin, T-U-S-T-I-N Avenue exit, and make a right turn onto Yorba Linda Boulevard.

1 start out은 '시작하다', start out by -ing니까 '~하는 것으로 시작하세요'란 뜻이죠. 그래서 Start out by going north는 '우선 북쪽으로 가세요'의 뜻입니다.

2 말을 잘 못 알아들었을 때 I beg your pardon? 또는 Pardon me? 또는 여기처럼 I'm sorry?라고 할 수 있습니다.

 이럴 땐 이렇게!　B1(B one)이 뭐예요?

미국에 처음 도착한 사람들이 이러 저리 거리를 둘러보다가 꼭 한 번씩 물어보는 것이 있습니다. 도로 이름 표지판에 적힌 B1이 뭐냐는 것이죠. 그러나 B1은 B one이 아니라 Bl.로, Boulevard(가로수길)의 약자입니다. Blvd.로 표시하기도 하죠.

이제 얼추 목적지에 다 온 거 같은데, 어디로 얼마나 더 가야할지 미심쩍은 민준 씨. 잠시 차를 세우고 행인에게 다시 한번 길을 확인한다.

Minjun	Excuse me, ¹**I need some help.** I'm heading to Tustin Avenue. I guess I'm almost there… ²**Is it in this direction?**
Passerby	Oh, Tustin Avenue! You've just passed it. Make a U turn at the next ³**intersection** and go for 1 block. Make a right at the ⁴**lights**. That's Tustin Avenue.
Minjun	Are there any landmarks around there?
Passerby	There is a big bookstore on the left corner.
Minjun	How far is it?
Passerby	It's not ⁵**that far**. It will only take a few minutes.
Minjun	Thank you for your help.

민준 실례합니다만, 좀 도와주세요. 터스틴가를 가려고 하는데요. 거의 다 온 것 같은데, 이 길이 맞나요?

행인 아, 터스틴가요! 지나치셨네요. 다음 교차로에서 유턴해서 한 블록 가세요. 그런 다음 신호등에서 우회전하면 터스틴가예요.

민준 그 근처에 뭐 눈에 띄는 건물 같은 게 있나요?

행인 왼쪽 코너에 큰 서점이 있어요.

민준 얼마나 먼가요?

행인 그리 멀지 않아요. 몇 분 걸리지 않을 거예요.

민준 도와주셔서 감사합니다.

1 이럴 때 I need some help.는 Can you help me with directions?(길 찾는 것 좀 도와주실래요?)와 같은 의미죠. be almost there는 '거의 다 왔다'란 의미입니다.

2 '그게 이 방향에 있나요?'라는 말은 맞게 찾아가고 있는지 확인하는 질문이죠.

3 intersection은 '교차로'입니다.

4 lights는 '신호등'으로, 정확히 말하면 traffic signal 혹은 traffic lights지만, 보통은 signal이나 lights라고 합니다. 원래 light는 셀 수 없는 명사지만 이럴 때는 복수형을 쓰죠.

5 that far에서 that은 부사로 '그렇게'라는 뜻으로 썼습니다.

이번 주말에 송이 씨는 직접 차를 몰고 유니버설 스튜디오에 가볼 참이다. 마침 옆에 있던 만물박사 제임스에게 가장 빠른 길을 물어보는데…

송이 이봐, 제임스. 뭐 하나 물어보자. 이번 주말에 유니버설 스튜디오에 가려고 하는데. 어느 길이 가장 빠를까?	Song-e　　Hey, James. Can I ask you something? [1]**I'm planning to** go to Universal Studio this weekend. But [2]**I'm wondering if there is a shortcut.**
제임스 음… 지도상으로는 101번 고속도로가 가장 빠르네. 그런데 문제는 그 길이 주말에는 늘 꽉꽉 막힌다는 거지.	James　　Well, [3]**according to the map... 101 is a direct route.** But [4]**the thing is that the traffic is always backed-up on weekends.**
송이 어… 그럼, 어쩌지?	Song-e　　Well... [5]**Then, what?**
제임스 110번 북쪽 도로를 타고 가서 10번 서쪽 도로로 갈아타고 가다가 라 브레아가 출구로 나가지 그래?	James　　Why don't you take 110 north, to 10 west, exit off La brea Ave?
송이 알겠어. 그런데 110번 도로를 타려면 어느 진입로로 들어서야 하지?	Song-e　　I see. By the way, which ramp do I have to get on to take 110?
제임스 그냥 플로렌스가에서 진입로로 들어가.	James　　[6]**Just get on it** from the Florence Ave.
송이 거기까지는 몇 마일이나 될까?	Song-e　　How many miles to get there?
제임스 약… 3마일쯤?	James　　About... 3 miles?
송이 알겠어.	Song-e　　OK. I got it.

1　be planning to ~는 '~하려고 계획 중이야', '~하려고 해'의 의미입니다. to 뒤에는 동사원형이 오죠.

2　wonder if ~는 '~인지 아닌지 궁금하다'란 뜻이죠. 보통 '~인지 모르겠어'라고 할 때 여기서처럼 I'm wondering if(whether)...를 많이 씁니다. shortcut은 '지름길'이죠.

3　according to ~는 '~에 따르면'이라는 뜻이죠. according to the map은 the map says나 the map shows라고도 바꿔 말할 수 있습니다. direct route는 '직선 노선', 즉 '가장 빠른 길'을 말합니다.

4　thing에는 '사실', '실제'란 뜻이 있어서 the thing is ~는 '실상은 ~이다', '문제는 ~이다'란 뜻이 됩니다. back-up은 '차량의 정체'를 의미합니다. 하이픈 없이 back up으로 쓰면 '후진하다'란 뜻이니 혼동하지 마세요.

5　Then, what?은 '그럼 어떡해?'란 말이죠. what?은 what can I do?를 줄여 쓴 말이고요.

6　Just get on it에서 it은 the ramp to take 110(110번 도로를 탈 진입로)을 가리킵니다.

1 가는 길 좀 가르쳐 주시겠어요?

Please _____ me the _____.

2 리버사이드로 향해 있는 91번 동쪽 고속도로 진입로를 타세요.

_____ the highway 91 East ramp _____
Riverside.

3 신호등 있는 데서 우회전하세요.

_____ a _____
_____ the lights.

4 그 근처에 뭐 눈에 띄는 건물 같은 게 있나요?

Are there _____
_____ ?

5 거리가 얼마나 되죠?

_____
_____ ?

6 110번 도로를 타려면 어느 진입로로 들어서야 하죠?

_____ do I
_____ get on to take 110?

7 지나치셨네요.

_____ just _____ it.

8 네비게이션상으로는 101번 고속도로가 가장 빠르네요.

_____
_____ , 101 is the direct route.

| 정답 |
1 give, directions
2 Take, towards
3 Make, right, turn, at
4 any, landmarks, around, here
5 How, far, is, it
6 Which, ramp, have, to
7 You've, passed
8 According, to, the, navigation

17 복잡한 건물 내에서 길 찾기

What floor is the cafeteria or the concession stand on?

간이 식당이나 매점은 몇 층에 있어요?

강의 및 예문듣기

　사진으로 만나는 미국

❶ 미국의 대형 건물

한국은 땅이 좁아 고층건물^{skyscraper}이 많지만, 미국은 대도시의 다운타운을 제외하고는 건물들이 높지 않습니다. 주차장은 그 옆에 바로 붙어 있고요.

차를 타고 큰 건물을 찾아갈 때면 주차장의 위치를 찾는 데 헤맬 수 있으므로 주차장 사인을 잘 보고 진입해야 합니다. 또한 건물 안에서 원하는 곳을 찾아가려고 할 때는, 우선 층^{floor}과 방향을 잘 파악해야 하죠. 웬만한 규모의 빌딩이라면 대개 1층 안내 데스크^{Information}

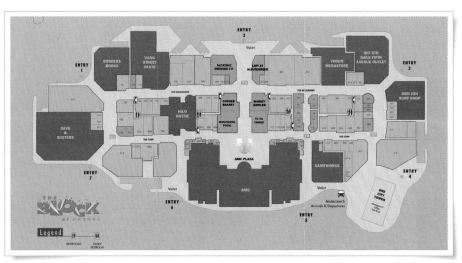

▲ The Block at Orange라는 쇼핑몰의 내부 안내도입니다. 쇼핑몰은 restaurant, bar, cafe 등 식사 또는 음료를 마시는 곳, 쇼핑할 수 있는 곳과 놀이 시설이 함께 있는 종합 엔터테인먼트 공간이죠.

legend 범례 **entry** 입구 **valet** 종업원 **ATM** 자동 현금 인출 · 예금 장치(= Automated Teller Machine) **strip** (양쪽에 상점, 술집 등이 즐비한) 거리, 가로 **family restroom** 가족 화장실. (너댓살 된 남자아이와 엄마, 혹은 여자아이와 아빠처럼 화장실에 갈 때 부모의 도움이 필요한 아이와 성별이 다른 부모가 이용할 수 있도록 배려한 화장실.) **Motorcoach Arrivals & Departures** 버스 도착 & 출발. (Motorcoach 혹은 Motorbus는 버스를 가리키는데, 여기서는 상가 주변 지역을 운행하는 셔틀버스를 가리킵니다.) **Management Office 10th floor** 관리 사무실은 10층에 있음. **public phone/pay phone** 공중전화 **information desk** 안내 데스크

^{Desk}에 건물의 안내도가 있으니 그걸 보면 엘리베이터나 화장실, 비상계단 정도는 묻지 않아도 쉽게 찾을 수 있습니다.

미국 대도시의 대형 건물들은 그 자체만으로도 훌륭한 관광거리가 되기 때문에 크고 유명한 빌딩에는 1층이나 지하 1층에 관광객을 위한 투어 창구가 마련된 경우가 많습니다. 고층 빌딩에는 대개 전망대가 설치되어 있고, 특히 뉴욕 엠파이어스테이트 빌딩의 전망대에서 보는 경관은 매우 유명해서 하루에만 수천 명의 관광객이 몰리죠. G.E. 빌딩의 NBC 스튜디오와 같은 경우에는 아나운서 흉내를 내볼 수 있는 관광 코스도 있고요. 또한 각각의 빌딩마다 시민을 위한 공공장소^{public space}가 마련되어 있어, Sony Plaza나 Philip Morris 같은 public space는 휴식 장소와 각종 퍼포먼스 장소로 사용되고 있습니다.

▲ 시카고에 있는 시어즈 타워 전망대
(Sears Tower Skydeck)의 안내 팸플릿.

❷ 건물 내 화장실 이용하기

길을 가다가 화장실이 급하면 참 난감하죠. 그럴 때 가장 좋은 방법은 일단 패스트푸드점이나 쇼핑몰^{shopping mall}, 주유소^{gas station}, 공원^{park}을 찾는 겁니다. 하지만 화장실을 찾았다고 다 해결되는 것은 아닙니다. 미국에서는 화장실 이용료를 내야 하는 곳도 많거든요. 동전을 넣어야 문이 열리거나, 종업원에게 열쇠나 토큰을 받아 가야 쓸 수 있는 곳이 많죠. 휴지^{toilet paper}가 없는 건 당연하고요. 그렇지만 대부분의 화장실이 손을 씻은 뒤에 쓸 수 있는 종이 타월^{paper towel}이나 손을 말릴 수 있는 건조기^{hand dryer}, 아기 기저귀를 갈 수 있는 시설은 갖추고 있습니다.

◀ 샌프란시스코에 있는 대형 백화점
Macy's의 내부에 있는 방향 지시 팻말입니다.

1단계
핵심표현 익히기

오디오 파일을 3번씩
듣고 따라 말하세요.

① 표 파는 곳은 몇 층에 있나요?

What floor is **the ticket booth on?**

What floor is ~ on?은 '~은 몇 층에 있나요?'란 뜻으로, 건물 내에서 가려는 곳의 위치를 물어볼 때 많이 쓰는 표현입니다. 전치사 on을 빼먹지 않게 주의하세요. floor가 원래 '바닥'이란 의미이기 때문이죠. 대답할 때도 It is on the fifth floor.와 같이 on을 씁니다. '몇 층'이라고 얘기할 때 서수를 쓴다는 것도 기억하시고요.

② 지하 1층으로 내려가세요.

Go down to **the first basement.**

go down to는 '~로 내려가다'입니다. 반대로 go up은 '올라가다'. 지하 층수를 얘기할 때는 floor 대신 basement를 씁니다. basement는 '최하부', '지하'의 뜻이죠.

③ 간식 같은 거 먹을 수 있는 데가 어디 있나요?

Where can I **have a snack or something?**

Where can I ~?는 '어디서 내가 ~할 수 있나요?'라는 뜻으로, 장소를 물을 때 아주 많이 쓰는 표현이죠. Is there anywhere I can ~?(~할 만한 데가 있나요?)도 같은 맥락의 표현입니다.

④ 화장실이 어디 있는지 아세요?

Do you know where **the restroom is?**

Where is ~?라고 단도직입적으로 물을 수도 있지만 앞에 Do you know를 붙이면 좀 더 공손하게 들리죠. 단, Do you know를 붙일 경우 where 뒤는 주어와 동사의 순으로 Do you know where ~ is?가 된다는 점에 주의하세요.

⑤ 이 건물에 흡연 구역이 있나요? (이 건물에 담배를 피울 만한 데가 있나요?)

Is there anywhere I can **smoke in this building?**

앞서 잠시 언급한 Is there anywhere I can ~?을 이용한 표현이네요. 미국은 흡연에 대해서 관용적이지 않기 때문에 건물 안에서 담배를 피우고 싶다면 Is there anywhere I can smoke in this building?이라고 먼저 물어보세요.

⑥ 이 시에서는 건물 안에서 담배를 피울 수 없어요.

You can't smoke inside a building in this city.

우리나라에서도 건물 안에서 흡연이 전면적으로 금지된 곳이 점차 늘어나는 추세죠. 미국은 더 하고요. 따라서 담배를 피워도 되냐고 물어보면 이 도시에서는 건물 안에서는 흡연이 금지되어 있다는 뜻으로, You can't smoke inside a building in this city.라는 대답을 들을 수도 있습니다.

⑦ 거기서 표를 구입하시고 15명이 찰 때까지 기다려야 합니다.

You can get a ticket there and wait until there are 15 people in a group.

초고층 빌딩의 전망대로 올라가려고 할 때 들을 수 있는 말이 wait until there are 15 people in a group(15명이 찰 때까지 기다려야 합니다)입니다. 초고속 엘리베이터를 이용하니까 일정 그룹이 될 때까지 기다리라는 말이죠.

⑧ 제가 지금 거기로 가는 중이에요. 제가 안내해 드릴게요.

That's where I'm going. Let me take you.

물어보는 곳이 마침 지금 내가 가려고 하는 장소일 때는 직접 데려다주는 친절을 베풀 수 있겠죠? 그럴 때는 That's where I'm going.(제가 마침 거기로 가는 중이에요.)이라고 한 다음에 Let me take you.라고 덧붙이면 금상첨화죠.

① 건물 내 전망대 찾기 🎧 17-1.mp3

시카고의 시어즈 타워에 구경 온 송이씨. 전망대에 가고 싶지만 빌딩이 너무 크고 복잡해서 어찌해 야할지를 모르고 있다. 이때 누군가가 송이씨에게 다가오는데…

남자 제가 좀 도와드릴까요?	Man	[1]**Would you like me to help you?**
송이 아, 감사합니다. 이 빌딩의 전망대에 가고 싶은데, 표 파는 곳이 몇 층에 있나요?	Song-e	Oh, thank you. I want to get to [2]**the observation center** of this building. What floor is the ticket booth on?
남자 아, 그럼 지하 1층으로 가세요. 엘리베이터에서 내리자마자 왼쪽에 투어 센터가 보일 거예요. 거기서 표를 구입하시고, 15명이 찰 때까지 기다리셔야 돼요.	Man	OK. Then, go down to [3]**the first basement**. [4]**As you get off the elevator**, you can see the Tour Center on your left. You can get a ticket there and wait until there are 15 people in a group.
송이 그렇군요. 저… 엘리베이터는 어디 있나요?	Song-e	[5]**I got it.** And... Where is an elevator?
남자 이쪽으로 죽 가시면 오른쪽에 보일 거예요.	Man	[6]**Go through this way** and you will see it on your right.
송이 도움 감사합니다.	Song-e	Thanks for your help.
남자 뭘요.	Man	No problem.

1 길을 찾느라 두리번거리고 있으면, 누군가가 '제가 좀 도와드릴까요?' 하고 물어 올 수도 있죠. Would you like me to ~?는 직역하면 '제가 ~하길 원하세요?'니까 '~해드릴까요?'의 의미입니다. 위의 표현은 Would you like some help?라고 바꿔 말할 수도 있죠.

2 observation center는 '전망대'입니다.

3 지하 층수를 말할 때도 지상 층과 마찬가지로 서수로 써서 지하 1층은 the first basement. 지하 2층은 the second basement로 말합니다.

4 as you get off에서 as는 '~할 때', '~하자마자'의 의미입니다.

5 I got it.은 누가 무슨 설명을 해주었을 때 잘 알아들었다는 의미로 쓰인답니다.

6 go through는 '~를 쭉 가다'란 뜻이고 this way는 '이쪽으로'의 뜻입니다.

출장을 온 민준 씨. 오늘따라 업무를 빨리 마친 민준 씨는 점심도 먹고 송이 씨에게 줄 선물도 살 겸 근처 대형 빌딩으로 들어선다. 빌딩에 들어서자 불현듯 흡연 욕구를 느끼는데…

Minjun	Excuse me. Is there anywhere I can smoke in this building?
Woman	No, you can't smoke inside a building in this city.
Minjun	Oh, I see. Then, where can I have a snack [1]**or something**?
Woman	There is a cafeteria and [2]**a concession stand** in the 2nd basement.
Minjun	Good! [3]**What does the cafeteria have?**
Woman	Usually they have fast food, spaghetti, etc.
Minjun	Thanks a lot. Oh, and one more question. Is the gift shop also in the second basement?
Woman	No, it is on the first floor. [4]**That's where I'm going.** [5]**Let me take you.**
Minjun	Oh, you are so kind.

민준 저기요. 이 건물에 흡연 구역이 있나요?

여자 없어요. 이 시에서는 건물 안에서 담배를 피울 수가 없어요.

민준 알았어요. 그럼 이 근처에 간식이나 뭐 먹을 것 파는 데가 있나요?

여자 지하 2층에 카페테리아와 구내매점이 있어요.

민준 잘됐네요. 카페테리아에선 뭘 팔죠?

여자 대개 패스트푸드, 스파게티 같은 걸 팔아요.

민준 감사합니다. 그리고 한 가지만 더 여쭤볼게요. 선물 가게도 지하 2층에 있나요?

여자 아뇨, 그건 1층에 있어요. 제가 지금 거기 가는 중인데요 안내해 드릴게요.

민준 정말 친절하시네요.

1 ~ or something은 우리말로 '~나 뭐 그런 거', '~같은 거'에 해당하는 표현입니다.

2 concession stand는 '구내매점'이죠. food stand라고도 합니다.

3 우리말로 '카페테리아에 뭐 있어요?'를 영어로는 What does the cafeteria have?(카페테리아는 뭘 가지고 있어요?)로 표현합니다. 여기서는 What can I have there?라고 말해도 되죠.

4 I'm going in the same direction.(저도 그쪽 방향으로 가는데요.)이라고 해도 같은 의미를 전달할 수 있죠. 여기서 〈That's where 주어 + 동사〉는 '그게 바로 ~하는 곳이에요'란 뜻입니다. 의문사를 바꿔 That's why ~(그래서 ~하는 거야), That's what ~(그게 바로 ~야) 등으로도 많이 쓰이죠.

5 목적지까지 안내해줄 때 쓰는 표현입니다. Let me walk with you.(저와 함께 가시죠.)나 Please follow me.(저를 따라오세요.) 또는 I'll show you the way.(제가 안내해 드리겠습니다.)와 바꿔 쓸 수 있습니다.

모처럼 시내에 나와 제네사와 점심을 먹고 커피를 한잔하며 이런저런 얘기를 나누던 민준 씨. 앗, 그런데 갑자기 배에서 신호가 온다. 다급히 화장실을 찾는 민준 씨, 신사처럼 다 구겨진다.

민준　화장실 어디 있는지 알아? 나 지금 정말 급해.

제네사　통로 끝까지 간 다음에 왼쪽으로 가.

민준　화장실에 휴지 있을까?

제네사　아마 없을걸.

민준　열쇠 있어야 해?

제네사　응. 웨이트리스에게 달라고 해.

민준　알았어.

Minjun　Do you know where the ¹**restroom** is? ²**I really need to take a leak.**

Jenessa　Go to the end of the ³**hall** and turn left.

Minjun　Do you think there is ⁴**toilet paper**?

Jenessa　Maybe not.

Minjun　⁵**Do I need a key for it?**

Jenessa　Yes, get the key from the waitress.

Minjun　Ok, ok. I got it.

1　건물에서 가장 많이 찾게 되는 장소 중 하나가 화장실이죠. toilet은 보통 '변기'를 의미하고요, 일반적으로 많이 쓰이는 표현은 restroom입니다. 가정집의 화장실은 bathroom이라고 부르죠.

2　화장실이 아주 급할 때 쓰는 표현입니다. leak은 '(액체가) 새는 것'을 말하니까 take a leak은 '소변을 보다'란 뜻이죠. 반면 take a dump는 '대변을 보다'죠. 하지만 이런 말들은 아주 친한 사이에서만 씁니다.

3　흔히 hall이라고 하면 영화에 나오는 무도회를 하는 넓은 장소를 생각하기 쉬운데요, 미국에서 hall은 hallway와 같은 뜻으로, 건물 안의 복도를 말합니다.

4　'화장지'를 toilet paper라고 하죠. 보통 우리는 '두루마리 화장지'라고 부르는 이 toilet paper를 화장실에서만이 아니라 밥 먹을 때, 코 풀 때 등 다용도로 사용하는데요, 미국에서는 반드시 화장실에서만 씁니다.

5　Do I need a key for it?이라고 하면 화장실 갈 때 열쇠를 가져가야 하냐는 뜻입니다. 돈을 내야 하는지 묻고 싶으면 Do I have to pay for it?이라고 하면 됩니다.

⏱ **잠깐만요!**　**화장실에 관련된 여러 가지 표현들**

영어에는 화장실을 가리키는 말에 여러 가지가 있습니다. 예를 들어 washroom, restroom, bathroom, the john 등은 남녀 화장실 구분 없이 쓰는 말이고요, ladies room / men's room, little girls'room / little boys'room은 성별에 따라 구분해서 말할 때 쓰죠. 비행기 안의 화장실은 lavatory라고 합니다. 그렇지만 우리가 흔히 알고 있는 toilet은 '변기'를 가리키는 말로, 특별히 변기가 고장 났을 때 외에는 잘 쓰지 않는 표현입니다. 우리도 요즘은 '변소'라고 잘 하지 않죠?

화장실이 어디 있는지 물을 때는 Where can I wash my hands? 또는 Is there any place I can wash up?이라고 돌려서 말하기도 하고요, 여기에서처럼 restroom이나 bathroom이라고 부르기도 하죠. 한 가지 유의할 점은, 미국인의 집에 방문해서 화장실에 갈 때는 아주 친한 관계가 아니라면 먼저 집 주인의 양해를 구하는 것이 좋습니다. 이때도 역시 위와 같은 표현을 사용하면 되지요.

1 표 파는 곳은 몇 층에 있나요?

　　　　　　　　　　　　　　　　　　　　 is the ticket booth 　　　　　 ?

2 지하 1층으로 내려가세요.

　　　　　　　　　　　　　　　　　　　　　　　　　　　 the

　　　　　 basement.

3 간식 같은 거 먹을 수 있는 데가 어디 있나요?

　　　　　　　　　　　　　　　　　　　　　　　

　　　　　 a snack or something?

4 화장실이 어디 있나요?

Do you know 　　　　　　　　　　　　　　

　　　　　　　　　　　　　 ?

5 이 건물에 흡연 구역이 있나요?

　　　　　　　　　　　　　　　　　　　　　　　

　　　　　　　　　　　　　　　　　 in this building?

6 이 시에서는 건물 안에서 담배를 피울 수 없어요.

　　　　　　　　　　　　　　　　　　　　 inside a

building in this city.

7 거기서 표를 구입하시고 15명이 찰 때까지 기다려야 합니다.

You can get a ticket there and 　　　　　　　 there

are 15 people 　　　　　　　　 .

8 제가 지금 거기로 가는 중이에요. 제가 안내해 드릴게요.

That's where 　　　　　　　　　　 . Let me

　　　　　 you.

191

운전하기

18 자동차 렌트하기

Do you have any compact cars?

소형차 있어요?

강의 및 예문듣기

사진으로 만나는 미국

❶ 미국에서 자동차 렌트하기

미국에서는 대중교통이 발달한 대도시를 제외하고는 차 없이 생활하기가 매우 불편합니다. 그만큼 렌터카rent-a-car 사업이 잘 발달되어 있지요. 렌터카에 필요한 정보는 출발 전 여행사나 렌터카 회사의 웹사이트에서 알아볼 수도 있고요, 현지에 도착한 후 렌터카 회사에 직접 찾아가 자동차를 빌리거나, Yellow Page의 Automobile Renting란의 광고를 보고 전화로 예약reservation을 할 수도 있습니다. 공항에 마중 나올 사람이 없는 경우라면 렌터카 회사에서 운영하는 셔틀 버스를 타고 직접 렌터카 회사로 가는 게 가장 경제적이

▲ 공항에 있는 유명한 렌터카 회사 AVIS의 직통 전화입니다. 성수기가 아니면 공항의 렌터카 코너에는 직원 없이 이렇게 직통 전화만 놓여 있는 경우가 많습니다. 오른쪽의 안내문에는 셔틀 버스를 타고 바로 회사로 올 수도 있다는 내용이 적혀 있습니다.

겠지요. 하지만 성수기에는 차를 구하지 못하는 일도 많으니 미리 인터넷이나 전화로 예약을 해두는 것이 안전합니다.

직접 렌터카 회사에 찾아가 자동차를 빌릴 때는 먼저 차종과 보험 종류를 선택하고, 주행거리mileage와 연료gas를 확인한 뒤 계약서에 사인을 하게 됩니다. 계약이 끝나면 자동차 열쇠를 주죠.

차를 빌릴 때 알아두어야 하는 차의 종류type of car로는 compact / economy / luxury / van / convertible car 등이 있습니다. compact car는 '소형차', economy car는 '일반 승용차', luxury car는 '고급 승용차', van은 우리가 보통 봉고라고 하는 7~15인용 '승합차', convertible car는 지붕을 덮었다 열었다 할 수 있는 차를 말합니다.

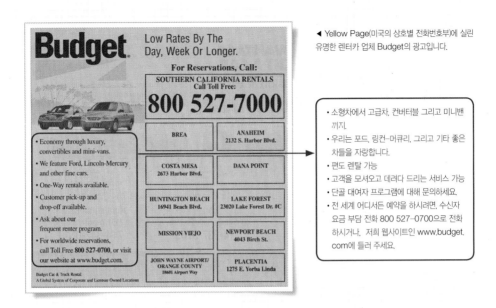

◀ Yellow Page(미국의 상호별 전화번호부)에 실린 유명한 렌터카 업체 Budget의 광고입니다.

- 소형차에서 고급차, 컨버터블 그리고 미니밴 까지.
- 우리는 포드, 링컨-머큐리, 그리고 기타 좋은 차들을 자랑합니다.
- 편도 렌탈 가능
- 고객을 모셔오고 데려다 드리는 서비스 가능
- 단골 대여자 프로그램에 대해 문의하세요.
- 전 세계 어디서든 예약을 하시려면, 수신자 요금 부담 전화 800 527-0700으로 전화 하시거나, 저희 웹사이트인 www.budget. com에 들러 주세요.

- **Low Rates By The Day, Week Or Longer.** 일일 단위, 주 단위 혹은 더 긴 기간 단위로 하는 낮은 요금 (일반적으로 주간(weekly)이나 월간(monthly)으로 빌리면 하루씩 빌릴 때보다 요금(rate)이 훨씬 쌉니다. 4일 정도 빌려야 한다면 weekly로 빌리는 게 나을 정도죠.)
- **Call Toll Free** 무료 전화(수신자 부담 전화)로 전화하세요 (toll은 '사용세', '요금'.)
- **economy** 경제적인 (자동차를 렌트하는 경우에는 'economy class의 자동차'라는 뜻으로 쓰입니다. compact car라는 말도 많이 쓰지요. economical car는 '연비가 좋은 절약형 자동차'라는 의미입니다.)
- **luxury** 고급의, 사치의
- **convertible** 바꿀 수 있는 (여기서는 '지붕을 접을 수 있는 차'를 가리킵니다.)
- **feature** ~을 특색으로 삼다
- **one-way rental** 편도 렌탈 (차를 반납할 때 빌렸던 곳까지 갖다 주지 않고, 다른 지역의 같은 회사 지점에 돌려주는 것을 가리킵니다.)
- **customer** 고객
- **pick-up and drop-off** pick-up은 렌트하기 전에 고객을 렌트 회사까지 태워오는 것이고, drop-off는 반납한 다음 고객이 가야 하는 곳까지 데려다주는(drop-off) 것을 말합니다.
- **our frequent renter** 단골 고객 (frequent는 '빈번한, 잦은'. our frequent renter는 '자주 우리 차를 빌리는 사람'이니까 '단골 고객'이죠.)
- **worldwide** 세계적인

❷ 렌터카 반납 및 요금 계산하기

요금 계산은 보통 반납^{return}할 때 합니다. 렌터카용 차들은 대부분 출고된 지 2년을 넘지 않은 새 차이고, 연료가 채워져 있습니다. 차를 사용한 후에는 빌린 곳이나 그 업체의 다른 지사에 갖다 주어야 하죠. 반납 절차는 차 점검과 계산으로 이루어집니다. 그런 다음에 drop-off 서비스(고객이 가야 하는 곳까지 데려다주는 서비스)가 필요하다면 요청하면 됩니다.

먼저 차 점검은 렌터카 회사 직원이 하고요. 내부까지 구석구석 살피고 조사하는 게 아니라 주로 차체를 빙 둘러보고, 연료 계기를 체크하는 정도입니다. 계산은 보통 신용카드로 합니다. 예약 또는 계약 시 알려 준 카드 번호로 하지요. 미국에서 생활하다 보면 늘 신용카드 번호가 필요합니다. 요즘 우리나라에서는 신용카드 정보 유출이 문제가 되고 있지만, 미국의 신용카드 회사는 고객 관리를 워낙 철저히 하기 때문에 신용카드 번호를 주었다가 사고가 발생하는 일은 거의 없습니다. 가령, 어떤 사람이 며칠 동안 계속해서 LA에서 신용카드로 지불을 했는데, 그 중의 거래 하나만 뉴욕에서 지불한 걸로 나오면 당장 전화가 옵니다. 좀 수상쩍은 거래가 있어서 확인하는 건데, 당신이 어디서 얼마를 지불한 게 맞냐고 말이죠. 아니라고 하면 당장 조사에 들어가서 그 사람의 말이 사실임이 밝혀지면, 아예 해당 카드 비용을 청구하지도 않습니다.

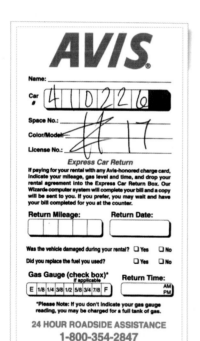

◀ Avis에서 빌린 차를 반납하면서 차의 상태를 체크받은 카드입니다. 날짜와 연료 게이지 등을 체크하도록 되어 있습니다.

· **Express Car return** 빠른 자동차 반납 (자동차 반납 수속을 빨리 끝낼 수 있다는 말이죠. 보통 차를 반납하고 바로 비행기를 타는 경우가 많아서, 반납 수속이 빠른 것도 광고의 포인트가 됩니다.)

· **Return Mileage** 반납 시 주행 거리

· **Return Date** 반납 날짜

· **Was the vehicle damaged during your rental?** 빌린 동안 차량이 손상되었습니까? (vehicle은 각종 차량을 통틀어 일컫는 말로, 여기서는 '자동차'를 의미. damage는 '손해를 입히다')

· **Did you replace the fuel you used?** 사용한 연료는 채워 넣었습니까? (replace는 '교체하다, 제자리에 다시 놓다'.)

· **Gas Gauge** 휘발유 계량기 (gauge는 '계기', '용량')

· **Return Time** 반납 시간

· **Please Note: If you don't indicate your gas gauge reading, you may be charged for a full tank of gas.** 알아두세요! 만약 연료가 얼마나 남아 있는지 기록해두지 않으면 탱크를 가득 채우는 데 드는 비용을 청구하겠습니다.

· **24 HOUR ROADSIDE ASSISTANCE** 24시간 도로변 지원 (여행길에 차에 문제가 생겼을 때 도움 받을 수 있는 전화)

· **RESERVATIONS & GENERAL INFORMATION** 예약 및 일반 정보

❸ 그밖에 차를 렌트할 때 꼭 알아두어야 할 사항

미국에서 자동차 여행을 처음 해본다면 가급적 대형 렌터카 회사를 이용하는 것이 좋습니다. 그런 회사들은 전국적으로 24-hour Emergency Roadside Assistance(24시간 비상 서비스망)를 갖추고 있어서 타이어에 펑크가 났거나 차에 고장이 생겼을 때 쉽게 도움을 받을 수 있습니다. 그렇지만 대형 렌터카 회사를 택한다 해도 광고의 가격만 믿기보다는 꼼꼼히 비교해보고 할인 쿠폰을 챙겨두세요. 실제로 렌트를 하러 가면 보험이나 추가 옵션 때문에 광고에서 본 것보다 훨씬 많은 비용이 드는 경우가 많으니까요. 또 하나 알아두어야 할 것은 대부분 25세 이하의 운전자를 꺼린다는 사실입니다. 사고율이 높고 차를 험하게 다루기 때문이죠. 운전할 사람의 나이가 어리다면 25세 이하의 운전자도 가능한지 확인하세요. 광고 등에 Under 25라고 나와 있다면 25세 이하의 운전자도 가능하다는 의미입니다. 렌터카로 미국을 여행하려면 떠나기 전 운전면허 시험장에서 국제 운전 면허증을 발급받아 가야 한다는 건 물론 잘 알고 있죠?

▲ 5일간 차를 빌렸을 때 20달러 할인해주는 쿠폰.

자동차 렌트에서 반납까지 요약

미국에서 자동차를 빌려서 반납하기까지의 절차는 생각보다 간단합니다. 하지만 처음에는 그렇게 쉽지만은 않죠. 전체적인 과정을 간략히 정리해보면 다음과 같습니다.

① 예약하기	전화로 하거나 렌터카 회사에 직접 찾아갑니다. 직접 가는 경우라면 공항에서 렌터카 업체에서 운영하는 셔틀 버스를 이용하는 것이 좋습니다.
② 계약서 쓰고 차 인수하기	보통은 렌터카 회사에 찾아가서 찾아와야 합니다. 예약을 확인하고, 렌트 신청서를 쓰는데 이때 신용카드 번호를 알려주게 되죠. 엔터프라이즈 렌탈(Enterprise Rental) 등과 같은 몇몇 대형 업체에서는 차를 직접 가져다주는 서비스도 하는데, 이럴 때는 미리 전화로 모든 수속을 마치고 차를 가져오는 사람이 rental agreement(차 임대 계약서)를 가져와서 사인을 받아가죠. 물론 이 경우엔 30달러 정도의 수수료를 내야 합니다.
③ 차 반납하기	처음 빌린 곳에 또는 다른 지역의 지사에 갖다 줍니다.
④ 자동차 점검 및 지불	이때 기름(gas)이 없거나 차가 손상되었다면 비용이 추가되죠. 신용카드로 지불하게 되면, 계약할 때 알려준 카드 번호 앞으로 달아 놓습니다. 모든 절차가 끝난 후에는 업체에 따라 숙소나 공항까지 drop-off 서비스를 해주는 곳도 있습니다.

❶

차를 빌리고 싶은데요.

I'd like to rent a car.

집이나 차를 '빌린다'고 할 때는 rent를 씁니다. rent a car는 reserve a car와 바꿔 쓸 수 있고요. 한 가지 주의할 점은 book에도 '예약하다'의 의미가 있지만 차를 렌트할 때에는 book을 쓰지 않습니다.

❷

소형차 있어요?

Do you have any compact cars?

원하는 차종이 있는지를 물어보고 싶다면 〈Do you have any + 복수명사 ~?〉를 활용하면 됩니다. '~ 좀 있나요?'라는 뜻이죠. compact car는 '소형차'를 의미하는 것으로, economy car라고도 합니다.

❸

저 차 이용료가 얼마인가요?

What is the rate for that car?

rate는 렌터카 요금, 호텔 객실 요금, 전화 요금 등의 '사용 요금'을 말합니다. '~에 대한 요금'을 표시하기 위해 뒤에 for ~를 썼죠. What 대신 How much를 써도 같은 의미입니다.

❹

무료 픽업 서비스가 가능한가요?

Is the free pick-up service available?

free pick-up service는 고객을 렌터카 회사까지 무료로 데려오는 서비스입니다. 차 반납 후 고객이 가려는 곳까지 무료로 데려다주는 것은 free drop-off service죠. available은 '이용할 수 있는'이니까 Is ~ available?은 '~가 사용 가능한가요?'라는 질문입니다.

⑤ 사고가 나면 어떻게 하죠?

What would happen if I have an accident?

What would happen if ~?는 '~하면 무슨 일이 생기느냐?' 즉 '~하면 어떻게 하냐?'는 의미입니다. 사고가 날 경우에는 보험으로 처리된다는 것은 알고 있지만, 그래도 걱정스러워 이렇게 물어보게 되죠. 간단하게 What if I have an accident?라고 해도 됩니다.

⑥ 종합 보장 보험에 드시겠습니까?

Would you like to buy full coverage insurance?

'보험에 들다'를 영어에서는 '보험을 산다'라고 하여 buy나 purchase(구매하다) 같은 동사를 씁니다. coverage는 '(보험의) 보상 범위'니까 full coverage insurance는 '종합 보장 보험'이죠. 이 문장은 간단히 Would you like full coverage?로도 많이 씁니다.

⑦ 편도로 빌릴 수 있을까요?

Can I rent it one-way?

one-way는 '편도'죠. 렌터카에서 one-way는 차를 반납할 때 빌린 곳이 아닌 다른 지사에 차를 돌려주는 걸 말합니다. 미국의 대형 렌터카 회사는 전국 곳곳에 지점을 두고 있기 때문에 현재 위치에서 가까운 곳에 차를 반납할 수 있습니다.

⑧ 차를 반납하려고 하는데요.

I'm returning the car.

빌린 것을 되돌려주는 것에 가장 일반적으로 쓰이는 동사가 return입니다. 렌터카에서도 return the car는 '자동차를 반납한다'는 뜻이죠. '차를 반납하려고 합니다.'는 I'd like to return the car. 또는 I'm here to return the car.라고도 많이 씁니다.

① 전화로 렌터카 예약하기

🎧 18-1.mp3

미국에 왔으면 자동차 여행도 한 번쯤 해봐야지! 송이 씨는 렌터카 회사에 전화를 걸어 차를 빌리려 한다. 기회를 놓치지 않고 즐길 줄 아는 송이 씨는 멋쟁이!

직원 네, 어비스입니다. 무엇을 도와드릴까요?

송이 자동차를 렌트하고 싶은데요.

직원 어떤 종류를 원하십니까?

송이 소형차 좀 있나요?

직원 물론 있죠. 특별히 찾으시는 거라도?

송이 혼다 시빅을 빌릴 수 있어요?

직원 그럼요. 있습니다.

송이 그 차는 이용료가 어떻게 돼요?

직원 하루에 29달러 99센트에 세금이 추가됩니다.

송이 혹시 무료 픽업 서비스 되나요?

직원 그럼요. 언제 필요하신데요?

송이 다음 주 월요일 오전 10시경이요.

Clerk	This is Avis. May I help you?
Song-e	¹**I'd like to rent a car, please.**
Clerk	²**What type of car would you like?**
Song-e	Do you have any ³**compact cars?**
Clerk	Sure, we do. ⁴**Anything in particular?**
Song-e	Can I rent a Honda Civic?
Clerk	⁵**You certainly can.**
Song-e	What's the rate for that car?
Clerk	⁶**$29.99 plus tax** a day.
Song-e	Is the free pick-up service available?
Clerk	Sure. When do you need it?
Song-e	Around 10 a.m., next Monday, please.

1 렌터카 예약할 때는 I'd like to rent a car. 또는 I'd like to reserve a car.라고 하죠. 예약 후 차를 인수하러 가서 '~를 예약하고 왔는데요'라고 할 때는 I made a reservation for ~라고 하면 되고요.

2 What type of는 '어떤 종류의'라는 뜻으로 여기서 type은 소형, 대형 등 차의 형태상의 특징을 가리킵니다.

3 compact car는 '소형차'죠. compact는 집이나 자동차에 쓰여 '소형의'라는 뜻을 갖습니다.

4 Anything in particular?는 Is there anything in particular you want?(뭐 특별히 찾으시는 거라도 있으세요?)를 간단히 말한 거죠. 이때는 차종보다는 구체적인 maker나 model을 묻는 겁니다.

5 You certainly can.은 강한 긍정을 표시할 때 쓰죠. Sure you can.도 마찬가지 뜻입니다.

6 미국에서는 여기서처럼 가격과 세금을 따로 말하는 경우가 많습니다. $29.99 plus tax는 29달러 99센트에 세금이 추가된다는 뜻이죠.

민준 씨의 직장 동료 에릭이 주말 자동차 여행을 계획하고 있다. 에릭은 일단 가까운 렌터카 회사에 들러 차를 예약한다.

에릭 자동차 빌리려고 하는데요.	

에릭 자동차 빌리려고 하는데요.

직원 예. 이 카탈로그에 렌트 가능한 차의 사진들이 있습니다. 그 중에서 선택하세요.

에릭 이 미니 밴이 좋겠네요. 이건 요금이 얼마죠?

직원 주간 요금과, 주말 요금. 그리고 휴일 요금이 있는데요. 얼마 동안 사용하실 거죠?

에릭 다음 주 금요일에서 일요일까지요.

직원 그렇다면 주말 요금이 적용되겠네요. 그리고 주행 거리 제한이 있는 것과 없는 것 중 어떤 쪽을 하시겠어요?

에릭 제한이 없는 걸로 할게요.

직원 그렇다면… 하루에 세금 포함해서 65달러 35센트입니다.

에릭 좋아요. 그걸로 할게요.

Eric	I'm here to rent a car.
Clerk	OK. This catalog shows ¹**all the cars available**. You can choose ²**any one you like**.
Eric	I like this mini van. What's the rate for this car?
Clerk	³**We have weekly, weekend and holiday rates.** How long would you like to use it?
Eric	From next Friday to Sunday.
Clerk	OK. Then we can offer you the weekend rate. And would you like ⁴**limited or unlimited miles**?
Eric	I'll take the unlimited.
Clerk	Then... It's $65.35 a day including tax.
Eric	Good. I'll take it.

1 all the cars available은 '사용 가능한 모든 차'죠.

2 any one you like는 '당신이 원하는 것은 어느 것이나'입니다. one은 car를 가리키죠.

3 weekly rate는 '주간 요금'으로, 차를 1주일 단위로 빌릴 때 적용되는 저렴한 요금입니다. 주말 요금인 weekend rate나 공휴일 요금인 holiday rate를 적용하면 더 비싸죠.

4 limited mile[mileage]을 선택하면 주행 거리를 제한하게 됩니다. 요금은 저렴하지만 정해진 주행 거리를 넘었을 경우에는 추가 요금을 내야 합니다. 반면 unlimited mileage 또는 free mileage를 선택했을 경우에는 운행 거리에 제한이 없는 대신 요금이 조금 비싸지죠.

 잠깐만요!　　**rent car야, rental car야, rent a car야?**

우선 rent car라는 말은 틀린 표현입니다. rental car는 '빌린 차'라는 뜻이고 rent a car는 '자동차를 한 대 빌린다'는 뜻이지요. 그런데 자동차를 빌려주는 것을 주 업무로 하는 업종이 워낙 발달하다 보니 rent a car가 하나의 낱말처럼 쓰이는 일도 많답니다. 그래서 렌터카 업체들은 상호명에 rent-a-car 혹은 rent a car라는 말을 아예 달고 있는 경우가 많습니다. DOLLAR RENT-A-CAR / ADMIRAL RENT-A-CAR / ADVANTAGE RENT-A-CAR 이런 식으로 말이죠.

❸ 차를 렌트할 때 보험 들기　　　🎧 18-3.mp3

차종과 이번 여행 기간에 맞는 요금제, 그리고 주행거리 제한 여부 등을 결정한 에릭. 이제 직원이 보험 가입 여부를 물어보는데… 어떤 보험에 들지 어디 한번 볼까?

직원 보험은 드시겠어요? 종합 보험과 충돌 손상 보험, 책임 보험이 있는데요.

에릭 그냥 책임 보험만 들어도 되나요?

직원 물론이죠. 운전 면허증을 좀 보여 주시겠어요?

에릭 여기 있습니다. 그리고… 저 아닌 다른 사람이 운전해도 보상되나요?

직원 보험을 들 때, 그 분을 '인정된 운전자'로 등록해야 합니다. 그 분 운전 면허증도 좀 보여 주세요.

Clerk　Would you like to buy insurance? You can purchase **¹full coverage, collision damage, and liability insurance.**

Eric　Can I just buy the liability insurance?

Clerk　Of course. Can you show me your driver's license?

Eric　Here it is. And… does this **²cover** anybody who drives the car?

Clerk　**³I would have the other drivers registered as authorized drivers in the insurance.** Do you have his or her driver's license?

1　coverage는 '적용 범위'란 뜻으로 full coverage insurance는 '완전히 적용되는 보험', 즉 '종합 보장 보험'입니다. collision은 '충돌'이란 뜻으로 collision damage insurance(충돌 손상 보험)에 들면 파손된 사물에 대해서만 보상되죠. liability는 '책임', '의무'란 뜻으로 liability insurance(책임 보험)는 상대방의 차와 사람에 대해서만 보상되는 보험입니다.

2　cover에는 '덮다', '범위에 걸치다'란 뜻이 있죠. 여기서는 '보험의 적용 대상이 되다(보험으로 커버하다)'의 의미로 쓰였습니다.

3　I would have the other drivers registered ~는 앞에 If I were you,가 생략되었습니다. 그리고 〈have + A + p.p.〉는 'A로 하여금 ~하게 하다'란 뜻이고요. authorize는 '허가하다', '권위를 부여하다'라는 뜻으로 authorized driver란 '(보험에서 공식적으로) 허가 받은 운전자'죠. 그래서 이 문장의 뜻은 '내가 당신이라면 다른 운전자들의 이름을 보험 증서에 공식적으로 등록되도록 해놓겠어요.'가 되죠.

⏱ **잠깐만요!**　**실제 비용은 광고와 달라요**

미국에서 처음 차를 렌트했을 때의 일입니다. 20달러짜리 할인 쿠폰이 있으니까 하루에 한 10~15달러면 빌릴 수 있을 거라고 가볍게 생각했죠. 그런데 막상 렌터카 회사에 가보니, 일행이 많으니 중형차를 이용해야 하고, 아이가 있으니 아이용 안전 좌석(safety seat)도 따로 빌려야 하고, 온 가족이 여행하니 보험도 종합 보험을 들어야 하고… 결과적으로 하루 84달러나 들게 되어 버렸습니다. 나중에 알고 보니, 미국에서 차를 렌트할 때는 이런 부대 비용들을 합치면 광고에 나온 가격의 2.5배 정도 드는 게 일반적인 일이라고 하네요.

여행을 떠나는 당일, 렌터카 회사에 차를 가지러 온 송이 씨. 이것저것 궁금한 것을 확인하고 계약서를 쓴 다음, 드디어 차키를 받는다.

송이 편도로 빌릴 수도 있나요?

직원 물론이죠.

송이 사고가 나면 어떻게 되죠?

직원 손님이 든 보험으로 보상이 됩니다. 저희에게 전화만 주세요. 전화번호는 계약서에 적혀 있어요. 신용카드 좀 보여주시겠어요?

송이 네. 여기요. 다 됐나요?

직원 여기 사인하시고요. 열쇠는 여기 있습니다. 차는 3번 주차 구역에 있습니다. 기름은 가득 차 있어요. 즐거운 여행 되세요!

Song-e	Can I rent it one-way?
Clerk	Sure.
Song-e	¹**What would happen if I have an accident?**
Clerk	You would be covered by the insurance you bought. Just give us a call. ²**The number is listed on the contract.** Can I see your credit card?
Song-e	Yes. Here it is. ³**That's it?**
Clerk	Sign here, please. This is your key. Your car is parked in parking lot number 3. The ⁴**gas** is full now. Have a good trip!

1　What would happen if ~?는 줄여서 What if ~?로도 많이 씁니다. '사고가 나다'를 have an accident로 표현하는 것 주의하세요. 아울러 get into an accident도 같은 의미로 함께 알아두세요.

2　'계약서'는 보통 contract라고 하는데요, '임대 계약서'는 rental agreement라고도 합니다. be listed on은 '~ (명단)에 적혀 있다, 명시되어 있다'란 뜻입니다.

3　That's it?은 '그게 다야?', '그게 끝이야?' 하는 말이죠. 어떤 용무가 다 끝난 건지, 가도 되는지를 물을 때 요긴하게 쓰입니다. 구어에서는 이처럼 평서문 끝을 올려 의문문으로 쓰는 일이 많습니다.

4　gas는 gasoline(가솔린, 자동차 연료)을 말합니다. 그래서 '주유소'도 gas station이죠.

⏱ **잠깐만요!**　　**간편한 미국식 계약서**

우리는 계약서라고 하면 복잡하고 형식적인 문서를 생각하기 쉬운데, 미국에서는 간단한 쪽지라도 책임을 져야 하는 사람의 사인이 있고(꼭 양쪽 당사자가 다 사인해야 하는 것도 아니라는 게 재미있죠.) 기타 몇 가지의 법적 요건만 갖추면 계약서로 인정이 됩니다. 법률에서는 법적 구속력이 있느냐 없느냐를 가지고 contract와 agreement를 구분하지만, 일상생활에서는 이렇게까지 구별해서 쓰지는 않습니다.

즐거운 자동차 여행을 마친 송이 씨. 이제 차를 반납하러 렌터카 회사에 왔다. 직원이 연료 상황과 자동차 상태를 점검한 후 송이 씨에게 비용을 청구한다.

송이 차를 반납하려고 하는데요.	**Song-e** I'm returning the car.
직원 성이 어떻게 되세요? 그리고 차 열쇠 주시겠어요?	**Clerk** Your last name and the car key, ma'am?
송이 백입니다. 열쇠는 여기 있습니다.	**Song-e** Baek. And here is the key.
직원 네, 좋은 여행 되셨습니까?	**Clerk** OK. Did you have a good trip?
송이 그럼요! 정말 좋았어요.	**Song-e** Sure! It was really wonderful.
직원 차를 점검할 동안 잠시 기다려 주십시오. 문제는 없군요. 총 비용이 125달러 89센트입니다. 신용카드로 지불하시겠습니까?	**Clerk** [1]**It'll take just a minute for me to check a few things.** All right. The total is $125.89. [2]**Are you gonna put that on your credit card?**
송이 예, 그렇게 해주세요.	**Song-e** Yes, please.
직원 여기 사인해 주시고요. 영수증 여기 있습니다.	**Clerk** Please sign here and here is your receipt.

1 차를 반납할 때 점검하는 사항은 차에 흠이나 파손은 없는지, limited mileage 계약을 하고 주행 거리를 초과하지 않았는지, 반납 기일은 지킨 건지, 연료는 처음 상태 대로 채워졌는지 등입니다. 만약 문제가 있다면 추가 비용을 물어야 하죠.

2 Are you gonna put that on your credit card?는 직역하면 '그걸(렌트 비용을) 당신 신용카드 위에 놓으시겠습니까?'인데, 이 말은 처음에 계약서를 쓸 때 신용카드를 보여주고 번호를 주었기 때문에, 그냥 '그 번호로 결제할까요?'라는 의미죠.

 이럴 땐 이렇게!　**기름 값에 수고비까지 내라고요?**

한번은 이사를 하느라 유명한 트럭 렌탈 회사인 U-haul의 트럭을 일주일 임대한 적이 있었습니다. 그런데 반납하는 곳에 가니 담당자가 점검(inspection)을 끝내고는 씩 웃으면서 gas가 모자란다고 하더군요. 그러면서 gas를 자기들이 넣게 되면 모자란 gas 값 외에 자기들이 채워 넣는 데 드는 비용으로 25달러를 더 내야 한다고 하더군요. 어쩔 수 없이 다시 차를 끌고 나와 주유소를 찾아 기름을 가득 채워 반납했습니다.

1 차를 빌리고 싶은데요.

I'd like to   .

---

2 소형차 있어요?

Do you have any   ?

---

3 저 차 이용료가 얼마인가요?

                              is the   that car?

---

4 무료 픽업 서비스가 가능한가요?

Is the   service   ?

---

5 사고가 나면 어떻게 하죠?

                                        I have an accident?

---

6 종합 보장 보험에 드시겠습니까?

Would you like to   full coverage   ?

---

7 편도로 빌릴 수 있을까요?

Can I   it   ?

---

8 차를 반납하려고 하는데요.

I'm   the car.

19 운전하다 생기는 이런저런 일들

Fill her up with regular, please.

보통 휘발유로 가득 채워주세요.

강의 및 예문듣기

사진으로 만나는 미국

❶ 주유소에서 기름 넣기

차를 갖고 다니게 되면 소소하게 해야 할 일들이 생기죠. 그 중 기본적으로 꼭 하게 되는 일은 기름 넣는 일과 주차하는 일입니다. 요즘은 한국에서도 흔히 발견할 수 있지만, 미국의 주유소에는 손님이 직접 계산하고 기름을 넣는 self service 주유기가 대부분입니다. 물론 한국처럼 기름도 넣어주고, 간단한 정비까지 해주는 full service가 되는 곳도 있지만 이런 곳은 가격이 좀 더 비싸죠.

▲ 우리나라에서도 유명한 Shell 정유사 주유소에 있는 셀프 주유기입니다. 신용카드로 지불할 때는 왼쪽의 카드 판독기(card reader)를 이용해 바로 지불하고, 현금으로 낼 때는 안쪽 사무실에서 먼저 지불을 해야 합니다.

❶ **STOP MOTOR** 시동을 꺼주세요

❷ **BANK CARDS ACCEPTED INSIDE ONLY**
은행(직불) 카드는 안에서만 받습니다 (inside는 주유소 안쪽에 있는 사무실을 가리킵니다.)

❸ **CASH CUSTOMERS PAY CASHIER FIRST**
현금으로 지불하실 고객은 먼저 안쪽의 출납 직원에게 지불하세요 (Pay first, Pre pay, Pay inside 등으로 적혀 있기도 하는데, 대개는 먼저 돈을 지불해야 기름이 나오도록 노즐을 조정해놓죠.)

❹ **Regular / Plus / Premium** 보통 / 중급 / 고급
(해당 주유기에서 나오는 기름의 등급. premium 대신 supreme이라고 적혀 있는 경우도 있는데, 대개는 regular를 넣으면 됩니다.)

> **INSTRUCTIONS** 사용법
> **Remove Nozzle** 노즐을 꺼내세요.
> **Select Grade** 휘발유 등급을 선택하세요.
> **NOZZLE OPERATION** 노즐 작동법
> 1. **Insert nozzle.** 노즐을 주유구에 넣으세요.
> 2. **Tilt down, dispense gasoline.** 아래로 기울여 기름을 넣으세요
> 3. **After shutoff, wait 3seconds, push in, lift and remove nozzle.** 주유를 끝내고 3초간 기다린 후, 노즐을 밀어 넣었다가 들어올려 꺼내세요
> **DO NOT TOP OFF** 연료 탱크가 가득 찼을 때 억지로 연료를 더 넣지 마세요.

❷ 주차하기

주차의 경우 미국은 땅이 넓으니까 주차 걱정은 없을 거라고 생각하기 쉽지만 미국에서도 도심지 주차 전쟁은 심각합니다. 뉴욕 같은 곳에서 주차 좀 오래하면 수십 달러를 내야 하죠. 시내에는 유료 주차^{paid parking}, 무료 주차^{free parking}, 노상 주차^{street parking} 등 주차할 수 있는 곳이 많기는 하지만 워낙 주차 금지 구역도 많고 금지 시간도 다양하니 표지판을 잘 살펴보아야 합니다. 교통 표지판은 우리와 비슷한 것도 있지만 다른 것도 많으니 미리 알아두고 출발하세요. 한국처럼 '대충 주차하고 빨리 일보고 나오면 되겠지'라고는 생각하지 않는 것이 좋습니다. 그러면 벌금이 어마어마하거든요. 미국에서는 그저 하라는 대로, 규정된 대로 하는 것이 가장 마음 편합니다.

옆의 사진은 샌프란시스코 시내의 한 도로변에 세워진 주차 금지 표지판입니다. 위의 표지는 견인되니 세우지 말라는 것이고, 아래는 새벽 2시부터 6시까지는 청소를 하니 주차하지 말라는 표시입니다.

▲ 샌프란시스코 시내의 한 주차장에 있던 주차 미터기(parking meter)입니다. 자동차 한 대분의 주차 공간마다 이런 주차 미터기가 설치되어 있습니다. 왼쪽에 있는 동전 투입구에 25센트짜리 동전(quarter)을 넣고 레버를 돌리면 주차 가능 시간을 가리키는 바늘이 넣은 돈에 해당하는 시간만큼 움직입니다.

▲ 주차 관리 회사인 AMANO사가 발급한 주차 요금 영수증입니다. 1월 18일 20시에서 22시까지 두 시간 동안 주차하고 요금은 7달러를 지불했습니다.

TOW-AWAY 강제 견인 (지역), tow는 '끌다' **NO STOPPING** 정차 금지 **EXCEPT TRUCK LOADING** 트럭이 적재중인 경우 제외 (load는 '적재하다') **30 MINUTE LIMIT AT ALL TIMES** 언제건 30분 이상 주차 금지 **FOR TOWED VEHICLES CALL 553-1235** 견인된 차량에 대해서는 553-1235로 전화하세요 (vehicle은 '탈 것, 운송 수단'. 미국에서는 견인 업체가 사기업이므로, 팻말에 적힌 전화번호로 전화해야 어디로 견인되었는지 알 수 있습니다.) **NO PARKING 2 A.M. TO 6 A.M.** 새벽 2시부터 6시까지 주차 금지 (NO PARKING이라고 해도, 이처럼 뒤에 시간이 나와 있다면, 그 시간 외에는 주차가 가능합니다.) **EVERYDAY INCLUDING HOLIDAY** 휴일을 포함한 모든 날 **STREET CLEANING** 거리 청소 (여기서처럼 새벽 시간에 주차가 금지되어 있다면 거리 청소 때문인 경우가 많습니다.)

❶ 먼저 안쪽에서 지불하셔야 합니다.

You have to pay inside first.

주유기를 보면 pay first 또는 pre-pay라고 쓰여 있는 곳이 많습니다. 기름을 넣기 전에 먼저 지불해야 한다는 얘기죠. pay inside는 주유소 안쪽의 사무실(booth)이나 편의점에서 요금을 먼저 내라는 뜻이죠.

❷ 2번 주유기에 10달러어치요.

10 on 2, please.

10 on 2는 10 dollars on pump 2(2번 주유기에 10달러어치요)를 줄인 말입니다. 보통 한 주유소에는 10여 개의 주유기가 있고, 주유기마다 번호가 붙어 있어서, 어느 주유기에서 얼마나 넣을 건지 먼저 얘기해야 합니다.

❸ 보통 휘발유로 가득 채워 주세요.

Fill her up with regular, please.

여기서 her는 자동차를 가리키죠. 영어에서는 자동차나 비행기 등 '탈것'은 여성으로 취급하거든요. fill her up은 연료를 탱크에 가득 채워 달라는 얘기입니다. regular는 '보통 등급의 연료'를 가리키죠.

❹ 후드 안쪽을 좀 점검해 주세요.

Please check under the hood.

check은 '점검하다'니까 check under the hood는 '후드 아래를 점검하다', 즉 후드 안에 있는 엔진 오일이나 배터리 등을 점검한다는 뜻입니다. 우리가 보통 본네트라고 하는 걸 미국 사람들은 hood라고 하죠. 영국에서는 bonnet을 쓰기는 하지만 [본네트]가 아니라 [보닛]이라고 발음합니다.

⑤ 이 주차장은 꽉 찼어요.

This parking lot is full.

parking lot은 '주차장'입니다. be full은 '가득 찬'이죠. 우리나라 주차장의 '만차'에 해당하는 것이 바로 full입니다. 차가 꽉 차서 더 이상 주차 공간이 없다는 뜻이죠.

⑥ 차 좀 뒤로 빼주시겠어요?

Would you mind backing up, please?

back up은 '후진하다'입니다. 이 말이 일본을 건너 우리에게 들어와 '빠꾸'가 된 거죠. 차를 뒤로 빼달라고 부탁할 때 일반적으로 쓰는 표현입니다.

⑦ 타이어에 펑크가 났어요.

I've got a flat tire.

'타이어에 펑크가 났어요.'라고 말할 때 영어에서는 I have (got) a flat tire.(난 바람 빠진 타이어를 갖고 있어요.)라고 합니다. 미국 사람들은 습관적으로 have 대신 have got을 많이 씁니다.

⑧ 내 차가 갑자기 멈춰버리더니 시동이 걸릴 생각을 안 해요.

My car just stalled and it won't start.

자동차에 '시동을 건다'고 할 때는 start를 씁니다. start the ignition, start the engine, start the car라고도 하죠. ignition은 '점화'라는 뜻으로 시동용 열쇠는 ignition key라고 합니다. stall 에는 '진흙에 빠져 꼼짝 못하다', '(자동차나 비행기 등의) 엔진이 멎어버리다'란 뜻이 있죠.

❶ 셀프 주유하기　🎧 19-1.mp3

자동차 여행 중 주유소에 들른 송이씨. 미국 주유소는 대부분 셀프라 해매고 있다. 직원에게 하나 하나 물어가며 무사히 주유를 마치는 송이씨의 당당한 모습을 보시라~!

| 송이 | 저기요, 이게 작동이 안 되는데요. |

Song-e Excuse me. This doesn't work.

Attendant 1 You have to pay inside first.

| 직원 1 | 먼저 안쪽에서 지불을 해야 해요. |

Song-e Oh, I see. Thank you. *(at the counter)* 10 on 2, please. Here is 10 dollars.

| 송이 | 아, 알겠습니다. 감사합니다. (계산대에서) 2번 주유기에 10달러치요. 여기 10달러요. |

Attendant 2 OK. ¹**Go ahead.**

| 직원 2 | 좋습니다. 주유하세요. |

Song-e Excuse me, ²**can you show me how to** use this pump?

| 송이 | 미안하지만, 이 주유기 사용법 좀 가르쳐 주실래요? |

Attendant 1 ³**Pull down the handle, put it in the gas tank and tilt it.** And ⁴**squeeze the trigger**, then it should start filling.

| 직원 1 | 손잡이를 당겨 내리고, 주유구에 호스를 넣은 다음 기울이세요. 그리고 손잡이를 꽉 쥐면, 연료가 채워지기 시작할 거예요. |

1　Go ahead.는 '계속 하세요.'라고 상대방에게 뭔가를 허락하거나 양보할 때 자주 씁니다.

2　Can you show me how to ~?는 '~하는 방법을 좀 가르쳐 주시겠어요?'라는 의미죠.

3　pull down은 '당겨 내리다', handle은 '손잡이', 특히 '막대 형태의 손잡이'를 가리킵니다. 보통 핸들이라고 하는 자동차 운전대는 steering wheel이지요. tilt는 '기울이다'라는 뜻이고요.

4　squeeze는 '꽉 쥐다', trigger는 '방아쇠'입니다. 기름을 넣는 호스는 nozzle이죠.

⏱ **잠깐만요!**　**셀프 주유기 사용법 무작정 따라하기**

① **지불 방법 선택:** 주유기에 붙어 있는 기계에 직불 카드(Debit Card) 또는 신용카드(Credit Card)를 직접 긁거나, 직원에게 카드로 지불(Pay Cashier Credit)하거나 현금(Cash)으로 지불하는 방법 등이 있습니다.

② **휘발유 등급 선택:** 보통 3가지가 있습니다. regular / plus / premium 또는 regular / premium / supreme으로 나뉘어 있죠.

③ **주유기를 주유구에 넣고 방아쇠(trigger) 당기기:** 주유 표시판의 금액을 보면서 주유하면 됩니다.

④ **주유기 얹어놓기, 지불하기:** 신용카드로 지불할 때는 주유기를 얹으면 화면에 Receipt Yes or No?라고 나오고, Yes를 선택하면 영수증이 나옵니다.

이번에 송이 씨가 찾은 주유소는 직원이 직접 주유를 해주는 곳. 대신 기름 값은 조금 더 비싸다고 한다. 송이 씨는 직원에게 앞 유리를 닦아줄 것과 차 점검도 요청하는데…

Attendant	How much ¹**gas** would you like?
Song-e	Fill her up with regular, please.
Attendant	OK. ²**Would you like me to check the tires?**
Song-e	³**Yes, please.** And could you ⁴**wipe the windshield**?
Attendant	Sure, anything else?
Song-e	Please check under the hood. I want to have them checked before my trip.
Attendant	No problem. Would you ⁵**pop the hood**?

직원 기름 얼마나 넣으실 건가요?

송이 보통 휘발유로 가득 넣어주세요.

직원 알겠습니다. 타이어를 점검해 드릴까요?

송이 예. 그리고 차 앞 유리 좀 닦아 주시겠어요?

직원 물론이죠. 다른 건요?

송이 후드 안쪽을 점검해 주세요. 여행 떠나기 전에 좀 점검했으면 하거든요.

직원 알겠습니다. 후드 좀 열어 주실래요?

1　자동차 기름을 oil이라고 부르는 건 한국식입니다. 미국에서 oil이라고 하면 엔진 오일(engine oil)이라고 생각합니다. 자동차용 연료는 gas(gasoline의 줄임말)라고 부르죠. 그래서 '주유소'는 gas station, '주유구 뚜껑'은 gas cap입니다.

2　Would you like me to ~?는 '제가 ~하기를 원하세요?', 즉 '~해드릴까요?'라며 상대방의 의향을 묻는 표현입니다. check은 '점검하다'란 뜻이니까 check the tires는 '타이어를 점검하다'죠.

3　Yes, please.는 '네, 부탁합니다.'라고 친절을 받아들이는 표현이죠. That'll be nice.(그거 좋겠군요.)라고 해도 됩니다.

4　windshield는 차의 '앞 유리'를 가리키는 것으로, '바람(wind) + 막이(shield)'가 합쳐진 말이죠. wipe는 '닦다'니까 차의 앞 유리를 닦는 와이퍼는 windshield wiper라고 합니다.

　full service로 기름을 넣을 때에는 기름 값이 비싸기 때문에 창을 닦거나, 타이어를 봐 주는 등의 서비스를 부탁할 수도 있습니다. 차 유리 닦는 정도는 기름 값에 포함되어 있어 따로 팁을 주지 않아도 되지만, 엔진 오일이나 배터리 등을 점검 받게 되면 약간의 팁을 주어야 합니다.

5　pop은 원래 '펑하고 터지다', '튀어나오다'란 뜻입니다. 후드를 열면 펑하고 열리므로 '후드를 열다'라고 할 때 pop the hood라고 하죠.

❸ 주차할 곳 찾기 (1)　　　　　　　　🎧 19-3.mp3

번화한 도심지에 들어선 송이씨! 이 동네는 어떤 분위기일까? 시내 구경도 하고 사람 구경도 하고 싶은 송이씨는 우선 주차할 곳부터 찾는다.

송이 저기요, 여기 주차할 수 있나요?	Song-e　　Excuse me, can I ¹**park** here?

송이 저기요, 여기 주차할 수 있나요?

직원 죄송합니다. 이 주차장은 꽉 찼어요.

송이 빈 주차 공간이 많은데요?

직원 거긴 다 예약된 겁니다.

송이 알겠어요. 길 건너편은 어떨까요?

직원 거긴 견인 지역이에요. 저쪽 코너를 돌아가면 주차할 수 있는 곳이 좀 있을 거예요. 거리 청소를 하는 이른 아침이 아니면 주차가 가능해요.

송이 고맙습니다.

Song-e　　Excuse me, can I ¹**park** here?

Attendant　Sorry, this ¹**parking lot** is full.

Song-e　　I can see ²**lots of spaces**.

Attendant　They are all reserved.

Song-e　　Oh, I see. Then how about ³**the other side** of the road?

Attendant　That is a ⁴**tow-away zone**. ⁵**There should be some parking spaces right around that corner.** You can park there ⁶**at anytime except street cleaning hours** in the morning.

Song-e　　Thanks for your help.

---

1 '주차하다'란 동사는 park를 쓰죠. 그래서 parking은 '주차', No parking은 '주차 금지', parking lot은 '주차장'이죠. 이때 lot은 '부지', '땅'의 뜻입니다.

2 space는 '공간'을 가리키는 말로 다양하게 쓰입니다. 여기서는 특별한 목적을 가진 장소, 특히 주차 공간을 가리키는 뜻으로 쓰였습니다. 장소를 가리키는 말이 잘 생각나지 않을 때 두루두루 활용할 수 있는 말이니까 잘 기억해 두세요. lots of spaces라고 하면 주차를 할 수 있는 빈자리가 많이 있다는 뜻이지요.

3 the other side는 '반대편', '건너편'을 말합니다.

4 tow-away zone은 '견인 구역'이죠. tow는 '끌다'니까 tow-away는 '견인'입니다.

5 There should be ~는 '~가 있을 거예요'라고 정확하지는 않은 정보를 말할 때 쓰는 표현입니다. right around that corner는 '코너를 돌자마자'란 뜻이죠.

6 미국에서도 새벽에 도로 청소를 합니다. 이 시간대를 street cleaning hours라고 하죠. at any time except ~는 '~를 제외하고는 어느 때나'입니다.

💡 **이럴 땐 이렇게!　주차료 내고도 견인된다고요?**

유료 주차장에 차를 대고 주차권을 끊었다고 안심할 수 있는 게 아니더군요. 한번은 차를 대고 주차권을 끊었는데, 차를 가지러 돌아와 보니 차가 없는 거였습니다. 관리인을 만나 주차권을 보여주면서 얘기를 했더니 Dash Board라고 쓰여 있는 표지판을 가리키더군요. 주차권을 자동차 계기판(dash board) 위에 올려놓으라는 표지였는데, 아무 생각 없이 주차권을 주머니에 넣어 가지고 간 것이 화근이었던 거죠. 결국 주차료는 주차료 대로 물고 견인 비용까지 물어야 했습니다.

오랜만에 차를 몰고 LA에서 1번 도로(해안 도로)를 따라 바닷바람을 맞으며 샌프란시스코까지 온 민준 씨. 샌프란시스코 번화가에서 주차할 곳을 찾는다.

민준 이 근처에 주차할 수 있는 곳이 있나요?	
여자 23번가에 노상 주차를 할 수 있어요. 그런데 90분 안에 차를 빼야만 합니다.	
민준 공공 주차장요?	
여자 로렐가에 하나가 있어요. 그런데 시간당 3달러나 해요.	
민준 이런! 차를 내 머리에 이고 다녔으면 좋겠네요.	
여자 차를 좀 뒤로 빼 주시겠어요? 당신이 입구를 막고 있어요.	

Minjun　[1]**Is there any place I can park around here?**

Woman　You can use the [2]**street parking** on 23rd Ave. But you have to [3]**move your car in 90 minutes**, though.

Minjun　[4]**Any public parking?**

Woman　There is one on Laurel street, but they charge 3 dollars an hour.

Minjun　[5]**Gee!** [6]**I wish I could hold it up on my head!**

Woman　Would you mind backing up, please? You are blocking the entrance.

1　Is there any ~?는 '~가 좀 있나요?'라고 장소나 물건을 물어볼 때 요긴하게 쓸 수 있는 표현입니다. around here는 '이 부근에'란 의미죠. around만 써도 같은 뜻이 됩니다.

2　street parking은 '노상 주차'란 뜻입니다. 이런 곳에 차를 세울 때는 미터기 요금을 넣어야 하는 곳인지, 시간제한이 있는지 표지판을 잘 확인해야 합니다.

3　'차를 빼다'를 영어로 move the car라고 합니다. in 90 minutes는 '90분 안에'란 의미죠. 미국의 주차장 중에는 이처럼 단기 주차만 가능한 곳도 많습니다.

4　public parking은 '공공 주차장'. 대도시의 public parking lot은 값이 비싼 편입니다. 하지만 장소마다 가격 차이가 크므로 오랫동안 주차할 거라면 근처를 둘러보고 결정하는 게 좋습니다. Any public parking?은 Is there any public parking lot?을 줄여 말한 거죠.

5　Gee!는 '이런!', '아이고!'라는 뜻의 감탄사로 Gosh! God! 등과 같은 표현입니다. 남자든 여자든 많이 쓰는 표현이죠.

6　〈I wish + 과거 시제〉는 '~면 좋겠다'라는 현재의 소망을 표시합니다. hold it up on my head에서 it은 car를 가리키죠. hold up은 '쳐들다'란 뜻. 그래서 이 문장은 '차라리 차를 내 머리 위에 이고 다녔으면 좋겠어요.'란 뜻인 거죠.

 잠깐만요!　**15M은 15분인가, 15미터인가?**

주차 표지판 내용을 대강 짐작으로 해석했다가는 큰 코 다치는 수가 있습니다. 한번은 어느 공원 주변에 주차 가능하다는 표시와 함께 15M이라고 적혀 있어서, 여기서부터 15미터까지는 주차가 가능하다는 얘기려니 생각하고 주차를 한 적이 있었습니다. 한참 후에 돌아와 보니 주차 위반 티켓을 끊어놓지 않겠습니까? 관리인에게 항의하니, 15M의 뜻은 15 minutes, 즉 15분 이내의 단기 주차만 허용한다는 뜻이라고 하더군요. 자칫 잘못하면 이런 억울한 상황이 발생할 수 있으니 미심쩍으면 주차요원에게 꼭 확인해 보도록 하세요.

⑤ 타이어에 펑크가 났을 때 도움 청하기

🎧 19-5.mp3

아, 이런! 죽 뻗은 고속도로(freeway)를 신나게 달리던 송이 씨, 갑자기 타이어에 펑크가 나는 바람에 깜짝 놀랐다. 렌터카 회사에 전화를 걸어 도움을 청하는데…

직원 도와드릴까요?	Clerk May I help you?
송이 아, 어쩌면 좋아요! 타이어에 펑크가 났어요.	Song-e [1]**Oh, what should I do? I've got a flat tire.**
직원 스페어 타이어 가지고 있으세요?	Clerk Do you have a [2]**spare**?
송이 아니요, 아니요… 견인 트럭을 보내 주시겠어요? 가장 가까운 정비소에 가야 할 것 같은데요.	Song-e No, no... Can you send me a [3]**tow truck**? I need to go to the nearest [4]**service station**.
직원 그러죠. 차가 어디에 있습니까?	Clerk OK. Where is your car?
송이 음… 5번 고속도로를 북쪽에서 남쪽으로 달리고 있었어요. 그리고 LA의 앤턴가로 나가는 출구를 막 지나쳤어요.	Song-e Um... I was driving on the No. 5 Freeway, from north to south, and I just passed an exit to Anton street, in LA.
직원 알겠습니다. 15분 이내로 거기 도착할 겁니다.	Clerk Got it. [5]**Be there** in 15 minutes.

1. 타이어에 바람이 빠졌을 때 렌터카 회사나 AAA에 전화해서 담당자와 통화하는 장면입니다. 타이어 펑크는 가장 흔한 비상사태죠.

2. spare는 '여분의'란 뜻으로 여기서는 spare tire를 말하는 거죠.

3. tow truck은 '견인차'입니다. tow car 또는 wrecker라고도 합니다.

4. service station은 '자동차 정비소'입니다. 다른 표현으로는 auto repair shop, auto care center 가 있습니다.

5. Be there는 I will be there를 줄여 쓴 말로, '곧 거기에 가겠다'란 얘기죠.

⏱ **잠깐만요!**   **AAA 카드란?**

미국에는 여행자 클럽이라는 게 있어서 이 클럽에 가입해 40~60달러 정도의 연회비를 내면, 여행과 관련된 여러 가지 서비스나 할인 혜택을 받을 수 있습니다. 그 중 가장 대중적인 인기를 얻고 있는 것이 AAA입니다. 미국인들은 Triple A라고 많이 얘기하죠.

AAA 클럽 회원에게 제공되는 서비스 중에서 가장 돋보이는 것은 운전하다가 문제가 발생했을 때 미 전역 어디에서나 무료 서비스를 받을 수 있는 free emergency road services(무료 긴급 노상 서비스)입니다.

▲ 남부 캘리포니아에서 발급받은 AAA 카드의 앞면.

견인(towing)이나 배터리 충전(battery boost), 타이어 교체(change of flat tire)가 필요할 때라든지, 열쇠를 놓고 문을 잠가버렸을 때, 전화만 하면 무료로 서비스를 받을 수 있죠. 그 외에도 기계가 고장 났을 때 와서 응급조치(mechanical first aid)를 해준다든가, 주유소가 먼 곳에서 기름이 떨어졌을 때 배달을 해주는(delivery of emergency gas) 서비스를 해주는데, 이런 서비스를 1년에 한두 번만 받는다 해도 연회비 정도는 뽑고도 남습니다. 1년 이상 장기 체류하는 사람이라면 꼭 가입할 만한 클럽이죠.

모처럼 차를 몰고 드라이브에 나선 레이첼. 죽 뻗은 프리웨이를 한참 신나게 달리고 있는데 갑자기 시동이 꺼져버린다. 자동차 후드를 열고 이리저리 살펴보지만 대략난감이다!

Man	[1]**What's wrong?**
Rachel	My car just stalled and [2]**it won't start**.
Man	Do you need a [3]**jump**?
Rachel	I don't think [4]**my battery is dead**. I just changed it last month.
Man	Then you'd better call a tow truck.

남자 뭐가 잘못되었나요?
레이첼 차가 갑자기 서버리더니 시동이 안 걸려요.
남자 충전을 해야 하나요?
레이첼 배터리가 나간 것 같지는 않아요. 지난달에 교환했거든요.
남자 그럼 견인차를 부르는 게 낫겠군요.

1　주차장이나 갓길에서 자동차 hood를 열어놓고 이리저리 쳐다보면서 고민하고 있으면 한두 사람 정도는 친절히 다가와 What's wrong (with you)? 또는 Something wrong? 하고 물어옵니다. 이때 기회를 놓치지 말고 도움을 청하세요.

2　won't start는 will not start의 준말인데, 여기서 will은 '시동이 걸릴 생각을 않는다'의 뉘앙스입니다.

3　미국인들은 대부분 차 트렁크에 jump(배터리 충전하는 기계)를 가지고 다니기 때문에, 배터리가 방전되었을 때는 말만 잘하면 얼마든지 도움을 받을 수 있습니다. 충전할 때 쓰는 케이블은 jump cable이라고 하죠. '배터리가 떨어졌는데, 충전 좀 할 수 있을까요?'라고 물을 땐 Can I get a jump? Can you give me a jump? 혹은 I need to recharge the battery, can you help me?라고 하면 됩니다.

4　'배터리가 방전되었다'라고 할 때는 dead를 써서 My battery is dead.라고 하거나 '다 떨어졌다'란 뜻의 run out을 써서 The battery ran out.이라고 합니다.

⏱ **잠깐만요!**　　**주차가 된다는 건지, 안 된다는 건지 먼저 확인하세요**

· **LOADING ZONE**
물건이나 사람을 내리거나 싣는 구간이라는 뜻입니다. 일반적으로 이런 곳은 30분 이상 주차해서는 안 되며, 심지어 10분 정도밖에 허용을 안 하는 곳도 많습니다.

· **2 HOUR PARKING**
시내 중심부에서는 주차가 가능한 시간을 표시하면서 주차 시간을 1시간이나 2시간으로 제한하는 경우가 많습니다. 유료 주차장 중에도 그런 경우들이 있는데, 그럴 때 주차 미터기에 ~ hour parking limit라는 말이 적혀 있지요.

· **ASSIGNED PARKING ONLY!**
이 말은 등록된 차량만 세울 수 있다는 말이므로, 절대로 주차하면 안 됩니다.
또 Resident Parking Only라고 되어 있는 경우도 있는데, 이 경우 역시 주변 거주자 차로 등록된 차만 가능하다는 말입니다.

YORBA LINDA PINES
ASSIGNED PARKING ONLY!
UNAUTHORIZED VEHICLES SUBJECT
TO TOW AWAY AT OWNER'S EXPENSE
CVC 22658　　POLICE 990-7625

요바 린다 파인즈 아파트 등록된 차량만 주차 가능! 허가되지 않은 차량은 차주의 부담으로 견인 대상이 되기 쉽습니다.

차 열쇠를 안에 두고 내린 송이씨. 뚝 부러지고 빈틈없어 보이건만 까면 깔수록 덤벙이에 허점투성이다. 이 또한 매력이라면 매력! 아무튼 우리의 송이씨, 이 상황을 어떻게 해결할까?

Man	Something wrong?
Song-e	[1]I've locked myself out of the car.
Man	Do you have a spare key?
Song-e	No, it's a [2]**rented car**.
Man	Were you able to get a [3]**jimmy**?
Song-e	I could only get a [4]**clothing hanger** from the motel. Do you know how to open a locked car?
Man	Let me try... Oh, it's too hard. You'd better call a [5]**locksmith**.
Song-e	Thanks anyway.

남자 뭐가 잘못되었어요?

송이 차 열쇠를 안에 두고 잠가버렸어요.

남자 여분의 열쇠를 가지고 계세요?

송이 아뇨. 렌트카거든요.

남자 지미(차 문 여는 공구) 구할 수 있어요?

송이 모텔에서 옷걸이만 하나 얻었어요. 잠긴 차 여는 방법을 아세요?

남자 한번 해볼게요. 아이구, 이거 굉장히 어렵네요. 열쇠 수리공을 부르는 게 낫겠어요.

송이 어쨌든 고맙습니다.

1 have[be/get] locked myself out of ~는 '~에 열쇠를 둔 채 문을 잠그다'란 뜻으로 많이 쓰입니다. 더 간단하게 I got locked out. 또는 I have been locked out.도 많이 쓰지요. 참고로 집안에 갇힌 채 문이 잠겼을 때는 I'm locked in. 또는 I got locked in.이라고 합니다.

2 rented car는 '빌린 차'죠. rental car라고도 합니다.

3 jimmy는 '조립식 쇠지렛대'란 뜻으로, 차 문을 열 때 쓰는 꼬챙이를 가리킵니다. 열쇠를 안에 놓고 내렸을 때 누군가에게 '차 문 여는 꼬챙이 가지고 있나요?'라고 묻고 싶으면 Do you happen to have a jimmy? 혹은 좀 더 간단히 Do you have a jimmy?라고 하면 됩니다.

4 clothing hanger는 '옷걸이'입니다. 우리도 차 문이 잠겼을 때, 가는 철사 옷걸이로 문을 열려고 하는 경우가 많죠? 미국에서도 우선 이런 시도를 해보곤 합니다.

5 locksmith는 '열쇠 제조공'입니다. 인건비가 비싼 미국에서 이런 사람을 한번 부르게 되면 50달러 이상은 들죠. 따라서 오라고 하기 전에 몇 군데 전화해서 가격을 먼저 알아보는 게 좋습니다.

① 먼저 안쪽에서 지불하셔야 합니다.

You have to ⬚⬚⬚⬚⬚ ⬚⬚⬚⬚⬚ inside ⬚⬚⬚⬚⬚⬚⬚ .

② 2번 주유기에 10달러어치요.

⬚⬚⬚⬚⬚⬚⬚⬚ ⬚⬚⬚⬚⬚⬚⬚⬚ ⬚⬚⬚⬚⬚⬚⬚⬚ , please.

③ 보통 휘발유로 가득 채워 주세요.

⬚⬚⬚⬚⬚⬚⬚⬚ ⬚⬚⬚⬚⬚⬚⬚⬚ ⬚⬚⬚⬚⬚⬚⬚⬚ with regular, please.

④ 후드 안쪽을 좀 점검해 주세요.

Please ⬚⬚⬚⬚⬚⬚⬚⬚ under the ⬚⬚⬚⬚⬚ .

⑤ 이 주차장은 꽉 찼어요.

This ⬚⬚⬚⬚⬚⬚⬚⬚ ⬚⬚⬚⬚⬚⬚ is ⬚⬚⬚⬚⬚ .

⑥ 차 좀 뒤로 빼주시겠어요?

Would you mind ⬚⬚⬚⬚⬚⬚⬚⬚ ⬚⬚⬚⬚⬚⬚ , please?

⑦ 타이어에 펑크가 났어요.

I've got a ⬚⬚⬚⬚⬚⬚⬚⬚ ⬚⬚⬚⬚⬚ .

⑧ 내 차가 갑자기 멈춰버리더니 시동이 걸릴 생각을 안 해요.

My car just ⬚⬚⬚⬚⬚⬚⬚ and it won't ⬚⬚⬚⬚⬚⬚ .

| 정답 |
① pay, first
② 10, on, 2
③ Fill, her, up
④ check, hood
⑤ parking, lot, full
⑥ backing, up
⑦ flat, tire
⑧ stalled, start

관광 및 친구 사귀기

20 관광하기

Where is the best place to look around?

둘러볼 만한 가장 좋은 곳이 어디예요?

사진으로 만나는 미국

❶ 가볼 만한 관광지 찾기

미국에서 가볼 만한 관광지나 숙소 등을 찾을 때는 우선 관광 안내소^{Visitor's Information Center}를 찾는 것이 빠릅니다. 고속도로를 다니다 보면 곳곳에서 관광 안내소로 들어가는 안내 표지판을 만나게 되죠. 특히 주 경계선 주변에는 주 정부에서 운영하는 큰 규모의 관광 안내소가 있어요. 주로 낮 시간^{daytime}에만 운영하지만, 이곳에 가면 갖가지 지도와 주변의 관광지 및 숙박시설, 식당 등에 대한 안내책자^{brochure}도 무료로 받을 수 있고, 그 지방 출신 자원봉사자들의 자세한 안내도 받을 수 있습니다. 미리 알아보고 싶다면 인터넷을 검색해보는 것도 좋은 방법이죠.

The 2001 Official State Visitors Guide is now available:
• www.visitcalifornia.com
• 800-862-2543
• California Welcome Centers

Money-Saving Coupons Inside!

CALIFORNIA
2001 Official State Visitor's Guide and Travel Planner

The Best of California
Region by Region

BONUS: Pull-Out Map

2,700 Listings for Attractions, Lodging, Parks and More
www.visitcalifornia.com

◀ 오래 전 캘리포니아 관광 안내소(California Welcome Center)에서 무료로 받은 관광 안내책자입니다. 펼치면 캘리포니아 전체 지도가 있고, 지역별 지도도 잘 나와 있습니다. 지도 외에도 유니버설 스튜디오 등 유명 놀이 시설이나 숙소, 식당 등에 대한 광고와 안내가 나와 있고, 할인 쿠폰도 들어 있습니다.

· The 2001 Official State Visitors Guide is now available
2001년 공식 주 방문객 안내는 지금 가능합니다
· California Welcome Centers 캘리포니아 관광 안내소
· Money-Saving Coupons Inside! 돈을 절약할 수 있는 쿠폰이 들어 있습니다!
· The Best of California Region by Region 각각의 지방별로 수록된 캘리포니아 최고의 장소들 (region by region은 '지역 지역마다')
· BONUS: Pull-Out Map 부록: 접어 넣은 지도 (pull-out은 '접어 넣은 페이지')
· 2,700 Listings for Attractions, Lodging, Parks and More
볼거리, 숙박, 공원 및 기타 2,700여 곳의 목록. (여기서 attraction은 '인기거리', '볼거리'란 의미. 원래 attraction은 '끌어당김', '흡인'의 의미가 있습니다. lodging은 '숙소')

◀ 이 건물은 캘리포니아의 관광 안내 센터입니다. 관광 안내소는 지역마다 이름이 조금씩 다른데, Visitor's Information Center라고 하는 곳도 있고, 여기처럼 Welcome Center나 Visitor Center라고 하는 곳도 있습니다. 이런 안내소는 고속도로를 지나다보면 곳곳에서 표지를 발견할 수 있고, 찾기도 쉽습니다.

◀ 시카고의 명소인 Shedd Aquarium의 안내 팸플릿입니다. 대중교통이나 자가용으로 어떻게 올 수 있는지 자세히 안내하고 있습니다.

또한 어디서나 여행할 때는 교통비를 절약하는 것이 여행경비를 줄이는 제일 좋은 방법이죠. 사실 여행뿐 아니라 일상생활에서도 택시보다는 버스나 지하철 등 대중교통을 이용하는 게 보통사람들의 생활 아니겠어요? 특히 뉴욕에 가면 지하철은 꼭 타봐지요. 뉴욕의 명물이기도 하니까요. 샌프란시스코엘 가면 전차를 타봐야 하고요.

◀ 샌프란시스코의 명물인 전차(San Francisco Munici-
pal Railway).

▲ 이 사진은 뉴욕(New York)의 맨해튼 섬(Manhattan)의 전경입니다. 가장
높은 빌딩이 엠파이어스테이트 빌딩(Empire State Building)이죠.

❷ 놀이공원이나 극장 가기

관광지뿐 아니라 놀이공원이나 극장 등 위락 시설도 이용하게 될 텐데, 우리나라도 그렇듯
이 대부분 입장권은 그 곳에 가서 끊는 경우가 많죠. 물론 예약 문화가 발달된 곳인 만큼
예매도 가능합니다. Las Vegas의 유명한 쇼 중에는 1년 전에 예약해야 볼 수 있는 것도 있
답니다.

티켓에 관한 정보는 사전에 인터넷을 통해 확인해두는 것도 좋습니다. 인터넷에서 미리 정
보 사냥을 해보면 할인 쿠폰이 올라와 있는 경우도 많고, 간단한 약도나 입장 시간, 상연
시간 등을 미리 확인해둘 수 있으니까요.

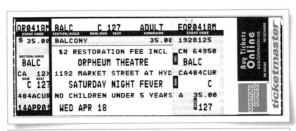

- **SECTION / AISLE** 구역 / 통로 번호
- **ROW / BOX** 열 / 칸막이 좌석
- **ADMISSION** 입장료
- **$2 RESTORATION FEE INCL**
  반환 수수료 2달러 포함
- **NO CHILDREN UNDER 5 YEARS**
  4세 이하 어린이는 관람할 수 없습니다.

▲ San Jose 지역의 Orpheum Theatre라는 극장에서 상연되었던 연극 Saturday Night Fever(토요일 밤의 열기) 공연 티켓의 앞뒷면입니다.
발코니석(BALCONY) 티켓으로 입장료(ADMISSION)는 어른(ADULT) 35달러라고 되어 있네요.

◀ 재즈와 피자의 도시 시카고.
시카고의 한 극장과 시카고의 공연 안내
책자인 Chicagoplays Theater Guide
입니다. 시카고 내 극장의 공연 정보를 볼
수 있습니다.

◀ 이 ticket booth는 유명한 조립식 장난
감 회사인 Lego사의 놀이공원 입장권 판매
소입니다. 티켓 부스도 특성을 살려 예쁘게
만들어 놓았습니다. 부스 위의 대형 블록 보
이시죠? 아래 가격표에서 볼 수 있듯이 입
장권의 가격은 다양합니다. 나이에 따라 아
이(child)와 어른(adult)의 가격이 다르고,
60세 이상의 연장자(senior)를 위한 할인도
있습니다. 또 개인(individual)이 올 때와 가
족(family)이 올 때, 그리고 단체(group)로
입장할 때 가격이 조금씩 다르죠. 그밖에도
광고지 쿠폰이나 제휴된 회원카드 등을 가
지고 온 경우에도 할인율이 적용됩니다.

- **Ticket Booth** 매표소 (Box Office라고도 부릅니다.)
- **ADULT/CHILD** 성인/어린이 (어린이는 kid라고도 많이 부릅니다.)
- **Year Pass** 연간 입장권 (annual pass라고도 합니다. pass는 '통과'라는 뜻에서 나아가 '입장권, 승차권' 등을 의미합니다.)
- **Block Party, Primo, Ambassador** Lego Land에서 붙인 연간 입장권(Year Pass) 및 평생 입장권(Lifetime Pass)의 이름입니다.
- **Child rate for ages 3 to 16 years. Kids 2 and under go free!** 어린이 요금은 3세부터 16세까지. 두 살 이하 어린이는 무료입장! (2 and under는 '두 살 이하', and under니까 두 살뿐 아니라 그 아래도 포함되죠.)
- **Ask about senior (60+) discounts and Year Pass family discounts.** 60세 이상의 연장자 할인이나 연간 회원 가족 할인에 대해서는 문의하세요.

❶ 이 도시 지도 좀 얻을 수 있을까요?

Can I get a map of this city?

여기서 map은 traveler's map을 의미합니다. 미국에는 곳곳에 관광 안내소가 잘 운용되고 있어서, 도로변에 있는 안내소에 가면 그 지역의 관광명소나 숙소, 식당 등이 표시되어 있는 지도를 얻을 수 있죠. 이때 바로 '~ 좀 얻을 수 있을까요?'란 의미의 Can I get ~? 패턴을 이용하면 됩니다.

❷ 이 근처에 둘러보기 가장 좋은 곳이 어디죠?

Where is the best place to look around here?

관광 안내소나 식당 등에서 가볼 만한 관광지를 추천받고 싶다면 이렇게 물어보세요. the best place to look around는 '둘러보기 가장 좋은 곳'이란 의미입니다. Are there any tourist sites?라고 해도 되죠. 사람들이 많이 가는 곳을 물어보고 싶다면 Where do most tourists go/visit?, 특별히 박물관이나 공원 같은 곳을 찾는다면 I want to see museum[park].라고 하면 됩니다.

❸ 닉슨 박물관 개관 시간 아세요?

Do you know the opening hours of the Nixon museum?

opening hours는 '문 열고 있는 시간'이죠. 여기서는 박물관의 '개관 시간'을 말합니다. 직접 전화를 걸어 물어볼 때는 What is your opening hours?라고 할 수 있죠. 상점에서는 business hours라고도 많이 씁니다. 몇 시에 문을 여는지 물어볼 때는 When do you open?이라고 하죠.

❹ 입장료가 얼마죠?

How much is the admission fee?

admission fee는 '입장료'란 뜻인데, admission에 '입장', '입장료'의 뜻이 있어 admission만으로도 같은 뜻이 됩니다. admission ticket은 '입장권'입니다. How much 대신에 What을 쓸 수도 있습니다.

⑤ 추천할 만한 게 뭐가 있나요?

What's your recommendation?

I'm looking for ~로 숙소나 식당, 관광지 등을 찾고 있다고 말한 다음, 뒤이어 What's your recommendation?이라고 덧붙여 보세요. 특별히 권해줄 만한 곳이 있는지 묻는 말이 됩니다. recommendation 대신 suggestion을 써도 되죠.

⑥ 4시 공연 성인 표 두 장 **주세요.**

I'd like two adult passes for the 4 o'clock play.

'4시 공연 표'라고 할 때는 pass[ticket] for the 4 o'clock play에서처럼 for를 씁니다. pass가 명사로 쓰이면 '통행', '입장권'의 의미죠. ticket booth에서 '어른 하나에 아이 둘이요.'라고 하려면 One adult and two kids.라고만 해도 됩니다.

⑦ 그녀와 사진을 찍어도 **될까요?**

Could I take a picture with **her?**

take a picture는 '사진 찍다'란 의미죠. 뒤에 with ~가 나오면 '~와 사진 찍다'입니다. picture 대신에 photo를 써도 됩니다. 또 '사진 좀 찍어 주시겠어요?'는 Can you take a picture for me/us?라고 말합니다.

⑧ 짐을 보관할 **만한 곳이 어디 있죠?**

Where can I store my luggage?

store는 '가게'란 뜻도 있지만, '저장'이란 뜻도 있습니다. 여기서처럼 동사로 쓰면 '보관하다', '저장하다'란 의미가 되죠. luggage는 '짐'이란 뜻이고요.

❶ 지도 및 관광지 정보 얻기

🎧 20-1.mp3

1년 내내 LA에 있으면서도 명소라는 델 한 번도 안 가 본 민준 씨. 얼마 전 뉴욕으로 근무지를 옮긴 다음에야 비로소 송이씨랑 시간을 내 LA에 놀러 왔다. 일단 관광안내소에 지도부터 챙길까?

여자 무엇을 도와드릴까요?

민준 이 도시의 지도 좀 얻을 수 있을까요?

여자 그럼요. 여기 있습니다.

민준 전 이 도시에서 이틀간 머물 건데요. 이 근처에 둘러보기 가장 좋은 곳이 어디죠?

여자 글쎄요. 주변엔 해변을 끼고 있는 공원도 몇 개 있고, 놀이공원도 많죠. 특히 이 도시는 디즈니랜드로도 유명해요.

민준 전 디즈니랜드에 가보고 싶어요. 어떻게 가면 되죠?

여자 제가 이 지도에 표시해 드릴까요?

민준 예, 좀 부탁해요.

Woman	¹**What can I do for you?**
Minjun	Can I get a map of this city?
Woman	Sure. Here it is.
Minjun	²**I have two days in this city.** Where is the best place to look around here?
Woman	Well, ³**there are several parks along the beach and we have a few amusement parks.** Especially, this city is famous for Disneyland.
Minjun	I want to go to Disneyland. How can I get there?
Woman	⁴**Would you like me to mark it on this map?**
Minjun	Yes, please.

1 What can I do for you?를 직역하면 '제가 당신을 위해 뭘 할 수 있죠?'인데, May I help you?와 마찬가지로 '무엇을 도와드릴까요?'라는 뜻으로 많이 씁니다.

2 〈I have two days in + 장소〉는 I'll stay for two days in ~, 즉 '~에서 이틀 머물 겁니다'란 뜻입니다.

3 '여기에 ~가 있어요.'라고 할 때 There is ~ here.로 말할 수도 있지만, 그곳 주민이라면 We have ~도 쓸 수 있습니다. '놀이공원'은 영어로 amusement park죠. be famous for는 '~로 유명하다', along the beach는 '해변을 끼고', '해변을 따라서'의 뜻입니다.

4 길을 알려줄 때 지도 위에 표시해주면 찾기가 더 수월하겠죠. mark는 '표시하다', mark it on the map은 '지도 위에 그 장소를 표시한다'는 말이죠. 이때 it 대신 where it is를 써도 됩니다. 표시해 달라고 부탁하려면 Can you mark where it is on the map?이라고 하세요.

닉슨 박물관에도 한번 들러보자고 의기투합한 송이 씨와 민준 씨. 관광 안내소에서 닉슨 박물관과 그 근처 숙소에 대한 정보를 이것저것 물어본다.

Minjun	Do you know the opening hours of the Nixon museum?
Woman	¹**10 to 5, Monday to Friday.**
Minjun	How much is the admission fee?
Woman	It's free.
Minjun	One more thing. ²**I'm looking for an economy lodging. What's your recommendation?**
Woman	Hmm… ³**Here are some brochures on it.** But ⁴**I'm afraid you might have a hard time finding one.** 'Cause it's the busiest season, you know.

민준 닉슨 박물관 개관 시간 아세요?

여자 10시에서 5시, 월요일부터 금요일까지요.

민준 입장료는 얼마예요?

여자 무료예요.

민준 하나만 더요. 저렴한 숙소를 찾고 있는데요. 추천해주실 만한 데가 있나요?

여자 여기 그에 관한 안내책자가 몇 개 있어요. 하지만 방 구하기가 힘들 것 같네요. 아시다시피 성수기라서요.

1 10 to 5, Monday to Friday.를 완전한 문장으로 쓰면 It opens from 10 to 5, Monday through Friday.입니다. through 대신에 to를 쓰려면 Monday 앞에 from을 넣어야 하죠.

2 이 말은 동사 recommend를 써서 Can you recommend an economy lodging?이라고 합쳐 말할 수도 있습니다. economy lodging은 '가격이 저렴한 숙소'를 말하죠. lodging 대신에 좀 더 구체적으로 hotel이나 B&B 등을 물어볼 수도 있습니다.

3 brochure는 안내를 위한 소책자로, 우리도 '브로셔'라고 하거나 '팸플릿(pamphlet)'이라고 많이들 부르죠. Here are ~ on it.에서 on은 about의 의미로 쓰였습니다.

4 상대에게 좋지 않은 소식을 전할 땐 말을 꺼내기가 부담스럽죠. 그런 말을 꺼낼 때 안타까움을 실어 붙이는 말이 바로 I'm afraid ~입니다. '안타깝지만 ~인 것 같다'는 의미죠. 뒤에는 전하고자 하는 말을 문장으로 말해주면 됩니다. 또, have a hard time -ing는 '~하는 데 어려움이 있다'는 의미이며, finding one 에서 one은 a lodging을 가리킵니다.

오늘은 송이 씨와 함께 요즘 성황리에 공연 중이라는 연극을 한 편 보러 온 민준 씨. 원하는 시간대에 표는 이미 다 매진됐단다. 역시 예매를 했어야했다!

Minjun	I'd like two adult passes for the 4 o'clock play.
Ticket Booth	I'm sorry. [1]**It's full already.** We have some tickets available for 8 o'clock though.
Minjun	Gee. How long does the play [2]**run**?
Ticket Booth	It runs about 2 and a half hours.
Minjun	That's not so late. Where are the best seats you have left?
Ticket Booth	[3]**All we have left are the seats near the end.**
Minjun	OK. It can't be helped. How much are they?
Ticket Booth	They would be $22.
Minjun	Can I [4]**put it on plastic**?
Ticket Booth	Yes, [5]**that will be just fine**.
Minjun	What time should I be in the theater?
Ticket Booth	Ten minutes before the play starts. Here are your tickets. Have a wonderful time.

민준 4시 공연 성인 표 두 장 주세요.

매표소 죄송합니다. 이미 꽉 찼어요. 하지만 8시 표는 좀 있는데요.

민준 이런. 연극 상연 시간이 얼마나 되죠?

매표소 2시간 반 정도 상연해요.

민준 그리 늦지는 않겠네요. 남아있는 가장 좋은 자리는 어디죠?

매표소 맨 끝 쪽 좌석들밖에 안 남았어요.

민준 좋아요. 어쩔 수 없죠, 뭐. 얼마죠?

매표소 모두 해서 22달러입니다.

민준 신용카드로 지불할 수 있나요?

매표소 예, 그러세요.

민준 언제 극장에 들어가 있어야 하죠?

매표소 연극 시작 10분 전이요. 여기 표 있습니다. 좋은 시간 보내세요.

1　입장권이 매진되었을 때도 full이라는 표현을 씁니다. 이 표현은 They're sold out.이라고 할 수도 있습니다. '그 표는 다 팔렸어.'는 The theater/concert is sold out. 또는 We're sold out (of tickets).이고, 반면 '표가 있는데요.'는 We have some tickets.입니다.

2　run에는 '(영화나 연극을) 계속해서 상영[상연]하다'란 뜻이 있습니다.

3　All we have left are ~는 직역하면 '우리가 남은 모든 것은 ~이다'이죠. 즉 '우리에게 남은 것은 ~뿐이다', '~밖에 없다'는 의미예요. 〈All 주어 + 동사 + are A〉 구조의 문장을 해석할 때는 이처럼 '~한 것은 A뿐이다', '~한 것은 A밖에 없다'로 하는 게 자연스럽습니다. near the end는 '끝에서 가까운'이란 의미입니다.

4　plastic은 plastic card를 줄인 말로 신용카드(credit card)를 말합니다. 신용카드에 그걸 놓는다(put it on plastic)는 말은 '신용카드로 지불한다'란 얘기죠.

5　That will be just fine.은 OK의 의미입니다.

민준 씨가 음료를 사러 간 사이, 근처 공원 벤치에 앉아 잠시 한숨을 돌리고 있는 송이 씨. 옆에 앉은 귀여운 아이와 인사를 나누는데…

송이	안녕?
에벌린	안녕?
송이	이름이 뭐니?
에벌린	에벌린이요.
송이	오, 에벌린. 참 귀엽게 생겼구나. 몇 살이니?
에벌린	다섯 살이요.
송이	(아이 엄마에게) 아이가 참 예쁘네요. 전 이 도시를 여행 중인 한국인인데요. 아이와 사진 좀 같이 찍어도 될까요?
에벌린의 엄마	오, 그러세요.
송이	우리 좀 찍어주시겠어요?
에벌린의 엄마	그러죠.
송이	정말 고맙습니다.

Song-e	Hi!
Evelyn	Hi!
Song-e	What's your name?
Evelyn	Evelyn.
Song-e	Oh, Evelyn. [1]**You're so cute!** How old are you?
Evelyn	I'm five.
Song-e	*(to her Mom)* Your daughter is very pretty. I'm visiting here from Korea. Could I take a picture with her?
Evelyn's mom	Oh, of course. Go ahead.
Song-e	Can you take a picture for us?
Evelyn's mom	No problem.
Song-e	Thank you so much.

1   어느 나라든지 자기 자식을 칭찬하는 사람에게 호의를 갖지 않는 부모는 없죠. 여행지에서 아이들을 통해 사람들과 사귀는 것도 좋은 방법입니다. 어린아이에게 말을 걸 때 가장 쉬운 표현은 You're so cute!입니다. cute는 '귀여운'이란 뜻으로, 남자아이나 여자아이 모두에게 편하게 쓸 수 있는 말이죠. 하나 더! 우리나라에서는 남자들이 '귀엽다'는 소리를 별로 안 좋아하지만. 미국에서는 젊은 남자에게 cute란 표현을 해도 좋아하죠.

지도를 펼쳐들고 오늘은 어디로 가볼까 고민 중인 민준 씨! 성격 급한 송이 씨가 갑자기 지도를 확 낚아채 지나가는 현지인을 붙들고 둘러볼 만한 곳을 물어보는데…

송이 뭐 하나 부탁해도 될까요?	Song-e	¹**May I ask a favor of you?**

송이 뭐 하나 부탁해도 될까요?

행인 네?

송이 이 근처에 관광지가 좀 있나요?

행인 너츠 베리 팜은 어때요?

송이 좋은 생각이네요! 얼마나 걸리죠?

행인 아, 차로 약 3, 40분 정도요.

송이 이 지도에 표시 좀 해주실래요?

행인 그러죠. 여기가 지금 있는 곳이고, 여기가 너츠 베리 팜입니다.

송이 하나만 더요. 짐을 보관해둘 만한 곳이 어디 있죠?

행인 미안해요, 잘 모르겠네요. 관광 안내소에 가서 물어보는 게 어때요?

송이 알았어요. 고맙습니다.

Song-e　　¹**May I ask a favor of you?**

Passerby　Yeah?

Song-e　　Are there any ²**tourist sites** around here?

Passerby　How about ³**Knott's Berry Farm?**

Song-e　　Good idea! How long will it take?

Passerby　Oh, about 30 to 40 minute drive.

Song-e　　Can you ⁴**mark where it is on this map?**

Passerby　Sure. ⁵**Here is where we are, and here it is.**

Song-e　　One more thing. Where can I store my baggage?

Passerby　I'm sorry, I don't know. Why don't you go and ask the visitor information center?

Song-e　　OK. Thanks a lot.

1　favor는 '호의', ask A of B는 'B에게 A를 묻다/요청하다'란 말입니다. 따라서 May I ask a favor of you?는 '뭐 하나 부탁해도 될까요?'란 뜻이죠.

2　tourist site라고 하면 '관광지'죠. tourist attraction이라고도 합니다.

3　Knott's Berry Farm은 Disneyland에서 10분 정도 거리에 있는 놀이공원(theme park)입니다. 원래는 달고 향긋한 보이젠베리(boysenberry)를 생산하던 농장이었는데요, 차차 유명해지면서 대형 놀이공원으로 발전한 것이죠. 미국 서부를 여행한다면 꼭 둘러볼 만한 곳입니다.

4　mark where it is on this map에서 where it is는 생략해도 됩니다.

5　Here is where we are, and here it is.는 '여기가 지금 있는 곳이고, 여기가 너츠 베리 팜이에요.'라고 지도를 가리키며 하는 말입니다.

야구장이나 박물관, 유명 관광지에는 정해진 기간 동안 제한없이 입장할 수 있는 시즌 티켓을 판매한다. 이래봬도 야구광인 민준 씨가 시즌 티켓을 놓칠 리 만무하렷다!

민준 시즌 티켓이 얼마죠?	
매표소 일반 표는 350달러인데요.	
민준 그럼 어디에 앉게 되나요?	
매표소 일반석 구역이에요.	
민준 (경기장에) 더 가까운 데는 없나요?	
매표소 그렇다면 350달러를 추가로 더 내셔야 해요.	

Minjun	How much is the [1]**season ticket?**
Ticket Booth	350 dollars for the [2]**standard ticket.**
Minjun	[3]**Where would I get to sit?**
Ticket Booth	That's in the [4]**general admission seating section.**
Minjun	Is there a closer area I can sit?
Ticket Booth	[5]**In that case, you have to pay another 350 dollars.**

1　season ticket은 우리 식으로 하자면 '정액권', '정기 입장권'의 개념입니다. 티켓 하나로 정규 시즌의 경기들을 관람할 수 있게 하는 표죠. 값이 비싼 듯하지만 야구팬이라면 매번 표를 사려 애쓸 필요 없이 season ticket을 사는 것이 저렴하고 편리합니다.

2　standard ticket은 '일반석 표'를 말합니다.

3　get to는 '~하게 되다'의 의미입니다. 따라서 Where would I get to sit?은 '어디 앉게 되나요?'의 의미가 되지요.

4　general admission은 '일반 입장', seating section은 '좌석 구역'이므로 the general admission seating section은 '일반석'이란 의미가 되죠.

5　In that case는 '~한 경우에는'의 의미입니다. pay another 350 dollars는 '350달러는 더 지불하다'란 뜻이죠. another에는 '추가의', '~를 부가로 더'라는 의미가 있습니다.

❶ 브로드웨이 공연을 저렴한 가격에 보고 싶다면?

미국에서 빼먹으면 안 되는 문화생활이 바로 공연 관람입니다. 공연의 메카인 뉴욕 브로드웨이에서는 날마다 공연이 있는데요 항상 인기가 넘쳐나죠. 미국까지 갔는데 공연은 봐야겠고, 주머니 사정이 넉넉하지 않은 여행객들을 위해 공연을 쉽게 보는 방법 몇 가지를 알려드릴게요.

- **lottery ticket(로터리 티켓)** : 말 그대로 '복권 티켓'입니다. 공연 몇 시간 전에, 지원자들이 이름을 써서 박스에 넣으면 복권을 추첨하듯 표를 뽑아 당첨자에게 아주 저렴한 가격에 팔죠. 운이 좀 따라줘야겠죠?
- **rush ticket(러쉬 티켓)** : 부지런한 사람만이 얻을 수 있는 티켓입니다. 매표소가 문 열기 전에 기다리고 있다가 선착순으로 당일 한정된 티켓을 저렴한 가격에 살 수 있죠.
- **matinée(주간 흥행)** : 상대적으로 관객이 별로 없는 낮시간 공연은 티켓을 30%정도 싸게 구입할 수 있습니다. 우리나라의 '조조할인'과 비슷한 개념이죠. 낮 시간 공연표에 MAT 라는 말이 쓰여 있는데 '주간 흥행'이란 뜻의 단어인 matinée의 준말입니다.

❷ 사진 찍으면 안 된다고요?

박물관이나 실내 동물원을 구경하다 보면 다음과 같은 안내문을 볼 수 있습니다.

No picture, please! / No cameras allowed.

이 말은 '그림 그리지 말라'거나 '카메라 갖고 들어오지 말라'는 말이 아니라 '사진 촬영 금지'란 말이죠. 그래도 사진을 찍고 있으면 안내인이 와서 이렇게 말합니다. You are not allowed to take a picture here.(여기서 사진 못 찍게 되어 있는데요.) 그러면 이렇게 얘기하세요. Oh, I'm sorry. I didn't know that it's against the policy.(아, 미안해요. 규칙에 어긋나는지 몰랐어요.) 또는 간단히 이렇게요. Sorry, I didn't know that.(미안합니다. 몰랐어요.)

다시 한 번 말하지만, 미국에서 어떤 규칙을 제시하면 불편하더라도 따르는 것이 가장 좋은 방법이라는 것을 명심하세요.

① 이 도시 지도 좀 얻을 수 있을까요?

Can I _____ a _____ of this city?

② 이 근처에 둘러보기 가장 좋은 곳이 어디죠?

Where is the _____ _____ here?

③ 닉슨 박물관 개관 시간 아세요?

Do you know the _____ the Nixon museum?

④ 입장료가 얼마죠?

How much is the _____ ?

⑤ 추천할 만한 게 뭐가 있나요?

What's your _____ ?

⑥ 4시 공연 성인 표 두 장 주세요.

I'd like two _____ the 4 o'clock play.

⑦ 그녀와 사진을 찍어도 될까요?

Could I _____ her?

⑧ 짐을 보관할 만한 곳이 어디 있죠?

Where can I _____ ?

ㅣ 정답 ㅣ
① get, map
② best, place, to, look, around
③ opening, hours, of
④ admission, fee
⑤ recommendation
⑥ adult, passes, for
⑦ take, a, picture, with
⑧ store, my, luggage

21 미국 친구 사귀기

How's it going?

어떻게 지내?

강의 및 예문듣기

사진으로 만나는 미국

❶ 현지인에게 말 걸기

외국어를 배우는 가장 좋은 방법은 외국인 친구를 사귀는 겁니다. 현지 문화도 배울 수 있고, 일상적인 표현도 많이 배울 수 있으니까요. 미국인들은 잘 모르는 사람과도 눈을 마주치면 인사를 나누고, 간단히 얘기를 나누는 걸 자연스럽게 생각합니다. 그러나 길거리 벤치에서도 얼마든지 얘기 상대를 찾을 수 있을 겁니다. 서먹해 하지 말고, 간단히 날씨나 주변의 풍경에 대한 얘기를 나누다 자기소개를 하면 쉽게 친구를 사귈 수 있죠. 물론 처음부터 너무 사적인 질문을 해서 상대를 곤란하게 만들면 안 된다는 점은 주의해야겠지요.

미국에서 지내다 보면 여기 사람들이 날씨에 대해 얘기하기를 굉장히 좋아한다는 걸 금방 알아차리게 됩니다. 엘리베이터에 단 둘이 타게 되어 좀 어색할 때, 같은 공원에서 몇 번 마주쳤을 때 십중팔구는 날씨 얘기를 하면서 인사를 건넵니다. 날씨가 좋으면 What a lovely day!(정말 멋진 날이에요!) Beautiful day, isn't it?(날씨 좋죠?)이라고 하고, 비가 많이 오는 지역이라면 No rain for sixteen days in a row!(16일 동안이나 계속해서 비가 안 왔네요!), 그냥 우중충한 날씨면 Not so hot, not so cold!(별로 덥지도 않고, 별로 춥지도 않네요!), 진짜 날씨가 안 좋으면 Terrible weather we are having.(날씨 정말 안 좋네요.)이라고 말하죠.

❷ 파티에서 친구 사귀기

미국 친구를 사귀기 좋은 기회 중 하나는 파티입니다. 수다 떨기 좋아하는 미국 사람들은 party animal이란 별명이 붙을 정도로 파티를 좋아하죠. 별의별 핑계를 다 만들어 파티를 열곤 하거든요. 가장 흔한 파티는 금요일이나 토요일 저녁에 벌어지는 단순한 사교 파티입니다. 파티라고 해서 모두가 다 드레스 입고 샴페인 터뜨리는 거창한 건 아니고, 대개는 간단한 음료수와 군것질거리를 놓고 수다 떠는 게 전부죠. 미국에서 이런저런 일로 사람을 만나다 보면 이런 파티에 한두 번은 초대받기 마련인데, 파티는 미국 사람

들의 일상을 들여다보고 친구를 사귈 수도 있는 좋은 기회니 망설이지 말고 응하는 편이 좋습니다. 또 그런 곳에 가서는 괜히 영어 때문에 주눅 들어 있지 말고, 적극적으로 새로운 사람과 인사도 나누고 자기소개도 해보세요. 한국어를 더듬더듬 구사하는 외국 사람들에게 우리가 대단히 호의적인 자세로 한마디라도 더 알아들으려고 노력하는 것처럼, 미국 사람들도 우리에게 그런 호감을 보여줄 겁니다.

VISIT www.877chicago.com   CALL TOLL FREE 1-877-CHICAGO

Winter Cookie Decorating Party, January 9

Winter Cookie Decorating Party

Sunday, January 9, 1 – 3 p.m.
Marked For Dessert
1812 W. Greenleaf Avenue
773.761.3800

ADMISSION: $50 per person

Learn to decorate a variety of winter cookies including snowflakes and snowmen using royal icing, rolled fondant, sprinkles and more! Also, learn some easy and creative ways to pack homemade cookies for gift giving.

- **decorate** 장식하다
- **a variety of** 다양한
- **royal icing** 화려한 장식
- **rolled fondant** 돌돌 만 설탕 과자
- **sprinkles** (초콜릿, 설탕 등을) 흩뿌린 장식
- **pack** 포장하다
- **admission** 입장료
- **snowflake** 눈송이

겨울 쿠키 장식 파티

1월 9일 일요일 오후 1~3시 Marked For Desert에서 열립니다.
1812 W. Greenleaf Avenue에 위치해 있습니다.
전화 773.761.3800
입장료: 1인당 50달러

화려한 장식, 돌돌 만 설탕 과자, 흩뿌린 장식 등을 사용해 만든 눈송이나 눈사람 모양의 다채로운 겨울 과자를 만드는 법을 배워보세요! 또한 집에서 구운 쿠키를 선물용으로 포장하는 쉽고 참신한 방법도 배우세요.

▲ 시카고의 관광 안내책자인 Chicago Winter Delight에 실린 한 Cooking Party의 안내문입니다. 크리스마스 시즌을 맞아 선물용 장식 쿠키를 만들어보는 파티죠.

❸ 파티에 맞는 에티켓 챙기기

파티에 초대를 받으면 우선 초대장을 참고하거나 초대하는 사람에게 물어 파티의 성격을 잘 알아두는 것이 좋습니다. 파티에 따라서는 formal한 정장을 차려 입어야 하는 경우도 있으니까요. 남들은 편안한 옷을 입고 있는데 혼자서 괜히 우아한 드레스를 입고 있거나,

남들은 정장 차림을 하고 왔는데 혼자서 티셔츠 같은 걸 입고 있으면 곤란하지 않겠어요?

각자 나누어 먹을 음식 한 가지씩을 가져가야 하는 팟럭 파티^{potluck party}가 아니라면, 선물로 간단한 꽃이나 와인 같은 걸 가져가는 게 무난합니다. 친한 사이라면, 초콜릿이나 과일 같은 걸 가져가는 것도 좋고요. 파티 장소에 가면 먼저 주인과 인사를 나누면서 바로 선물을 건네주는 게 좋습니다. 우리나라에서처럼 괜히 쑥스러워하며 살짝 문 앞에 내려놓는다든지 하면 상대방이 의아해하기 십상입니다.

그리고 파티장에서는 아주 친한 사이라면 웃고 떠들고 음악에 맞추어 춤을 추면서 밤이 깊도록 어울릴 수도 있겠지만, 그런 사이가 아니라면 적당한 시간에 감사를 표하고 일어나는 게 좋습니다. 헤어질 때는 파티에 초대해 준 것에 대해 감사를 표하고 음식이 맛있었다(설령 별로 입에 안 맞았다고 하더라도)는 인사를 하는 게 일반적입니다.

◀ 이 파티 초대장은 제 친구 Rob이 회사 동료의 가든파티에 초대받았을 때 받은 것입니다. 날짜는 6월 23일 토요일이고, 시간은 오후 1시. 수영을 할 예정이라 수영복(swim suit)을 가져오라고 했군요.

• **RSVP** 프랑스어 Reondez, s'il vous plait의 약자로, 영어로는 Reply, if you please.라는 뜻입니다. 사전에 참석 여부를 알려달라는 말로, 옆에는 연락할 전화번호가 적혀 있습니다.

▲ 이곳은 대형 쇼핑몰의 카드 코너입니다. 파티를 즐기는 미국인들은 카드를 보내고 받는 것도 무척 좋아합니다. 그래서 카드 코너에 가면, 행사의 종류나 받는 사람에 따라 아주 세세히 구분되어 있는 걸 볼 수 있죠.
생일 카드만 해도, His Birthday, Her Birthday, Birthday Laughs, Happy Birthday, Kids Birthday 등으로 나뉘어 있고, 또 받는 사람도 Son, Stepson, Our son, Grandpa, Nephew 등으로 세분화되어 있습니다.

파티 명분도 이름도 가지가지

- **dinner party:** 저녁식사 모임

- **cocktail party:** 칵테일 파티. 대개 공식적인 행사 뒤에 열리며. 칵테일과 간단한 안주가 준비되죠.

- **barbecue party:** 집 뒤뜰이나 공원에서 고기를 구워 먹는 파티. 때로는 정찬이 아니라 간편하게 음식을 나눠 먹는 파티를 가리키기도 합니다.

- **garden party:** 뒤뜰이나 정원에서 벌이는 파티. 거창한 공식 파티도 있지만 대개는 간단히 음식을 차려놓고 손님을 초대하죠.

- **potluck party:** 참석자 각자가 음식을 분담해 와 나누어 먹는 파티

- **get-together:** 가까운 사람 몇 명이 모여 갖는 조촐한 모임. 가족끼리 모이면 a family get-together라고 합니다.

- **baby's first birthday party:** 돌잔치. 미국에서도 아기의 첫돌을 꽤 중요시하죠. 우리나라처럼 큰 잔치를 벌이지는 않지만, 가까운 사람들을 초대해서 축하를 주고받고는 하지요.

- **birthday party:** 미국에서는 남녀노소를 가리지 않고 생일 파티를 좋아하죠.

- **wedding anniversary party:** 결혼기념일 파티. 이혼을 많이 하는 미국인이지만, 결혼기념일은 아주 중요하게 여깁니다. anniversary는 '기념일'이란 뜻.

- **Christmas party:** 기독교 국가인 미국에서 가장 큰 명절이 성탄절이죠. 성탄절 즈음해서 멀리 떨어져 있는 가족들이 한자리에 모이고, 친구나 회사 동료 등이 함께 모여 서로 선물을 주고받으며 파티를 엽니다.

- **Halloween party:** 할로윈(10월 30일)은 영혼들이 이 세상에 내려온다는 날이죠. 아이들은 귀신이나 마녀 복장을 하고 이집 저집 사탕을 얻으러 다니죠. 저녁에는 가까운 사람들끼리 모여 호박의 속을 파고 안에 불을 넣어서 만든 등(jack-o'-lantern)을 켜고 파티를 벌입니다.

- **Thanksgiving party:** 추수감사절 파티. 미국에서는 11월 넷째 목요일이 추수감사절입니다. 칠면조 구이를 놓은 정찬을 차려놓고 파티를 열죠.

- **farewell party:** 환송 파티. farewell은 '작별'.

- **home-coming party:** 멀리 떠나 있던 사람이 고향. 집. 또는 모교를 방문했을 때 여는 파티.

- **baby shower:** 출산을 기다리는 산모에게 아기용품을 전달하는 파티로 주로 여성들이 중심이 됩니다.

- **stag party:** 총각 파티. 결혼 전날 밤 신랑 친구들이 신랑을 위해 열어 주는 요란한 파티. stag는 '수사슴'이라는 뜻.

- **hen party:** 결혼 전날 밤 예비 신부가 친구들과 함께 여는 파티. hen은 '암탉'이라는 뜻.

- **surprise party:** 깜짝 파티. 주인공 몰래 준비해두고 놀라게 해주는 파티.

- **pajama party:** 어린이나 십대 청소년. 특히 여학생들이 주로 여는 파티로 한 친구 집에 모여 잠옷 바람으로 밤새워 수다 떨며 놀기도 하고 잠을 자기도 한다고 해서 붙여진 이름입니다. slumber party라고도 합니다. slumber는 '잠'.

❶

만나서 반가워요.

Nice to meet you.

처음 만난 사람끼리 나누는 가장 흔한 인사가 Nice to meet you.인데요, 우리가 많이 알고 있는
How do you do?는 아주 공식적인 자리가 아니면 별로 쓰지 않죠. Nice to meet you.에 '저도
요.'라고 대답할 때는 Me too.가 아니라 You too.라고 합니다.

❷

그냥 케빈이라고 불러 주세요.

Just call me Kevin.

call me ~는 '저를 ~라고 불러주세요'죠. 대개는 이때 first name(이름)이나 nickname(애칭)을 알
려줍니다. 미국 사람들은 〈Mr. + last name〉으로 부르는 걸 상당히 격식을 차리거나 거리감 있는 걸로
생각합니다. 따라서 first name이나 nickname으로 불러달라는 건 친해지고 싶다는 호감의 표현인
거죠.

❸

어떻게 지내요?

How's it going?

한국인들은 '안녕?'하는 인사로 How are you?만 쓰는데, 사실 미국에서는 How's it going? 같은
표현을 더 많이 씁니다. 비슷한 표현으로 What's going on?이 있고, 친구 사이라면 What's up?,
What's new?, What's happening?(별일 없어?), How are things?(잘 되어가?) 등도 많이 씁
니다.

❹

언제 한번 만나서 점심이나 합시다.

Let's get together sometime for lunch.

get together는 '만나다', '모이다'라는 뜻으로, 일상적으로 '만나자'라고 할 때는 meet보다 많이 쓰는
표현입니다. sometime은 '언젠가', sometimes는 '때때로', some time은 '약간의 시간'이란 뜻입니
다. 다 아는 말 같지만 주의해야 하죠.

⑤ 이번 **토요일**에 시간 있니?

Are you free **this Saturday?**

Are you free ~? 또는 I'm free ~ 할 때 be free는 '선약이나 특별한 일이 없다'란 뜻입니다. 약속을 정할 때 상대방의 사정을 묻는 다른 표현으로는 What are you doing ~?이나 What are you going to do ~?가 있습니다.

⑥ 5시 괜찮겠어?

Would **5 be OK with you?**

be OK with ~는 '~에게 좋다'라는 뜻이니까 '난 괜찮아.' 할 땐 It's OK with me.죠. 비슷한 표현으로 Can you make it at 5?라고 물어도 됩니다. 그 시간이 안 좋다면 Sorry, I have other plans at 5.(미안, 5시엔 선약이 있어.) 또는 Seven will be better for me.(난 7시가 더 좋을 거 같아.)와 같이 가능한 시간을 제시할 수도 있죠.

⑦ 너희 **할머니**께 안부 전해줘.

Say hello to **your grandma.**

Say hello to ~는 '~에게 안부 전해줘'란 뜻입니다. Give my regards to ~는 문어체 표현이고, 비슷한 의미의 회화 표현으로는 Remember me to ~가 있죠.

⑧ 계속 연락하고 지내자.

Let's keep in touch.

keep in touch는 '접촉을 계속하다', 즉 '계속 연락하고 지내자'는 표현입니다. 하지만 구체적인 약속은 아니고, 헤어질 때 하는 인사죠. 이밖에도 See you (later). Catch you later.(다음에 또 봐.) Take care.(잘 지내.) 등이 있습니다.

1 현지인에게 말 걸기

🎧 21-1.mp3

여행길에 잠시 공원 벤치에 앉아 도시의 자연과 날씨를 음미하는 민준 씨. 이 도시에 대해 좀 더 알고 싶은 민준 씨는 옆에 앉은 여자에게 용기를 내어 말을 걸어본다.

Minjun	Hi!
Woman	Hi!
Minjun	¹**Would you mind me sitting here?**
Woman	Of course not.
Minjun	²**It's such a lovely day, isn't it?**
Woman	Yeah. ³**It's a perfect day for a picnic.**
Minjun	Yeah, and ⁴**it's so peaceful and gorgeous**.
Woman	Yes, it's not hot yet and it's not a crowded hour ⁵**either**.
Minjun	Do you live around here?
Woman	Yes, I live on 47th Ave.
Minjun	That's great. I'm Minjun. I'm traveling here.
Woman	Nice to meet you. My name is Sandra.

민준 안녕하세요?

여자 안녕하세요?

민준 옆에 좀 앉아도 돼요?

여자 그러세요.

민준 정말 좋은 날씨네요. 그렇죠?

여자 네. 소풍가기 딱 좋은 날씨네요.

민준 게다가 여긴 참 평화롭고 아름답네요.

여자 예, 아직 덥지도 않고, 북적거리지도 않는 시간이죠.

민준 이 근처 사세요?

여자 예, 47번가에 살아요.

민준 좋겠어요. 전 민준이라고 해요. 이곳을 여행 중이죠.

여자 반가워요. 전 샌드라예요.

1 Would you mind me -ing?는 '제가 ~해도 될까요?'란 말이지만, 직역하면 '제가 ~하는 걸 꺼리십니까?'이기 때문에 '괜찮아요.'라고 답하려면 Of course not.처럼 부정문으로 답해야 합니다.

2 낯선 사람과 얘기를 시작할 때는 무조건 '만나서 반가워요. 전 아무개예요.'라고 하기보다 이처럼 날씨나 주변에 대한 얘기로 시작하는 게 좋습니다. lovely day는 맑은 날씨를 말하죠. 여기서 such는 '매우'의 뜻입니다.

3 '~하기에 좋은 날이다'란 표현은 It's a good day for ~죠. 여기선 good 대신 perfect를 썼네요.

4 peaceful은 '평화로운', gorgeous는 '화려한', '근사한'이란 뜻이죠.

5 either는 부정문에서 too 대신 쓰여 '~도 역시 아니다'란 뜻입니다.

💡 **이럴 땐 이렇게!** 몇 살이냐는 데 왜 화를 내지?

한국인 친구 하나가 파티에서 한 아가씨를 만났다지요. 통성명을 하고 나서 좀 더 친해지고 싶은 마음에 How old are you?하고 물었는데, 그때까지 싹싹하던 이 아가씨 얼굴이 떨떠름하게 변하더랍니다. 우리가 생각하기엔 별 것 아닌 이 질문이 미국인들이 보기엔 초면에 묻기에 너무 사적인 질문이었던 거죠. 짧은 얘기를 나눈 후라면 직업 정도는 물어볼 수 있습니다. 하지만 초면에 나이나 결혼 여부 등에 관해 물어보면 너무 사적인 질문을 한다고 기분 나빠하는 사람도 많습니다.

공원을 산책할 때면 끝잘 안부를 나누며 지내던 이웃의 노부인. 오늘은 자신의 딸과 함께 산책을 나와 민준 씨에게 소개해 주는데… 설마 이 노부인, 민준 씨를 사윗감으로 생각하는 건 아니겠지?!

노부인 민준, 여기 소개시켜 줄 사람이 있어요. 여기는 내 딸 앤젤라예유	**Old lady**　Minjun, ¹**here's someone I'd like you to meet.** ²**This is my daughter, Angela.**
민준 안녕하세요. 마침내 당신을 만나게 되어 반가워요. 앤젤라.	**Minjun**　Hi, ³**I'm glad to meet you finally, Angela.**
앤젤라 저도 만나서 반가워요. 당신에 대해 말씀 많이 들었어요.	**Angela**　⁴**Me too.** ⁵**I've heard a lot about you.**
민준 좋은 것만 들었기를 바라요.	**Minjun**　⁶**Only good things, I hope!**

1　I'd like you to meet 할 때 meet은 단순히 '만나다'보다는 '알고 지내다'란 뜻으로 쓰였습니다. 위의 표현은 I'd like you to meet Angela.라고 하거나 Have you met Angela?(앤젤라를 만난 적 있던가요?)라고도 합니다.

2　'이쪽은 ~' 또는 '이분은 ~'이라고 누군가를 다른 사람에게 소개할 때는 This is ~를 씁니다.

3　Nice to meet you.와 같은 의미로 많이 쓰는 표현이 I'm glad to meet you. 또는 Glad to meet you!입니다. glad 대신 pleased도 많이 쓰고요. finally(드디어)를 쓴 것은 '그동안 만나기를 희망해왔다'는 뉘앙스를 표현한 거죠.

4　I'm glad to meet you.에 '저도요.'라고 대답할 때는 Me too.라고 합니다.

5　I've heard a lot은 과거부터 지금까지 '쭉 많이 들어왔다'는 의미로 현재완료를 썼습니다.

6　I hope you heard only good things about me.를 간단히 말하면 Only good things, I hope!죠.

 잠깐만요!　　**Let me introduce myself.는 너무 딱딱한 표현!**

처음 미국인을 만날 때 교과서에서 배운 대로 Let me introduce myself.라고 말을 꺼내는 사람이 많은데, 사실 이런 표현은 좀 딱딱합니다. 개인적으로 한두 사람 만나는 자리에서 자신을 소개할 때는 보통 I don't believe we've met before.(전에 당신을 뵌 것 같지 않군요.) 또는 I don't think we've met.이라고 말을 꺼냅니다. 또 정말로 낯이 익지 않더라도 Haven't we met before?(전에 만난 적이 없던가요?) 또는 Don't I know you from somewhere?(어디선가 내가 당신을 알지 않았나요?)를 쓸 수도 있는데, 이렇게 하면 좀 더 친근하게 접근하는 표현이 되기도 하죠. 남자들이 마음에 드는 여성에게 접근할 때 쓰는 표현이기도 하고요. 누가 이렇게 말을 걸어올 때 자기도 관심이 있으면, Oh yeah. 또는 Sure, Well… 이런 말로 응대를 하면 되고, 별로 관심이 없으면, I don't think so.라고 말하면 됩니다.

거래처 고객이자 평소 친하게 지내던 스티브가 주최한 파티. 아름다운 여인이 민준 씨에게 다가와 말을 거는데… 이놈의 인기란~!

여자 우리 전에 만난 적 있지 않아요? 낯이 익은데요.	Woman ¹**Haven't we met before?** ²**You look familiar to me.**
민준 안면만 있죠. 스티브의 사무실에서 뵌 적이 있는 것 같아요.	Minjun ³**I only know you by sight.** I think, I've met you in Steve's office.
여자 아, 그랬군요. 그런데 성함이…?	Woman Oh, yeah. ⁴**And you are Mr..?**
민준 나, 나민준요. 그냥 민준이라고 부르세요. 여기 제 명함 있습니다.	Minjun Na, Minjun Na. Just call me Minjun. And ⁵**here's my card.**
여자 아, 생각났어요! 스티브가 당신 얘기 많이 했어요. 다시 만나서 반가워요.	Woman Oh, I remember now! ⁶**Steve talked about you all the time.** Nice to meet you again.
민준 저도요. 어떻게 지내셨어요?	Minjun You too. How's it going?
여자 잘 지냈어요. 언제 한번 만나서 점심이나 하죠.	Woman ⁷**Pretty good.** Let's get together sometime for lunch.

1 Have we met each other before?라고도 쓸 수 있습니다. 만난 적이 없다면 I don't think we've met before. 또는 We are (total) strangers.라고 하면서 인사를 트면 되죠.

2 You look familiar to me.는 '친숙해 보인다.' 즉 '낯이 익다.'란 얘기죠.

3 직역하면 '보는 것에 의해서만 안다'이죠. 즉, 정식 인사는 안 했고 얼굴만 알고 있다는 뜻으로 하는 말입니다. only know by name하면 '이름만 알고 있다'는 뜻이 되고요.

4 Mr…?는 What's your name?을 돌려서 표현한 겁니다. 이름을 물어볼 때 이런 식으로 많이 얘기하죠. 또는 I'm talking to Mr… 이런 식으로 말꼬리를 흐리는 것도 마찬가지 뜻입니다. 상대방이 이렇게 말할 땐 얼른 자기 이름을 얘기해주면 되죠.

5 여기서 card는 name card, 즉 '명함'을 말합니다.

6 all the time은 '늘', '내내'입니다. '얘기 많이 들었다'는 뜻이죠.

7 How are you?에 대한 대답으로 Pretty good. 또는 Terrific. 같은 표현도 써보세요. 아주 좋다면 Couldn't be better.(더 이상 좋을 수 없다.)를 쓸 수도 있고요. 별로라면 Just so-so.죠.

💡 **이럴 땐 이렇게!** **last name(성)으로 불러 달라고?**

미국 사람들은 자기 할머니를 부를 때도 first name(이름)으로 부른다느니, Mr.나 Mrs.를 붙여 성을 부르는 걸 거리감 있게 느낀다느니 하는 얘기를 들은 적이 있을 겁니다. 하지만 그렇다고 해서 초면부터 다짜고짜 first name을 부르면 실례입니다. 상대방이 first name으로 소개를 하면서 그렇게 불러 달라고 하기 전에는 〈Mr./Miss./Mrs./Ms. + last name〉으로 부르는 게 예의죠.

미국인들이 first name으로 부르는 걸 친근하게 생각하기는 하지만, 그다지 가깝다고 생각하지 않는 상대가 first name으로 부르면 얼굴을 굳히면서 last name으로 불러 달라고 하는 경우도 있답니다.

얼마 전부터 친하게 지내는 앤젤라의 집들이 파티에 초대받은 민준 씨. 각자 음식을 하나씩 준비해 가야하는 팟럭 파티(potluck party)라는데, 민준 씨는 어떤 음식을 가져갈까?

앤젤라　안녕, 이번 토요일에 시간 있어?

민준　그럼, 그런데 무슨 일인데?

앤젤라　우리 집에서 집들이를 할 거야. 너 올래?

민준　그러고 싶어. 내가 뭐 준비해야 하는 거 있어?

앤젤라　팟럭 파티로 할 거거든. 나눠 먹을 음식을 모두 한 가지씩 가져오기로 했어.

민준　좋아. 난 디저트로 먹을 아이스크림을 좀 가져가도 될까?

앤젤라　좋아. 넌 5시 괜찮아?

민준　난 오후에는 아무 때고 좋아.

앤젤라　그럼 그때 봐.

Angela	Hi, are you free this Saturday?
Minjun	Sure, [1]**what's up?**
Angela	We're having a [2]**housewarming party** in my place. Are you coming?
Minjun	[3]**I'd love to.** [4]**Is there anything I should prepare?**
Angela	It'll be a [5]**potluck party.** [6]**Everyone is supposed to bring a dish to share.**
Minjun	OK. Can I bring some ice cream for a dessert?
Angela	Great. Would 5 be OK with you?
Minjun	Any time in the afternoon will be fine with me.
Angela	See you then.

1　What's up?은 '무슨 일 있어?'하는 표현이죠. 초대를 받았는데 다른 약속이 있을 때는 I already have plans. 또는 I'm sorry. I have a previous engagement.(선약이 있어.)라고 하면 됩니다.

2　housewarming party는 '집들이'를 가리키는 말입니다. 여러 사람들이 북적거림으로써 새로 이사 간 집을 훈기가 있는 곳으로 만든다는 뜻에서 이렇게 부르게 되었다고 하네요.

3　I'd love to 뒤에는 go가 생략되어 있습니다. I'd love to...는 I'd like to...보다 좀 더 어감이 강하죠.

4　Is there anything I should prepare?는 그냥 Should I bring anything?이라고 해도 되고, Shall I bring you something?이라고 물어도 됩니다.

5　potluck party는 초대 받은 사람들이 각자 한 가지씩 음식을 준비하고, 주최측은 장소와 음료수 정도만 준비해서 함께 나눠 먹는 파티입니다. 지역에 따라서는 covered-dish supper라고도 하죠.

6　be supposed to ~는 '~하기로 되어 있다'인데, 여기서는 will을 대신해 쓰였습니다. 여기서 dish는 '접시'가 아니라 '접시에 담긴 음식', 즉 '요리'를 말하죠. share는 '나누다'란 뜻인데 상황에 따라 '나누어 쓰다', '나누어 먹다' 등으로 쓰일 수 있습니다.

 잠깐만요!　　**여기저기 자유롭게 쓰이는 free!**

free는 '자유로운'이란 의미를 근간으로 참 다양하게 확장되어 활용됩니다. 앞서 배운 Are you free?(시간 있어?)할 때 free는 '특별한 제약이 없다'는 뜻이죠. 이밖에도 일상생활에서 많이 쓰이는 free가 포함된 표현들엔 다음과 같은 것들이 있습니다.

- **a free room:** 특별한 용도가 정해져 있지 않은 빈 방
- **feel free to do:** 마음껏 ~하다, 부담 없이 ~하다
- **free competition:** 자유 경쟁
- **free speech:** 언론 자유

If you have any questions **feel free to** contact me at 714-123-4567.
문의 사항이 있으시면 주저 마시고 전화 번호 714-123-4567로 연락 주세요. (미국 사람들의 공식적인 편지 끝에 감초처럼 붙어있는 말)

직장 동료 데이빗의 바비큐 파티에 초대받은 민준 씨. 데이빗 아내의 환대를 받으며 집으로 들어서
는데… 미국 가정의 전형적인 바비큐 파티에 들뜬 민준 씨다.

Woman	Oh, Minjun. **[1]So nice of you to come!**
Minjun	**[2]Thank you for inviting me. [3]David's been talking about this barbecue party so long that I wouldn't want to miss it. [4]Here's a little something for you.**
Woman	Thank you. **[5]You really shouldn't have.** Well, come out to the backyard and **[6]make yourself at home!**
Minjun	Thank you. **[7]You've really prepared a feast here.**
Woman	**[8]Help yourself to whatever you'd like. [9]Don't be polite!**

여자 아, 민준 씨. 와주셔서 정말 기뻐요.

민준 초대해 주셔서 고맙습니다. 데이빗이 이 바비큐 파티에 대해 하도 오랫동안 얘기해서 놓치고 싶지 않았거든요. 여기 작은 선물입니다.

여자 고마워요. 이러지 않으셔도 되는데. 자, 그럼, 뒤뜰로 오셔서 마음 편히 즐기세요.

민준 고맙습니다. 정말로 음식을 많이 준비하셨네요.

여자 뭐든 좋아하시는 걸로 마음껏 드세요. 체면 차리지 마시고요.

1 초대에 와준 손님에게 환영의 표현으로 쓰는 말로는 So nice of you come! 외에도 I'm so glad you could make it.이나 How nice to see you! 등이 있죠.

2 초대에 감사하는 표현으로 가장 많이 쓰는 것이 Thank you for inviting me.입니다. It's so kind of you to invite me.라고도 하고요.

3 중학교 때 배운 so ~ that...(너무 ~해서 …한다) 구문이네요. '하도 오랫동안 얘기해서 놓치지 않으려고 했다'란 얘기죠. wouldn't want ~에서 would는 '~하려고 하다'라는 강한 의지의 표현입니다.

4 a little something for you를 직역하면 '당신을 위한 약소한 것'으로 선물을 줄 때 쓰는 가장 무난한 표현이죠. something 대신 present나 gift를 써서 I have a (small) gift/present for you.라고도 하지만, something을 쓰는 편이 더 자연스럽죠.

5 선물을 받을 때 우리도 '뭐 이런 걸.'이라고 하죠? 그에 해당하는 표현이 You shouldn't have.죠.

6 Make yourself at home!은 마치 자기 집에 있는 것처럼 하라는 거니까, 마음 편하게 즐기라는 얘기죠.

7 feast는 '축연', '잔치'라는 뜻입니다. 한국에서도 남의 집에 초대 받아가면 으레 '뭘 이렇게 많이 차리셨어요?'하면서 준비한 사람에게 인사를 하는데, 이런 인사는 영어권에서도 비슷합니다.

8 음식을 놓고 Help yourself.라고 하면 '마음껏 드세요.'라는 뜻입니다. whatever you'd like(마음에 드는 것은 뭐든지)는 우리 식으로 하면 '음식이 입에 맞을지는 모르겠지만~' 정도에 해당되는 거죠.

9 직역하면 '예의 바르게 하지 말라'. 즉 '예의 차리지 말고 마음껏 먹으라'고 권하는 말입니다.

부서가 이동되면서 한동안 소식이 뜸했던 제네사의 파티에 초대받은 민준 씨. 오랜만에 보는 얼굴이 반갑기만 하다.

<table>
<tr><td>제네사 이것 봐. 이게 누구야!
민준. 와줘서 너무 기뻐.</td><td>Jenessa</td><td>[1]**Look, who's here!** Minjun, I'm so glad you could
[2]**make it.**</td></tr>
<tr><td>**민준** 오랜만이야, 제네사.</td><td>Minjun</td><td>[3]**Long time no see, Jenessa.**</td></tr>
<tr><td>**제네사** 얼굴 잊어버리겠어. 어
떻게 지냈어?</td><td>Jenessa</td><td>[4]**You're quite a stranger.** [5]**How have you been?**</td></tr>
<tr><td>**민준** 나쁘지 않아. 여기 와인
한 병 가져왔어. 너 사는 집 정
말 좋은데.</td><td>Minjun</td><td>[6]**Not too bad.** Oh, here, I brought a bottle of wine.
This is a nice house you live in.</td></tr>
<tr><td>**제네사** 아늑하지, 그렇지? 집
좀 둘러볼래?</td><td>Jenessa</td><td>[7]**Cozy, huh?** Would you like to [8]**take a look around**?</td></tr>
<tr><td>**민준** 그러고 싶어.</td><td>Minjun</td><td>I'd love to.</td></tr>
</table>

1   여기서 look은 감탄사로 '이것 봐!'라는 표현입니다. 우리도 너무 반가우면 '이게 누구야?'라고 하죠? 그에 해당하는 영어 표현이 Who's here!입니다.

2   make it에서 make는 '뭔가를 순조롭게 해냈다'고 할 때 아주 흔히 쓰이는 표현입니다. 여기서는 '약속을 지키다'란 뜻이죠.

3   Long time no see!는 '오랜만이야' 하는 인사죠. 비슷한 표현으로는 It's been a long time.와 I haven't seen you for a long time. 등의 표현이 있습니다.

4   You're quite a stranger.를 직역하면 '넌 너무 낯선 사람이야.'인데, 우리말의 '얼굴 잊어버리겠다.'에 해당되는 표현이죠.

5   How have you been?은 오랜만에 만난 사람에게 '그동안 어떻게 지냈냐?'고 인사하는 말입니다.

6   Not too bad.는 good에 가까운 표현으로 '그럭저럭 잘 지내.'의 뉘앙스를 갖고 있습니다. 이럴 때 쓸 수 있는 다른 표현으로는 So far, so good.(지금까진 괜찮아.) I've been doing just fine.(좋아.) 등도 있죠.

7   cozy는 '아늑한'이란 뜻이고 huh?는 '응?', '그렇지?' 하는 뜻으로 끝에 붙이는 말입니다.

8   take a look around는 look around와 같이 '둘러보다'란 뜻입니다. 그냥 look around를 써도 될 것을 미국 사람들은 습관적으로 take a look around, take a look at 등으로 쓰곤 하죠.

제임스의 파티에 초대받은 송이 씨. 시간 가는 줄 모르고 파티를 즐기다 보니 어느덧 저녁 9시다. 내일 아침 일찍 볼일이 있는 송이씨는 서둘러 집에 갈 채비를 하는데…

Song-e	This pie is so delicious.
James	That's my grandma's favorite recipe. She brought them this morning.
Song-e	How's your grandma? Say hello to her.
James	I will. Can I get you some more?
Song-e	No, that's all right. ¹**I'm stuffed.** ²**Goodness!** It's already after nine. ³**I'd better be going.**
James	Why so soon? ⁴**The night's still young.**
Song-e	I don't want to ⁵**overstay my welcome.** Besides, I have an ⁶**early start** tomorrow.
James	I hope you enjoyed it.
Song-e	I really did. Thank you for the lovely evening.
James	Let me ⁷**walk** you to the bus stop.
Song-e	OK. Nice meeting you. Let's keep in touch.

송이 이 파이 정말 맛있다.

제임스 그거 우리 할머니가 가장 만들기 좋아하는 요리지. 오늘 아침에 갖다 주셨어.

송이 할머니는 어떻게 지내셔? 안부 좀 전해줘.

제임스 그럴게. 좀 더 갖다 줄까?

송이 아니, 됐어. 난 배가 꽉 찼어. 이런, 벌써 아홉 시가 넘었네. 난 가는 게 좋겠어.

제임스 왜 이렇게 일찍? 아직 초저녁인데.

송이 아냐. 너무 오래 머물러서 날 환대해준 사람들을 질리게 하고 싶지 않아. 그리고 내일 아침 일찍 볼일이 있거든.

제임스 네가 즐거웠길 바라.

송이 정말로 즐거웠어. 멋진 저녁을 보내게 해줘서 고마워.

제임스 내가 버스 정류장까지 바래다줄게.

송이 그래. 얼굴 봐서 좋았어. 계속 연락하고 지내자.

---

1 I'm stuffed.하면 '난 꽉 찼어.' 즉 '너무 배불러.'란 뜻이죠. 음식을 사양하는 말로는 I'm full. / No more for me. / I've no more room left. 등도 있습니다.

2 Goodness!는 '이런!', '어머나!' 하는 감탄사입니다.

3 모임에서 중간에 나올 때 가장 많이 쓰는 말이 I'd better be going.입니다. be동사 대신 get을 써서 I'd better get going.이라고 하거나, I've got to go. / I'm afraid I have to leave now. / I should be on my way, now. / It's time for me to leave. 등의 표현도 씁니다.

4 '밤이 젊다(night's young)'는 표현은 '아직 초저녁이다'란 얘기입니다.

5 overstay my welcome은 '내가 받은 환영보다 더 머무르다', 즉 '너무 오래 머물러서 초대한 사람을 질리게 하다'란 뜻인 거죠. 자리에서 일어날 때 의례적으로 하는 말입니다.
여기서 한 가지 더! over-에는 '지나치게 ~하다'란 의미가 있어서 단어의 앞에 붙어 다음과 같은 의미를 만들어 냅니다.

   • overeat 과식하다 ('토하다'로 아는 경우가 많지만, '토하다'는 throw up입니다.)
   • overcrowded 초만원인   • overload 과적하다   • oversleep 지나치게 자다, 늦잠자다

6 early start는 '일찍 시작해야 하는 일'을 뜻합니다.

7 walk에는 '(걸어서) 바래다주다'라는 뜻도 있습니다.

① 만나서 반가워요.

                             you.

② 그냥 케빈이라고 불러 주세요.

                             Kevin.

③ 어떻게 지내요?

How's it   ?

④ 언제 한번 만나서 점심이나 합시다.

                             for lunch.

⑤ 이번 토요일에 시간 있니?

                             this
Saturday?

⑥ 5시 괜찮겠어?

              5 be   you?

⑦ 너희 할머니께 안부 전해줘.

                             your
grandma.

⑧ 계속 연락하고 지내자.

Let's   .

| 정답 |
① Nice, to, meet
② Just, call, me
③ going
④ Let's, get, together, sometime
⑤ Are, you, free
⑥ Would, OK, with
⑦ Say, hello, to
⑧ keep, in, touch

통신

22

전화하기

Please ask him to call me back.

그에게 전화 좀 다시 해달라고 전해 주세요.

강의 및 예문듣기

 사진으로 만나는 미국

❶ 미국의 전화 문화

비즈니스는 물론 일상생활에서 우리는 수도 없이 전화를 걸고 받습니다. 때문에 미국에서 생활하려면 전화 영어 또한 피해갈 수 없는 난관이죠. 영어로 전화 통화하는 것은 서로 얼굴을 마주 보고 하는 대화보다 훨씬 더 어렵습니다. 상대방의 표정이나 몸짓을 볼 수 있으면 대화의 맥락을 잡기가 쉬운데 전화상으로는 그렇게 할 수 없으니까요.

그런데다가 미국에서 많이 접하게 되는 전화 상황 중 하나는 자동응답기^{answering machine}나 ARS 메시지를 듣게 되는 경우입니다. 미국 사람들 중에는 집에 있을 때도 사생활을 방해 받기 싫어서 기계를 통해 발신자 확인을 먼저 하는 사람도 많거든요. 또 관공서나 회사에선 비싼 인건비를 줄이기 위해 접수 담당자 ^{receptionist}나 교환원 대신 이런 시스템을 사용하고요. 이래저래 미국에서 전화를 걸면 먼저 기계 음성에 맞닥뜨리는 경우가 무척 많습니다.

따라서 전화를 할 때는 미리 예상 질문을 생각해보고, 이런 저런 답변을 준비해두는 게 덜 당황스러울 겁니다. 상대가 너무 말을 빨리 해서 알아듣기 힘들다면 Can you slow down a bit?이란 표현을 알아두었다가 부탁해보는 것도 좋은 방법이고요.

❷ 공중전화 이용하기

미국에서 공중전화^{pay phone}에 쓸 수 있는 카드로는 prepaid phonecard와 calling card가 있습니다.

▲ 여러 가지 전화 카드들. 대부분 선불(Prepaid) 카드입니다.

prepaid phonecard는 우리나라의 전화 카드와 같은 것으로, 미리 요금이 지불된^{prepaid} 카드입니다. 한편 calling card는 신용카드처럼 쓰이는 것으로, 먼저 사용한 후 사용한 만큼의 요금은 자신이 갖고 있는 일반 전화의 전화 요금에 추가되어 지불하게 되는 방식의 카드를 말합니다. 보통 개인 전화를 신청하면 전화 회사에서 발급해주는 경우가 많습니다.

카드를 사용할 경우, 일단 카드 뒷면에 적힌 카드 발행 회사로 전화를 걸어 자신의 고유 번호(PIN: Personal Identification Number 또는 digit code)를 입력한 다음 전화를 걸면 됩니다. 이 때 카드 발행회사에 거는 전화는 1-800으로 시작하는 수신자 요금 부담 전화죠.

어쩌다 한 번씩 공중전화를 이용하는 사람이라면 굳이 카드를 살 것 없이 동전을 이용하는 게 낫겠지만 고정적으로 전화 이용이 많거나, 특히 장거리 통화가 잦은 사람이라면 전화 카드사마다 내놓는 서비스 상품 중에서 적합한 걸 선택하는 편이 훨씬 더 저렴하죠.

▲ 캘리포니아 브레아 시의 브레아몰(Brea Mall) 앞에 있는 공중전화(public phone/pay phone)입니다. 이 전화기는 동전만 쓰도록 되어 있는데, 선불카드나 신용카드도 쓸 수 있는 전화기도 있습니다. 미국에도 공중전화는 사람들이 많은 호텔, 빌딩의 로비, 레스토랑, 극장, 백화점 등에 있습니다. 하지만 미국의 거리에는 공중전화가 많지 않죠. 어딜 가든 자동차로 움직이는 게 생활화되어 있어서, 길 가다가 전화를 이용할 일이 많지 않은 탓이죠.

- **PACIFIC BELL** 퍼시픽 벨. 전화 회사 이름 (bell은 '전화'. Pacific은 '태평양'입니다. 해안에 인접해 있는 캘리포니아 지역에는 이와 같이 Pacific이 들어가 있는 상호가 많습니다.)
- **LOUD** 큰 소리로 (이 버튼을 누르면 소리가 커진다는 뜻입니다.)
- **5·10·25 US COINS ONLY** 5센트(nickel), 10센트(dime), 25센트(quarter) 미국 동전만 (only가 끝에 붙으면 '~만'이라는 뜻이죠.)
- **COIN RELEASE** 동전 반환 (레버) (release는 본래 '풀어주다'란 뜻인데, 여기서 발전하여 '배출하다'란 뜻이 있습니다.)
- **LOCAL CALLS 35¢** 시내 통화료 35센트 (local은 '지방의'란 뜻으로 local call은 '시내 통화'. 시외 통화는 long-distance call, 국제 전화는 international call 또는 overseas call)
- **CHANGE NOT PROVIDED** 거스름돈 제공되지 않음 (여기서 change는 '거스름돈'입니다. provide는 '공급하다'죠.)
- **For COLLECT CALLS Dial 1-800-522-2020** 수신자 부담 전화를 걸려면 1-800-522-2020번을 누르세요. (collect는 '징수하다'란 뜻. collect call은 '수신자 부담 통화', dial은 '~번으로 전화를 걸다')

가령 어떤 회사에서는 미국 전역 어디에 걸건 1분에 8센트, 캐나다는 9센트, 일본은 12센트… 이런 식의 플랜을 제공하고, 어떤 회사는 세계 어디건 간에 같은 전화번호 3군데로 거는 통화에 대해서는 무조건 10센트이고 나머지 번호에 거는 건 지역별로 치이를 두기도 하고, 또 어떤 회사는 세계 어디에 걸건 3분 이상 걸리는 통화에 대해서는 무조건 10센트를 받기도 한답니다.

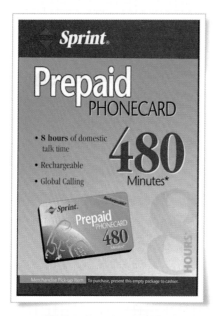

- **Prepaid Phonecard** 선불 전화 카드 (pay는 '지불하다', paid는 '지불된', pre-와 결합된 prepaid는 '선불된, 선불의')
- **480-Minutes** 480분 동안 통화할 수 있는
- **8 hours of domestic talk time** 국내 통화 8시간 가능 (domestic은 '국내의', talk time은 '통화 시간')
- **Rechargeable** 충전 가능 (recharge는 '충전하다', rechargeable은 '충전될 수 있는')
- **Global Calling** 국제 전화 (가능) (global은 '세계의', '세계적인', calling은 '전화 통화')

◀ Sprint라는 업체에서 판매하는 선불 전화 카드 광고의 일부입니다. 이런 카드는 신문 판매대나 우체국, 수퍼마켓 등에서 살 수 있지요.

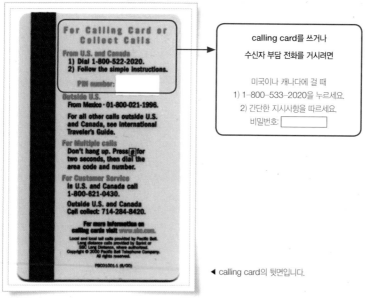

calling card를 쓰거나
수신자 부담 전화를 거시려면

미국이나 캐나다에 걸 때
1) 1–800–533–2020을 누르세요
2) 간단한 지시사항을 따르세요.
비밀번호:

◀ calling card의 뒷면입니다.

❸ 공짜 전화하는 방법

미국에도 우리와 마찬가지로 무료로 쓸 수 있는 전화가 있습니다. 예를 들어 긴급한 상황에 쓰는 911이나 상업적인 용도로 서비스 차원에서 제공하는 무료 통화인 1-800으로 시작하는 수신자 부담 전화가 여기에 속합니다. 이런 무료 전화번호를 toll-free number라고 하지요. toll은 '사용료'란 뜻이고, 이럴 때 free는 '~이 없는'이란 뜻입니다.

또 친구 집에 급하게 전화를 해야겠는데 동전이 하나도 없을 땐, collect call(수신자 부담 전화)을 이용하면 됩니다. 미국 내 유명한 전화 회사들은 모두 collect call을 지원하는데요, 예를 들어 AT&T라는 회사는 1-800-CALLATT(1-800-225-5288) 또는 1-800-COLLECT(1-800-265-5328)라는 번호만 누르면 바로 collect call 서비스를 제공받을 수 있습니다.

collect call 서비스에 전화를 걸면 안내원이 Who shall I say is calling?(어느 분이 전화했다고 전할까요?) 하고 물어봅니다. 그러면 자기 이름을 얘기해주고, 전화 걸고 싶은 번호와 통화하고 싶은 사람을 알려주면 되죠.

①

로열 은행에 전화 주셔서 감사합니다.

Thank you for calling **Royal Bank.**

기관이나 단체, 상점 같은 곳에 전화를 걸면 많이 듣게 되는 말이죠. Thank you for calling ~은 '~에 전화 주셔서 고맙습니다.'라는 뜻으로 Thank you for your calling.이라고도 합니다.

②

끊지 말고 기다려 주세요.

Please stay on the line.

stay on the line은 '연결된 선 위에 머물러라'니까, 끊지 말고 기다려달라는 얘기죠. 많이들 알고 있는 hold on과 같은 뜻입니다. 그밖에도 Wait a minute. / One moment, please. 등도 쓸 수 있죠.

③

케빈 리 좀 바꿔주세요.

Can I speak to **Kevin Lee?**

'~ 좀 바꿔주세요.'에 해당하는 영어 표현은 '~와 통화할 수 있을까요?'인 Can I speak to ~?를 쓰면 됩니다. Can 대신 May를 쓸 수도 있고 speak 대신 talk를 쓸 수도 있습니다. Let me talk to ~ 도 쓰지만 좀 딱딱한 표현이죠. 격의 없는 사이라면 Is Kevin there?라는 표현을 흔히 씁니다.

④

전데요. 실례지만 전화거신 분은 누구시죠?

This is he. May I ask who's calling, please?

Who's calling?은 '누가 전화 걸고 있는지' 묻는 거니까, 한마디로 말해서 '누구세요?'입니다. Who's speaking?도 많이 쓰죠. May I ask가 붙은 것은 우리말로 하면 '실례지만~' 정도의 표현으로, Can you tell me who I am speaking to?라고도 할 수 있습니다. This is he.는 전화상으로 얘기할 때 '전데요.'라는 말입니다. 여자의 경우엔 This is she.라고 하면 되죠.

⑤ 메시지를 남기시겠습니까?

Would you like to leave a message?

leave a message는 '메모를 남기다'. 같은 표현으로 '메모 남겨 드릴까요?'라고 하려면 Can I take a message?라고 합니다. '나중에 다시 전화하시겠어요?'라고 말하고 싶으면 Could you try again later?라고 하고요.

⑥ 그에게 전화 좀 다시 해달라고 전해주세요.

Please ask him to call me back.

전화를 했는데 찾는 사람이 없어서 메시지를 남길 때 쓰는 표현입니다. call me back은 '내게 돌려 전화하다', 즉 다시 전화해 달라는 뜻이죠. phone me back 또는 get back to me도 같은 뜻입니다. 위의 표현은 Please have him call me back.과 바꾸어 쓸 수 있습니다.

⑦ 죄송합니다. 지금은 전화를 받을 수가 없습니다.

I'm sorry I can't come to the phone right now.

come to the phone은 '전화로 오다'가 아니라 '전화를 받다'란 뜻으로 answer the phone 혹은 get the phone과도 같은 표현이죠. 현관 벨소리가 났을 때 '누구세요?'라고 하는 것은 answer the door라고 합니다.

⑧ 전화를 잘못 하신 것 같은데요.

I believe you have the wrong number.

'전화 잘못 거셨는데요.'의 영어 표현은 '당신은 잘못된 전화번호를 갖고 있네요.'인 You have/got the wrong number.입니다. 비슷하게 쓸 수 있는 표현으로는 You must have dialed somebody else's number.(다른 사람 번호를 거신 것 같네요.)가 있죠.

① ARS 메시지 듣기 🎧 22-1.mp3

문의할 것이 있어 은행에 전화를 건 민준 씨. 상담원들이 모두 통화 중인지 바로 ARS 메시지가 흘러 나온다.

로열 은행에 전화 주셔서 감사드립니다. 저희 담당 직원들이 모두 지금 다른 고객을 도와드리고 있습니다. 고객님의 전화는 저희에게 매우 소중합니다. 부디 전화를 끊지 말고 기다려 주세요. 그러시는 편이 끊었다가 다시 거시는 것보다 빠릅니다. 저희 고객 담당 직원과 곧 연결해 드리겠습니다. 감사합니다.

¹**Thank you for calling Royal Bank.**

All our ²**representatives** are serving other customers now.

Your ³**call** is very important to us.

Please stay on the line, because ⁴**it's much faster than**

hanging up and redialing.

⁵**Our customer representative will be with you shortly.**

Thank you.

1   로열 뱅크의 ARS 안내 메시지군요.

2   representative는 '대리인', '대표자'로 여기서는 회사를 대표해서 고객 상담을 받는 직원이죠.

3   your call에서 call은 '통화'란 뜻의 명사로, '당신이 건 전화'란 의미가 되죠.

4   hang up은 '전화를 끊다'입니다. 예전 전화기는 끊을 때 수화기를 거는 곳 위에 걸었죠. 그래서 '매달다'라는 뜻의 hang이 쓰였습니다. redial은 '다시 걸다'라는 뜻이죠. much faster에서 much는 faster를 강조하는 '훨씬'의 뜻입니다.

5   shortly는 '곧'인데 보통은 그렇게 빨리 연결되지는 않습니다. 어떤 사람은 30분까지 기다린 적도 있다더군요. 이럴 땐 speaker로 소리가 나오게 해놓고 다른 일을 하면서 기다리는 편이 좋습니다.

 잠깐만요!   **말이 되는 전화번호?**

우리나라에서는 기억하기 쉬운 전화번호를 만들 때, 숫자를 읽을 때의 소리와 연관시켜서 만들곤 하죠. 2424(이사이사) / 4989(사구팔구) / 8292(빨리 구워)처럼요. 하지만 미국에서는 다이얼 숫자 위에 있는 알파벳을 이용해 번호를 만듭니다. 버튼식 다이얼을 보면, 2번에는 A, B, C, 3번에는 D, E, F, 4번에는 G, H, I...식으로 씌어 있죠? 예를 들어 렌터카 회사인 National 사의 전화번호는 1-800-CAR-RENT로, 실제로 눌러보면 1-800-227-7068이고, 유명한 할인점인 Walmart의 전화번호는 1-800-WALMART, 즉 1-800-925-6208이죠.

업무 보랴 연애 하랴 단기간에 참으로 공사다망했던 송이 씨. 오래된 한국 친구가 몇 해 전 미국으로 이민 와 살고 있는데 아직까지도 연락을 못 해봤다. 부랴부랴 전화기를 드는 송이 씨다.

¹Receptionist	Good morning. Thank you for calling AT&T. How can I help you?
Song-e	**²Extension 501, please.**
Receptionist	All right. **³Hold on** a moment, please. I'm so sorry but **⁴the line is busy.** Please stay on the line. I'll try to connect your call again when he's done.
Song-e	OK. I'll wait.
Kevin	Hello.
Song-e	Hello. Can I speak to Kevin Lee?
Kevin	**⁵This is he.** May I ask who's calling, please?
Song-e	Oh, Kevin. This is Song-e. How have you been?

직원 안녕하세요. AT&T에 전화 주셔서 감사합니다. 뭘 도와 드릴까요?

송이 내선 501번 부탁합니다.

직원 알겠습니다. 잠시만 기다려 주십시오. 죄송합니다만 그 회선은 통화중이네요. 끊지 말고 기다려 주세요. 통화가 끝난 후에 다시 연결해 드리겠습니다.

송이 알겠습니다. 기다릴게요.

케빈 여보세요.

송이 여보세요. 케빈 리와 통화하고 싶은데요.

케빈 전데요. 누구시죠?

송이 오, 케빈. 나 송이야. 잘 있었어?

1   여기서 전화를 받고 있는 직원을 receptionist라고 부릅니다. receptionist는 '접수원'이란 뜻으로 호텔의 프런트에서 접수를 받는 사람도 그렇게 부르죠.

2   extension 501에서 extension 뒤에 number가 생략되어 있습니다. '내선번호 501번'이라는 뜻이죠. extension에는 '연장', '확장'이라는 의미가 있습니다.

3   hold on은 '계속 (전화기를) 붙들고 있으라'는 말로, stay on the line과 같은 뜻입니다.

4   the line is busy는 '그 회선은 바쁘다', 즉 '통화중이다'이죠. 통화중일 때 나오는 뚜뚜뚜 하는 소리는 busy signal 혹은 busy tone이라고 합니다.

5   전화 상황에서 '전데요.'라는 표현은 I'm ~이 아니라 This is he/she.입니다. This is Kevin speaking. 또는 간단히 Speaking.이라고 해도 되죠. 한편 문을 두드리거나 벨을 눌렀을 때 안에서 Who is it?(누구세요?) 하는 말에 '전데요.'라고 할 때에는 It's me.라고 합니다.

⏱ **잠깐만요!**   **'계속 ~하다'란 의미의 on**

hold on은 계속 (전화기를) 붙잡고 있으란 말이죠. 이렇게 on은 '계속 ~하다'란 의미를 포함합니다. 그래서 다음과 같은 숙어 표현으로 곧잘 활용되죠.

• go **on** talking, go **on** with the story 얘기를 계속하다

• **on** and **on** 잇따라

• **on** and off 계속되다가(on) 끊어지다가(off)니까 '이따금'이라는 뜻.

❸ 메시지 남기기

🎧 22-3.mp3

거래처에 전화를 건 민준 씨. 찾는 담당자가 회의 중이라 전화를 받을 수 없단다. 오늘 중으로 꼭 통화를 해야만 하는 민준 씨는 전화를 달라는 메시지를 남긴다.

안드레아 여보세요. 안드레아 밀러입니다.

민준 탐 로빈슨 씨와 통화할 수 있을까요?

안드레아 죄송하지만 지금 로빈슨 씨는 통화하실 수가 없습니다. 회의 중이세요. 메시지를 남겨 드릴까요?

민준 네, 그렇게 좀 해주세요. 제 이름은 민준, 나민준입니다. 제게 전화해 달라고 해주세요. 저는 오늘 하루 종일 사무실에 있을 겁니다.

안드레아 알겠습니다. 전화 주셔서 감사합니다. 안녕히 계세요.

민준 안녕히 계세요.

Andrea	Hello, this is Andrea Miller.
Minjun	May I talk to Mr. Tom Robinson?
Andrea	I'm sorry but ¹**Mr. Robinson is not available at the moment. He's ²in a meeting. ³Would you like to leave a message?**
Minjun	Yes, please. My name is Minjun, Minjun Na. Please ask him to call me back. I'll be in my office all day.
Andrea	OK. Thanks for calling. Good-bye.
Minjun	Good-bye.

1 원래 available은 '이용할 수 있는'이란 뜻입니다. 따라서 사람이 주어가 되면 '시간이 있는'이란 뜻이 되는 거죠. 위와 같은 상황에서 ~ is not available은 '어떤 이유가 있어서 전화를 받을 수 없다'는 얘기입니다. at the moment는 '지금'이라는 뜻이고요.

2 meeting은 보통 '회의'란 의미로 많이 쓰입니다. 우리가 보통 말하는 남녀간의 미팅은 영어로는 blind date라고 하죠. '회의 중'이란 말은 전치사 in을 이용해 in a meeting이라고 하면 간단히 해결됩니다.

3 요즘엔 회사에 전화를 걸어도 동료가 방해받지 않도록 개인별 음성 사서함(voice mail)에 메시지를 남겨놓으라는 녹음 메시지를 많이 듣게 됩니다. 대개 Would you like to reach her voice mail? 또는 I'll transfer your call to her voice mail.이라는 메시지가 나오죠. '제가 다시 걸겠습니다.'라고 하려면 I'll call again.이라고 하면 됩니다.

💡 **이럴 땐 이렇게!** **부재 중인 사람의 전화를 받았다면?**

미국 친구 집에 놀러 갔다가 친구가 잠깐 나간 사이 전화가 왔습니다. 무심코 받았는데 Hello?라는 미국인의 음성이 흘러나오지 뭡니까! 순간, '스티브요? 앞에 잠깐 나갔는데요.'가 영어로 생각나지 않아 당황했죠. 이럴 때 당황하지 않고 쓸 수 있는 말에는 다음과 같은 것들이 있습니다.

- 지금 없는데요. He is not in right now. / He is out at the moment.
- 지금 통화중인데요. He is on the line. / He is on another line. / He is answering the phone.
- 지금 막 나갔는데요. He just slipped out.
- 점심 먹으러 나갔는데요. He is out for lunch.

탐의 비서 안드레아가 급한 용무로 탐의 집에 전화를 건다. 탐은 지금 집에 없는지 자동 응답기로 바로 넘어가는데…

Answering Machine	Hello, ¹**you've reached Tom's residence.** I'm sorry I can't come to the phone right now. Please leave your name, ²**number**, and a brief message ²**after the tone.** We'll ³**get back to you** as soon as possible. Thanks, bye.
Andrea	Hello. This is Andrea. If you are there, can you answer the phone? Um... OK. ⁴**Won't you give me a call when you get a chance, OK?** Bye.

자동응답기 안녕하세요, 여기는 탐네 집입니다. 죄송하지만 지금은 전화를 받을 수 없습니다. 삐 소리가 난 후 이름과 긴 화번호, 간단한 메시지를 남겨 주세요. 가능한 한 빨리 연락드리겠습니다. 감사합니다. 그럼 안녕히.

안드레아 여보세요. 저 안드레아인데요. 거기 계시면 전화 좀 받으시겠어요? 음… 알겠습니다. 시간 나면 제게 전화 주실래요? 그럼 안녕히 계세요.

1 이럴 때 reach는 '전화로 연결하다'란 의미가 있습니다. you've reached ~를 자연스러운 우리말로 표현하자면 '여기는 ~입니다' 정도가 되겠죠. residence는 '주거', '주택'의 뜻입니다.

2 전화 상황에서 number라 하면 phone number를 가리키는 경우가 많죠. tone는 '삐' 하는 신호음을 가리킵니다. after the tone 대신 after the beep이라고 할 수도 있죠.

3 get의 뜻 중에는 '전화나 무선기로 연락하다'는 뜻도 있습니다. 여기서 get back to you는 '연락을 돌려주겠다', 즉 상대방의 전화에 답해 연락하겠다는 의미죠.

4 give me a call은 call me와 같은 뜻입니다. get a chance는 '기회를 얻다', '기회가 생기다'니까, 여기서는 '시간이 나다'는 뜻입니다.

 잠깐만요! **전화기가 말썽을 부릴 때 하는 말**

통화를 하다 보면 잘 될 때도 있지만, 전화기 문제로 통화하기 힘들 때도 있죠. 가뜩이나 잘 안 들리는 영어인데, 소리가 툭툭 끊어지기라도 한다면, 게다가 상대방은 그런 사정을 모른다면, 정말 답답하기 그지없죠. 전화 상태에 대해 설명하는 표현들을 한번 짚어볼까요?

This is a terrible connection. 전화 연결 상태가 안 좋아.

The line is crossed. I'm afraid this is rather a bad line. 혼선됐어. 전화 상태가 안 좋은 것 같아.

I can't hear you. Could you speak up? 잘 안 들려요. 크게 좀 말해 주실래요?

I can hardly hear what you're saying. Could you speak a little louder?
뭐라고 말하는지 잘 안 들려요. 조금만 더 크게 얘기해 주실래요?

I got cut off in the middle of the conversation. 얘기하고 있는데 전화가 끊겼어.

The phone doesn't work. 전화기가 작동이 안 돼요.

I can't get a dial tone. The telephone went dead. 신호가 안 떨어져요. 이 전화기 완전히 먹통이야.

⑤ 411에 전화번호 문의하기 　　　　　　　　　🎧 22-5.mp3

전화번호를 물을 때 한국은 114지만, 미국은 411로 전화를 걸어야 한다. 호텔 전화번호를 급하게 알아야하는 민준 씨는 411에 전화를 걸어 문의한다.

ARS	Pacific Bell. ¹**What city please?**
Minjun	Anaheim.
Operator	Hello, operator 402. May I help you?
Minjun	²**Could I have the number for** the Hilton Hotel?
Operator	³**Do you want the reservation desk?**
Minjun	Yes, please.
Operator	It's 714-514-3866. ⁴**Would you like me to connect you directly?**
Minjun	Yes, please.
Operator	All right. Just wait a minute, please.

자동응답시스템 퍼시픽 벨입니다. 어느 도시의 전화번호를 원하십니까?

민준 애너하임이요.

교환원 안녕하세요. 교환 402번입니다. 뭘 도와드릴까요?

민준 힐튼 호텔 전화번호 좀 알 수 있을까요?

교환원 예약 데스크 전화번호를 원하십니까?

민준 예, 맞아요.

교환원 714-514-3866입니다. 그 전화로 바로 연결해 드릴까요?

민준 예, 부탁합니다.

교환원 알겠습니다. 잠시만 기다리세요.

1　미국의 전화번호 안내 센터인 411에 전화를 걸면, 처음에는 기계 음성으로 어느 도시에 있는 전화번호를 찾는지 묻습니다. 도시 이름을 얘기하면 Thank you. 하면서 사람이 받는 곳도 있고, 어떤 곳은 계속 음성 인식기에게 물어봐야 하는 곳도 있지요.

2　Could I have the number for ~?는 '~의 전화번호를 알 수 있을까요?'죠. '전화번호가 몇 번이죠?'라고 묻고 싶으면 What is the phone number for ~?라고 하면 됩니다.

3　호텔이나 항공사 전화번호를 묻는 사람들은 대개 대표 전화보다 예약 데스크 전화번호를 찾는 경우가 많죠. 그래서 전화번호 안내할 때도 이걸 확인하는 경우가 많습니다. Do you need the number for reservations?라고 하기도 하죠.

4　directly는 '곧바로'입니다. 미국의 411은 문의한 번호로 바로 연결해 주기도 합니다. 따라서 한 번만 걸 전화라면, 전화번호를 굳이 메모할 필요가 없지요.

 잠깐만요!　　**미국에도 전화번호부가 있다!**

우리나라에도 상호편, 인명편 전화번호부가 있지요? 미국에서도 용도에 따라 쉽게 번호를 찾을 수 있도록 전화번호부가 몇 가지로 나뉘어 있습니다. 먼저 Yellow Pages는 업종별 전화번호부입니다. 대개 업종이나 사회단체의 성격별로 전화번호들을 묶어놓았죠. 반면에 White Pages는 인명이냐 상호냐에 상관없이 모든 이름들을 알파벳순으로 정리해 놓았습니다. 월마트라든지 David Johnson 이런 식으로 이름을 가지고 전화번호를 찾을 때 쓸 수 있죠. 그리고 Blue Pages는 White Pages에 붙어있는 것으로, 관공서의 전화번호만 모아놓은 것입니다. 이들의 이름은 모두 종이의 색깔 때문에 붙여진 것인데, 말 그대로 표지나 속종이 모두 각각 노란색, 흰색, 파란색 종이로 되어 있습니다.

▲ Yellow Pages입니다. 하단에 해당 지역명과 유효 기간 등이 나와 있습니다.

⑥ 잘못 온 전화 받기

🎧 22-6.mp3

언니네 집에 머물고 있는 송이 씨. 어느 날 리사라는 여자를 찾는 남자의 전화를 받는데… 이 목소리, 아무래도 민준 씨 같단 말야. 어쨌든 전화를 잘못 걸었다고 친절히 대답해주는 송이 씨다.

남자 여보세요. 리사와 통화할 수 있을까요?

송이 전화 잘못 거신 것 같은데요. 몇 번으로 거셨어요?

남자 514-3766번 아니에요?

송이 번호는 맞는데요. 여기 리사라는 사람은 없는데요.

남자 아, 정말 죄송합니다.

송이 괜찮습니다.

Man	Hello, may I talk to Lisa?
Song-e	[1]**I believe** you have the wrong number. What number did you call?
Man	[2]**Is this 514-3766?**
Song-e	The number is right, but [3]**there is no one named Lisa here**.
Man	Oh, I'm so sorry.
Song-e	That's OK.

1 여기서 I believe ~는 '~인 것 같은데요'라는 표현이죠. I think ~를 써도 되고 이런 상황에선 I'm afraid ~를 쓸 수도 있습니다.

2 Is this ~?는 '~번 아니에요?' 하고 확인하는 표현입니다. 이럴 때는 전화번호 앞에 전치사 없이 바로 번호만 얘기합니다. 반면에 '~번으로 전화해달라'고 할 때는 전화번호 앞에 at을 써서 Call me at 397-4578. 과 같이 얘기하죠.

3 no one named Lisa에서 named는 '명명된'이란 뜻으로 'Lisa라고 불리는 사람은 없다'는 뜻입니다. There's no one by that name.(그런 이름 가진 사람 없는데요.)이라고도 하죠.

💡 **이럴 땐 이렇게! 전화를 잘못 걸었을 때 나오는 메시지**

• **결번인 경우**

You've reached the mobile that is not in service or disconnected. Please check the number and dial again.

지금 거신 휴대 전화는 없는 번호이거나 서비스가 중지되었습니다. 번호를 확인하시고 다시 걸어 주십시오.

• **잘못 누른 경우**

We're sorry. Your call did not go through. 죄송합니다. 당신이 거신 전화는 연결되지 않았습니다.

The number you've dialed cannot be completed. Please try again.

지금 거신 전화번호는 연결될 수 없습니다. 다시 걸어 주십시오.

미국에서 전화할 때 꼭 알아두세요!

❶ 미국에서 전화할 땐 0을 빼세요

미국의 전화번호는 국가 번호와 지역 번호를 합쳐서 모두 10자리입니다. 시내 전화를 걸 때는 국가 번호와 지역 번호를 생략할 수 있지만 시외 전화를 걸 때는 국가 번호까지 모두 눌러야 합니다.

또 미국에서 국제 전화를 걸 때는 국가 번호 앞에 국제 전화 식별 번호인 011을 먼저 눌러야 합니다. 주의할 것은 국가 번호 다음에 지역 번호를 누를 때, 앞자리의 0을 뺀 번호를 눌러야 한다는 겁니다. 휴대 전화로 전화할 때도 역시 그렇고요. 그러니까 미국에서 한국에 있는 친구의 휴대 전화 010-1234-5678에 전화를 건다면, 한국의 국가 번호가 82니까 011-82-10-1234-5678을 눌러야 합니다.

❷ 미국의 공중전화는 이렇게 사용하세요

미국의 공중전화가 우리나라와 다른 점은 각 전화마다 고유 번호가 부여되어 있어 받을 수도 있다는 것, 사용 제한 시간이 다 되었을 때 수화기에서 돈을 더 넣으라는 멘트가 나온다는 것, 시외 전화를 걸 때는 국가 번호까지 눌러야 한다는 것 등입니다. 요금은 지역마다 다르지만, 기본요금은 대개 3분에 25~35센트 정도 하는데, 어떤 지역은 기본요금만 내면 시내 통화를 시간제한 없이 쓸 수 있는 곳도 있습니다.

① 전화 걸 때는 자신이 시내 전화를 걸 건지, 시외 전화를 걸 건지 먼저 확인해야 합니다. 공중전화마다 고유 번호가 적혀 있으므로, 자기가 걸려고 하는 지역 번호와 같은지 확인해보면 시내 전화인지, 시외 전화인지 금방 알 수 있죠. 그것도 귀찮으면 무조건 〈1 + 지역 번호 + 번호〉를 모두 누르면 됩니다. 시내 전화도 바로 연결이 되는 경우가 많습니다.

② 시내 전화라면 수화기를 든 다음 시내 전화 요금을 넣고 번호를 누르면 됩니다.

③ 시외 전화라면 동전을 넣기 전에 국가 번호 1번을 포함한 모든 번호를 먼저 누릅니다. 그러면 수화기에서 얼마를 넣어야 하는지 안내해주는 멘트가 나옵니다.

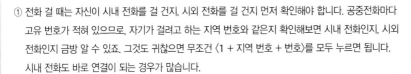

Please deposit one dollar fifty cents for the first three minutes.
처음 3분간 (통화를 하려면) 1달러 50센트를 넣으세요.

④ 시간이 지나면 동전을 더 넣으라는 안내원의 목소리가 나옵니다. 대개 거스름돈은 반환되지 않으므로 잔돈을 여유 있게 준비하는 것이 좋습니다.

❶ 로열 은행에 전화 주셔서 감사합니다.

Thank you _____ Royal Bank.

❷ 끊지 말고 기다려 주세요.

Please _____ .

❸ 케빈 리 좀 바꿔주세요.

Can I _____ Kevin Lee?

❹ 전데요. 실례지만 전화거신 분은 누구시죠?

This is he. May I ask _____ , please?

❺ 메시지를 남기시겠습니까?

Would you like to _____ ?

❻ 그에게 전화 좀 다시 해달라고 전해주세요.

Please ask him to _____ .

❼ 죄송합니다. 지금은 전화를 받을 수가 없습니다.

I'm sorry I can't _____ right now.

❽ 전화를 잘못 하신 것 같은데요.

I believe you _____ the _____ .

| 정답 |
❶ for, calling
❷ stay, on, the, line
❸ speak, to
❹ who's, calling
❺ leave, a, message
❻ call, me, back
❼ come, to, the, phone
❽ have, wrong, number

263

23 우편물 발송하기

I'd like to send by registered mail.
등기로 부쳤으면 하는데요.

강의 및 예문듣기

사진으로 만나는 미국

요즘은 대부분의 서류 전달을 이메일로 합니다. 사진도 이메일로 보냅니다. 하지만 여전히 우편물을 보내야 할 때가 있습니다. 한국에 서류를 보내려면 어떻게 해야 할까요? 역시 한국에서처럼 우체국^{post office}을 이용해야겠지요? 좀 더 빨리 우편물을 보내고 싶다면 Fedex 같은 서비스를 이용해야 하고요.

미국에서도 우편물은 우리나라에서처럼 곳곳에 설치되어 있는 우체통을 이용해 보낼 수도 있고, 호텔 데스크, 공항, 철도, 버스 터미널의 우편함을 이용할 수도 있지요. 또 요금만

▲ 이 우체통은 샌프란시스코 시내에 있는 것입니다. 왼쪽의 네 개는 국영업체인 USPS의 우체통이고, 맨 오른쪽에 있는 것은 민간 우편업체인 FEDERAL EXPRESS의 우체통입니다. 우편물에 맞는 우표만 있다면 굳이 우체국에 가지 않고도 이런 우체통을 이용하면 되죠. METERED MAIL은 요금 별납 우편입니다. 우편물 넣는 곳 입구에는 수거해가는 시간(COLLECTION TIMES)이 명시되어 있습니다.

안다면, 우표^{stamp}는 우체국에서뿐 아니라 약국, 백화점, 버스 정류장, 지하철역 등에 설치된 자동판매기에서 살 수 있습니다. 하지만 요금을 정확히 모르는 경우에는 우체국에서 무게를 달아보고 요금에 맞는 우표를 붙여야 하죠.

▲ 캘리포니아의 Fullerton에 있는 미국 우체국(United States Post Office) Orangehurst 지점입니다. 이런 우체국 지점 외에도 출장소(Contract Unit) 등도 곳곳에 있습니다.

미국에도 우체국이나 출장소 등이 워낙 많아서 우체국 이용하기는 별로 어렵지 않습니다. 게다가 우체국에서 발송할 우편물을 직접 와서 수령해 가기도 하기 때문에, 급하게 빠른우편^{priority mail}을 보내야 할 경우에는 그런 pickup service를 이용할 수도 있죠.

특히 미국에서 살다보면 요금과 대금 결제를 위한 수표^{check} 발송을 모두 우편으로 하기 때문에 우표는 필수품입니다. 이사 간 곳으로 우편물을 보내주는 mail forwarding service나 집을 비우는 동안 우편물을 보관해주는 hold mail service 등 미국 우체국은 서비스도 다양하답니다.

- **UNITED STATES POSTAL SERVICE** 미합중국 (우편 서비스, 미국에서 우편업무를 담당하는 국가 기관은 United States Postal Service, 즉 USPS죠.)
- **FIRST CLASS MAIL** 보통우편
- **Basic Letters** 규격 우편
- **Post Card** 우편엽서
- **PRIORITY MAIL** 빠른우편 (priority는 '우위, 우선')
- **2-3 Day Delivery Service** 2~3일 내 배달 서비스. (delivery는 '배달')
- **EXPRESS MAIL** 특급우편
- **Next Day Delivery Service - guaranteed or your money back** 다음날 배달 서비스 – 배달 보장, 아니면 환불해 드립니다. (guarantee는 '보증하다')
- **PICKUP SERVICE for Express & Priority Mail - CALL 1-800-222-1811** 특급 또는 빠른우편에 대한 픽업 서비스 – 1-800-222-1811로 전화하세요. (pickup service는 발송할 우편물을 집까지 가지러 오는 서비스)

▲ Anaheim 지역의 한 우체국에 비치되어 있던 요금표입니다. 보다시피 우편 발송 등급에는 FIRST CLASS MAIL, PRIORITY MAIL, EXPRESS MAIL 세 가지가 있고, 우편물을 발송할 때 등기나 보험 등의 옵션을 추가하면 추가 비용이 듭니다. 미국 우체국에서 보통 '보험에 들지 않은 우편물은 책임지지 않습니다'라는 말을 하곤 하는데, 사실 우편 사고는 거의 없으니 아주 중요한 물건이 아니라면 보험까지 들지는 않아도 됩니다.

이 스티커를 소포의 주소 적힌 쪽에 붙이십시오.

내용물에 대한 제한:
현금이나 현금 등가물, 액체나 유동 물질을 국제 빠른우편 소포로 보내지 마십시오. 만약 무게가 1파운드를 초과하면 합당한 세관 신고서 양식을 소포에 붙여야 합니다.

중량 제한: 4파운드

최대 길이: 24인치

가로, 세로, 높이의 최대 합: 36인치

- **GLOBAL PRIORITY MAIL** 국제 빠른우편
- **affix** (우표를) 붙이다
- **LIMITATION ON CONTENTS** 내용물 제한 (limitation은 '제한', contents는 '내용물')
- **maximum** 최대치, 최대한 허용되는 수치
- **combine** 결합하다

▲ 이 우표는 바로 붙일 수 있도록 스티커식으로 만들어진 국제 빠른우편 소포용입니다. 우편 요금이 얼마가 될지 미리 아는 경우 사다두고 쓰면 아주 편리하죠. 사실 미국에서는 아무리 이메일 이용이 많아져도 우표 쓸 일이 한국보다는 훨씬 많은데, 그 이유는 매달 각종 공과금 지불을 수표로 끊어서 우편으로 보내야 하기 때문입니다.

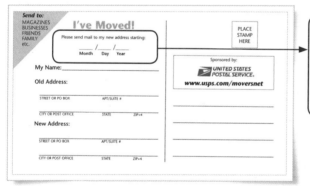

Please send mail to my new address starting

_____ / _____ / _____
Month　Day　　Year

__년 __월 __일부터
새 주소로 우편물을 보내주세요.

▲ 이 엽서는 USPS에서 이사 가는 사람들을 위해 만들어 놓은 것으로, 이사 후 변경된 주소를 알려줄 때 씁니다. USPS에서는 이사 가는 사람들을 위한 안내서(Mover's Guide)를 만들어 비치해두고 있는데, 거기에는 이사할 때 챙겨야 할 목록에 대한 것부터, 새로운 주소로 우편물 발송(Forwarding service)을 요청하는 신청서 양식까지 다양하게 수록되어 있습니다.

DELIVERY NOTICE

UPS — Worldwide Olympic Partner

☑ 1st Attempt ☐ 2nd Attempt ☐ Final Attempt (See back for details)
On 2 / 4 / 00 we tried to
☑ Deliver
☐ Pickup — Package(s) from: _____

We will make another attempt:
Mon. ☐ Tues. ☐ Wed. ☐ Thurs. ☐ Fri. ☐
(Approx. Time) 9:00-12:00 ☐ 12:00-3:00 ☐ After 3:00 ☐

☐ Signature required at delivery (see back for details).
1. If you would like to pick up your package(s) at UPS, contact us at: 1-800-877-1579
2. Sign to have package(s) delivered.
Your Signature X _____
Print Name _____
Your Address _____
☐ C.O.D. Amount Due $ _____
1. No Cash Accepted
2. Personal check accepted unless indicated. → Cashier's Check, Official Bank Check, or Money Order Only
3. Make Check payable to sender (not UPS).

In your absence, the package(s) were left at:
☐ Front Door ☐ Porch ☐ Rear Door ☑ Office
☐ Side Door ☐ Deck ☐ Garage/Carport ☐ Patio
☐ Neighbor ☐ Other
Comments: _____

01222120
REV 8/98 W

For Additional Information Call: 1-800-877-1579
36 USC 380

◀ 이 쪽지는 UPS라는 배달업체를 통해 등기우편이 왔는데, 받을 사람이 없자 배달한 사람이 붙여두고 간 겁니다. 2일 2시쯤 배달(deliver)하러 왔던 것 같고, 우편물은 사무실에 두고 갔다고 체크되어 있네요.

이런 배달업체뿐 아니라 우체국에서도 보통 세 번까지 이런 쪽지를 붙여주고, 세 번째까지도 받을 사람이 없으면 '이 쪽지를 가지고 우체국 어디 지점으로 와서 찾아가라'는 메시지를 남겨두죠. 처음에 이 쪽지를 보았을 때, '우편물을 이웃집 xx번지의 xx 에게 맡겨주세요'라고 쪽지를 남겨놓으면, 그쪽으로 전달해 주기도 합니다.

- **notice** 통지서
- **attempt** 시도
- **pickup** 집배(集配), 픽업 (pick up을 띄어서 동사로 쓰면 '집어 올리다, 차에 태우다, (우편물을) 직접 수취하다'의 뜻이죠.)
- **approx.** 대략의 (approximate의 약자)
- **signature** 서명, 사인 (sign은 '서명하다'라고 하는 동사이고, 명사로 쓰면 '신호'란 뜻이 됩니다.)
- **require** 요구하다 (보통 required의 형태로 써서 '~가 필요한, 필수적인'의 뜻이 됩니다.)
- **contact** 연락하다
- **C.O.D.** 배달 시 대금 지급 (Cash On Delivery의 약자)
- **personal check** 개인 수표
- **make check** 수표를 발행하다
- **in your absence** 당신 부재중에
- **front door** 정면 현관 입구
- **porch** 돌출 현관
- **rear** 뒤쪽의
- **garage/carport** 둘 다 '차고'란 의미
- **patio** 안뜰 (= inner court)
- **neighbor** 이웃사람
- **comment** 코멘트, 의견 (덧붙이는 말이죠. 의견, 주석 등 부가적인 의견들을 comment라고 합니다.)
- **additional** 부가된, 추가된 (additional information이라고 하면 지금까지 제공된 것 이외의 추가적인 정보를 말합니다.)

배달 통지서

☐ 첫 번째 시도 ☐ 두 번째 시도 ☐ 마지막 시도
___일 ___시 ___분에 우리는 하려고 했습니다. (자세한 내용은 뒷면 참조)
☐ 배달을 ┐
☐ 접수를 ┘ _____로부터의 우편물에 대한
다시 오겠습니다.
월요일 ☐ 화요일 ☐ 수요일 ☐ 목요일 ☐ 금요일 ☐
(대략 시간은) 9시 – 12시 ☐ 12시 – 3시 ☐ 3시 이후 ☐

☐ 배달에는 사인이 필요합니다. (자세한 내용은 뒷면 참조)
1. 만약 UPS에서 직접 수령하시려면. 1-800-877-1579로 연락주세요.
2. 우편물을 수령하시려면 여기에 사인을 해주세요.
고객님 사인 X _____
인쇄체 이름 _____
고객님 주소 _____
☐ 배달시 대금 지급 금액은 _____달러입니다.
1. 현금은 받지 않습니다.   자기앞 수표, 은행
2. 별도 지시가 없는 한 개인 수표는 받습니다. → ☐ 보증 수표, 우표환
3. 수탁인 이름으로 수표를 발행하세요 (UPS 말고).   만 받습니다.

부재중이시면. 우편물은 아래 장소에 놓고 가겠습니다.
☐ 현관 입구 ☐ 돌출 현관 ☐ 뒷문 ☐ 사무실
☐ 옆문   ☐ 덱   ☐ 차고 ☐ 안뜰
☐ 이웃   ☐ 기타
덧붙이는 말: _____

자세한 사항을 알고 싶으시면 1-800-877-1579로 전화 주세요.

267

① 편지를 한국의 서울로 보내고 싶은데요.

I want to send a letter to Seoul, Korea.

send A to B는 'A를 B로 보내다'란 뜻이죠. 미국 사람들은 send 대신 mail도 일상적으로 많이 씁니다. mail은 명사로는 '우편물', 동사로는 '우편으로 보내다'죠. letter의 자리에는 mail, parcel, package, postcard 등이 올 수 있습니다.

② 제가 이걸 재볼게요.

Let me weigh it.

weigh는 '무게를 재다'란 뜻입니다. 규격 봉투의 우편물을 일반 우편으로 보내는 경우가 아니라면 거의 모든 경우 무게를 재야 하죠. 우체국에서 Could you weigh these for me? 하면 소포나 등기우편 등을 보내고 싶다는 의미죠.

③ 보통우편으로 하시겠어요?

Would that be first-class mail?

first-class mail은 '보통우편'입니다. 특별한 요구가 없으면 보통으로 처리하므로 위와 같이 물어보는 거죠. Do you want to send it by first-class mail?이라고도 합니다. 또 우체국에서 '어떻게 보내시겠어요?' 하고 물을 때는 How do you like it sent? 또는 How would you like to send them?이라고 합니다.

④ 등기우편으로 보내고 싶습니다.

I'd like to send it by registered mail.

register는 '등록하다'니까 registered mail은 우편물을 등록해놓아 배달 상황을 추적할 수 있는 '등기우편'을 말합니다. 중요한 물건을 보낼 때는 분실되더라도 찾을 수 있도록 이렇게 등기우편으로 보내는 게 좋겠죠. '~ 우편으로 보내다'라고 할 때는 send by 뒤에 우편의 등급이나 등기·보험 등의 옵션 사항이 나옵니다.

⑤ 크기와 무게에 제한이 있습니다.

There is a size and weight limit.

여기서 limit는 '제한'이라는 명사입니다. 편지는 중량에 따라 요금을 다르게 적용하지만, 소포는 크기와 중량에 제한이 있으므로 제한 크기를 미리 알아보고 포장해가는 것이 좋습니다.

⑥ 한국에 도착하는 데 얼마나 걸리죠?

How long does it take to reach Korea?

미국에서 한국으로 우편물을 보낼 때 제일 궁금한 것은 뭐니 뭐니 해도 한국에 도착하는 날짜일 것입니다. 이때 요긴하게 쓸 수 있는 질문입니다. 〈How long does it take to + 동사원형 ~?〉은 '~하는 데 시간이 얼마나 걸리냐?'는 의미로, 아주 유용한 패턴이죠.

⑦ 소포를 찾으려고 하는데요.

I'd like to pick up a parcel.

배달원이 왔을 때 받을 사람이 없으면 우체국에 가서 찾아와야 하는데, 그것을 pick up한다고 합니다. 그밖에도 어떤 물건을 가서 가져올 때, 다른 곳에 있는 사람을 데려올 때도 pick up을 씁니다. 우체국에서 pickup service를 한다고 하면 발송할 우편물을 가지러(pick up) 집까지 오는 걸 가리키죠.

⑧ 우편물 추적 번호 알고 계세요?

Do you know the tracking number?

track에는 '추적하다'란 뜻이 있어서 tracking number는 '추적 번호'라는 뜻입니다. trace number라고도 합니다. 배달 사고가 생겼을 때, 확인이나 배상을 요구하려면 이 번호가 필요하죠. 번호는 발송할 때 받은 영수증에 적혀 있습니다.

① 특급우편으로 부치기　　　　　🎧 23-1.mp3

서울에 서류를 하나 보내야하는 민준 씨는 우체국에 간다. 가능한한 빨리 서울에 도착해야하는데 보통우편으로 부치면 열흘이나 걸린다니…

Clerk	Next please! Hi!
Minjun	Hi, can I get one ¹**overseas stamp**? I want to send a letter to Seoul, Korea.
Clerk	OK. Let me weigh it. Would that be first-class mail?
Minjun	Um. For regular mail, how long does it take to ²**reach** Korea?
Clerk	About... 10 days.
Minjun	Oh, ³**that long?**
Clerk	If you send it by express mail, it'll take about ⁴**4 to 5 days**.
Minjun	Well... I'll send it by express mail, then. How much is it?
Clerk	One dollar fifty cents. Put this sticker on the envelope.

직원 다음 분이요! 안녕하세요.

민준 네, 국제 우표 한 장 주실래요? 한국의 서울에 편지를 부치려고요.

직원 네, 무게를 재볼게요. 보통우편으로 하실 건가요?

민준 음. 보통우편이면, 한국에 도착하는 데 얼마나 걸리죠?

직원 한… 열흘쯤요.

민준 아, 그렇게 오래 걸려요?

직원 특급우편으로 보내시면, 한 4, 5일 걸려요.

민준 음… 그럼 특급우편으로 보낼게요. 요금이 얼마죠?

직원 1달러 50센트입니다. 이 스티커를 봉투에 붙이세요.

1　overseas stamp는 '국제 우표', domestic stamp는 '국내 우표'죠. 우표 한 장은 a stamp, 한 세트는 a book of stamps 또는 a roll of stamps라고 합니다. 미국에는 스티커식으로 된 우표도 많습니다. 우표를 '붙인다'고 할 때, 회화에서는 put을 쓰는데, 봉투나 엽서에는 보통 affix 또는 paste라고 인쇄되어 있습니다.

2　'도착하다'란 뜻의 동사 reach 뒤에는 전치사 to 없이 도착하는 곳의 이름이 바로 나옵니다. 우리말 습관대로 reach to ~라고 쓰지 않도록 조심하세요.

3　that long은 '그렇게 오래'란 뜻이죠. 여기서 that은 '그렇게'라는 강조의 뜻으로 쓰였습니다.

4　'4, 5일 걸린다'고 할 때 '4일이나 혹은 5일'의 뜻으로 생각하여 or를 쓰기 쉬운데, 이럴 때는 to를 써서 4 to 5 days라고 말합니다.

▲ 미국의 다양한 우표들

❷ 등기우편으로 부치기

🎧 23-2.mp3

시카고의 지사로 서류를 보내야 하는 송이씨. 중요한 서류라 분실될 염려가 없어야 하고, 분실되더라도 추적이 가능한 안전한 우편으로 보내야 하는데… 어떤 우편으로 보내면 좋을까?

송이 안녕하세요? 이걸 빠른 우편으로 시카고에 보내려고 하는데요.

직원 무게 좀 달아보고요… 80센트입니다.

송이 중요한 서류가 들었는데, 괜찮을까요?

직원 그렇다면 확실히 하기 위해 등기우편을 추천해 드리고 싶네요. 또는 원하신다면 보험우편을 이용하실 수도 있고요.

송이 비용이 얼마나 추가되죠?

직원 잠깐만요… 등기로 하시면 1달러 30센트, 보험우편으로 하시면 2달러 20센트입니다.

송이 등기우편으로 할게요.

Song-e	Hi. ¹**I need this to be sent to Chicago** by priority mail.
Clerk	Let me ²**weigh** this... 80 cents.
Song-e	This is an important document. Will it be safe?
Clerk	Then I would recommend registered mail, just to be sure. Or you can also ³**insure** it if you would like.
Song-e	How much more will that cost?
Clerk	Let's see... Registered mail would be $1.30, and $2.20 for insured mail.
Song-e	I'd like to send it by registered mail.

1 I need this to be sent to ~는 직역하면 '난 이것이 ~로 보내지도록 할 필요가 있어요'이죠. 즉 '~로 보내야 한다'는 의미입니다. I want to send this to Chicago.라고 해도 마찬가지 뜻입니다.

2 weigh는 '무게를 재다'죠. 길이나 높이, 너비, 거리를 잴 때는 measure를 써서 measure the length/height/width/distance라고 합니다. 체온이나 각도를 잴 때는 take를 써서 take the temperature/angle이라고 하고요.

3 insure는 '~를 보험에 들다'는 뜻이죠.

⏱ 잠깐만요! 　미국의 우편물 등급

- **first-class mail** 보통우편

  regular mail이라고도 하죠. 시내는 하루, 주 경계 내에는 이틀, 그 외는 3일 이상이 걸립니다.

- **priority mail** 빠른우편

  priority에는 '우선'이란 뜻이 있죠. 미국 국내는 이틀 내에 배달이 됩니다.

- **express mail** 특급우편

  가장 빠른 우송 서비스로 미국 전역에 24시간 내에 배달됩니다. 정식 명칭은 express mail next day service. 특급우편으로 보내려면 오후 5시까지 우체국에 가거나 express mail 우체통에 넣으면 됩니다. 물론 on-demand pickup 서비스를 이용할 수도 있고요.

- **registered mail** 등기우편 / **certified delivery** 발송 확인 우편 / **insured mail** 보험우편

  급하거나 중요한 우편물인 경우 등기우편이나 발송 확인 우편을 이용할 수도 있고 보험에 들어두기도 하는데, 반드시 영수증을 챙겨두어야 배달 사고가 생겼을 때 보상을 받을 수 있습니다.

271

민준 씨의 거래처 직원 스티브가 한동안 보스턴으로 떠나는 민준 씨에게 깜짝 선물을 보내려 한다. 이것저것 챙기다 보니 소포의 크기가 너무 커져버렸는데…

스티브 이 소포를 보스턴에 보내려고 하는데요.	Steve I'd like to send this ¹**package** to Boston.
직원 아, 너무 큰 것 같습니다. 크기와 무게에 제한이 있어서요.	Clerk Oh, I'm afraid it's ²**way too big**. There is a size and weight limit.
스티브 소포의 제한 사이즈가 어떻게 되죠?	Steve What's the size limit for the parcel?
직원 길이와 둘레를 합쳐서 79인치를 넘으면 안 돼요. 그걸 두 개로 나누어야겠는데요.	Clerk ³**The length and girth combined cannot exceed seventy-nine inches.** I guess you should ⁴**split it in two.**
스티브 알았어요. 다시 포장해 오죠.	Steve OK. I'll ⁵**do it** again.

1   '소포'를 가리키는 말로 package 대신 parcel을 쓸 수도 있습니다.

2   it's way too big에서 way는 부사를 강조하는 much의 뜻입니다.

3   length는 '길이', girth는 '둘레'란 뜻입니다. combine은 '결합하다'죠. exceed는 '초과하다'란 뜻이니까 ~ cannot exceed는 ~ is limited와 같은 뜻으로 이해하면 되죠.

4   split ~ in two는 '~을 둘로 나누다', '반씩 나누다'라는 뜻으로 split in half로 쓸 수도 있습니다.

5   여기서 do는 wrap it up, 즉 '포장하다'를 대신한 겁니다.

⏱ 잠깐만요!   **미국 우체국의 특별 서비스**

미국의 우체국은 오래전부터 다양한 시스템을 체계화해왔기 때문에 우리나라에는 없는 특별 서비스들을 시행하고 있습니다. 물론 우리나라에도 하나씩 도입되고 있지만, 완전히 정립되기까지는 좀 더 시간이 걸려야 하지 않을까 싶네요.

• **pickup service**: 전화로 신청하면 집배원이 발송할 우편물을 받으러 집까지 오는 서비스. 물론 일정 수수료가 부과됩니다.

• **forwarding service**: 주소가 변경된 경우, 옛 주소지로 배달된 우편물을 새 주소지로 발송해 주는 서비스. 이건 별도의 요금도 필요 없고, 주소 이전 신청서(Change of Address Order)라는 양식을 채워서 우체통에 넣기만 하면 됩니다. 그러면 이후 6개월~1년까지는 예전 주소에 발송된 우편물을 새 주소로 보내줍니다.

• **hold mail service**: 지정된 기간 동안 도착하는 우편물을 배달하지 않고 우체국에 보관해주는 서비스. 장기간 집을 비울 경우, 빈 집 앞에 우편물이 쌓이면 분실될 위험도 있고, 빈 집임이 눈에 띄어 도둑의 표적이 될 수도 있으니까 1~2주 휴가를 가거나 할 때 신청하면 유용하죠.

④ 소포 부치기 - 국제 발송

🎧 23-4.mp3

미국에서 산 선물을 한국에 있는 가족들에게 보내려는 송이 씨. 우체국에 들러 이것저것 확인한 다음, 보통우편으로 소포를 부친다.

송이 이 소포들을 한국에 보내고 싶은데요. 이것들 무게 좀 달아 주실래요?

직원 물론이죠. 그것들을 어떻게 보내시겠습니까? 빠른우편, 보통우편, 배편 중에서요?

송이 보통우편으로 했을 때, 9월 27일까지 도착할까요?

직원 글쎄요. 장담은 못하지만, 그럴 가능성이 높습니다.

송이 그러면 보통우편으로 할게요.

직원 이 주소 꼬리표 좀 작성해 주세요.

Song-e	I want to send these parcels to Korea. Could you weigh these for me?
Clerk	OK. How would you like to send them? Express, regular, or ¹**by sea**?
Song-e	²**By the regular mail, will those arrive before Sep. 27?**
Clerk	Hmm. ³**I can't guarantee it, but there is a good possibility.**
Song-e	Well, I'll go with the regular mail.
Clerk	Fill out this address ⁴**label**, please.

1   by sea는 by sea mail, 즉 배편으로 보내는 걸 말합니다.

2   By the regular mail 앞에는 If I send them이 생략되어 있습니다.
    Will those arrive before...?는 꼭 우체국이 아니더라도 주문한 물건이 언제까지 도착할지를 물을 때 많이 쓰는 표현입니다.

3   guarantee는 '보증하다'인데 미국 사람들은 우리가 보기엔 사소한 일 가지고도 워낙 소송을 많이 하기 때문에 We can't guarantee it.이라는 말을 많이 씁니다. 또한 '가능성이 높다'는 말은 There is a good possibility.라고 합니다. '가능성이 희박하다'는 There is a bare possibility.라고 하고요.

4   label은 우리가 보통 '라벨'이라고 부르는 '꼬리표', '상표'를 말합니다. 발음은 [라벨]이 아니라 [레이블]이죠. 주의하세요!

⏱ **잠깐만요!**   **미국에서 한국까지 하루만에!**

최근 국제간 Express 화물 운송 서비스를 제공하는 회사들이 많이 늘어나고 있습니다. 요금은 비싸지만 빠르고 정확하기 때문에 긴급한 서류나 소포를 보낼 때 많이 이용하지요. 우리나라에도 여러 업체들이 서비스를 하고 있는데요, 그런 업체들로는 DHL, Fedex, Airborne, UPS 등이 있죠. 미국의 기업들은 보통 이들 운송 회사마다 구좌(account)를 만들어두고 pickup service(화물 배달 서비스), COD(Cash On Delivery: 수신자 배송료 부담), tracking service(인터넷을 통한 화물 위치 추적 서비스) 등을 이용합니다. 요즘은 미국 우체국에서도 비슷한 서비스를 제공하니까 우체국을 이용해도 됩니다.

민준 씨가 집을 비운 사이 소포 배달을 왔던 모양. 우체국의 통지서가 떡 하니 붙어 있다. 누구한테서 온 소포일까? 설레는 마음을 안고 소포를 찾으러 우체국에 가는 민준 씨다.

민준 소포 찾으러 왔는데요.	Minjun ¹**I'd like to pick up a parcel.**
직원 통지서를 보여 주시겠어요?	Clerk ²**Can I see your notification slip?**
민준 여기 있습니다.	Minjun Here you are.
직원 제가 가서 가져올게요. 여기에 사인 좀 해주십시오.	Clerk Let me ³**go get** it. Sign here, please.
민준 그리고 하나 더 부탁해도 될까요? 제 친구가 한국에서 두 주 전에 소포를 하나 보냈는데요, 아직 못 받았습니다. 어떻게 된 건지 확인 좀 해주시겠어요?	Minjun And may I ask another favor of you? My friend sent me a parcel from Korea two weeks ago, but I haven't received it yet. Can you check ⁴**what happened to** it?
직원 물론이죠. 추적 번호 아세요?	Clerk Sure, do you know the tracking number?
민준 예. AOP100246KR입니다.	Minjun Yes. It's AOP100246KR.
직원 어디 보자… 아, 여기 있네요!	Clerk Let me see... Oh, here it is!
민준 아, 감사합니다.	Minjun Oh, thank you for your help.

1   소포를 찾으러 항상 우체국으로 가야 하는 건 아닙니다. 이 상황은 배달원이 소포 배달을 하러 왔을 때, 받을 사람이 없어서 남기고 간 통지서를 보고 우체국으로 찾으러 온 거죠.
I'd like to pick up a parcel.은 I've come to pick up a parcel. / I'm here to pick up a parcel.(소포를 찾으러 왔는데요.) 또는 I believe you have a parcel here for me.(여기 제 소포가 있는 걸로 알고 있는데요.)라고도 할 수 있습니다.

2   notice slip 또는 notification slip은 '통지서'죠. 여기서는 배달원이 남기고 간 쪽지를 말합니다. 통지서를 보여달라고 할 때 Do you have the notice?라고 물어올 수도 있습니다.

3   go get은 '가서 가져오다'인데 구어체에서 '가서 ~하다'라고 할 때 〈go to + 동사원형〉 또는 〈go + 동사원형〉의 표현을 씁니다.

4   '~가 어떻게 된 건지'라고 할 때 쓰는 표현이 what happened to ~?입니다. 직역하면 '~에 무슨 일이 일어났는지'가 되죠.

💡 이럴 땐 이렇게!   **우편물이 없어졌다고요?**

간혹 소포가 중간에 분실되는 경우가 있는데, 이럴 때를 대비해 우편물을 발송할 때는 영수증을 잘 챙겨두고, 중요한 물건인 경우에는 보험을 들어두는 것이 좋습니다. 항의를 할 때를 대비해 이런 표현을 알아두면 도움이 됩니다.

• 저에게 올 소포가 분실된 것 같은데요.
I'm expecting a parcel. But I'm afraid it's missing.

• 여기 한국에서 소포 보낸 영수증이 있는데, 아직 도착을 안 했어요.
This is a receipt for the parcel from Korea, but it hasn't arrived yet.

1 편지를 한국의 서울로 보내고 싶은데요.

I ▨▨▨▨▨ to ▨▨▨▨▨▨▨▨▨▨▨▨▨▨▨ ▨▨▨▨▨ ▨▨▨▨▨ Seoul, Korea.

2 제가 이걸 재볼게요.

Let me ▨▨▨▨▨▨▨ it.

3 보통우편으로 하시겠어요?

▨▨▨▨▨ ▨▨▨▨▨▨ be ▨▨▨▨▨▨▨▨▨ mail?

4 등기우편으로 보내고 싶습니다.

I'd like to send it ▨▨▨▨▨ ▨▨▨▨▨▨▨ ▨▨▨▨▨.

5 크기와 무게에 제한이 있습니다.

There is a ▨▨▨▨▨▨ ▨▨▨▨▨▨▨▨▨ ▨▨▨▨▨▨ .

6 한국에 도착하는 데 얼마나 걸리죠?

▨▨▨▨▨ ▨▨▨▨▨▨ does it ▨▨▨▨▨ ▨▨▨▨▨ Korea?

7 소포를 찾으려고 하는데요.

I'd like to ▨▨▨▨▨▨▨ ▨▨▨▨▨ a parcel.

8 우편물 추적 번호 알고 계세요?

Do you know the ▨▨▨▨▨▨▨ ▨▨▨▨▨ ?

일상생활

24 은행 업무 보기

How would you like your money?

돈을 어떻게 드릴까요?

 사진으로 만나는 미국

요즘은 한국에서도 마찬가지지만, 미국에서는 오래 전부터 현금을 많이 갖고 다니지 않습니다. 미국에선 현금^{cash}을 50 달러 이상 가지고 다니는 사람이 별로 없습니다. 현금이 없더라도 신용카드^{credit card}나 개인 수표^{personal check}만 있으면 거의 모든 지불이 가능하기 때문이죠. 특히 개인 수표는 계좌만 개설해 놓으면 거의 현금과 같이 쓸 수 있어서, 이것이 없이는 경제생활이 불편할 정도입니다. 미국의 아줌마들은 슈퍼마켓에 가서 식료품을 살 때도, 심지어는 1달러도 안 되는 물건 값을 지불할 때도 개인 수표로 내곤 하니까요.

▲ 수표에 서명을 하면 곧바로 현금처럼 쓰이게 됩니다.

◀ 이 개인 수표는 예전에 집세를 내면서(For rent for Jan. 2001) 발행한 것입니다. 그래서 은행에 아파트 앞으로 지불을 하라(PAY TO THE ORDER OF Yorba Linda Pines Town home)고 써넣은 거죠. 금액은 1,500달러였고요. 센트(cent) 단위로 지불할 경우에는 XX/100 하는 형식으로 씁니다. 예를 들어 54달러 75센트는 $54 75/100나 fifty four and 75/100 dollars라고 말이죠.

- **DATE** 수표를 발행하는 날짜
- **PAY TO THE ORDER OF** ~에게 지불 (대금을 지불받을 사람(drawee)의 이름이 들어갑니다. 은행에 가서 checking account를 개설하면 위 수표에서 손으로 쓴 곳이 비어 있는 수표책을 줍니다. 돈을 지불해야 할 때, 금액과 돈 받을 사람의 이름을 써넣고 사인을 해서 끊어주면, 수표를 받은 사람은 은행에 수표를 내고, 은행은 발행자의 계좌에서 돈을 빼서 그 사람에게 줍니다. PAY TO ORDER OF는 그러니까 발행자가 은행에게 '~에게 돈을 지불하세요'라고 하는 말이죠.)
- **DOLLARS** 달러 (앞의 공란에는 액수를 안전을 위해 영문으로 적습니다. 혹시 실수로 숫자 금액과 영문 금액이 다를 경우에는 영문 금액을 기준으로 하게 되므로 주의해야 합니다.)
- **For** ~용 (대개 용도를 적는데, 공란으로 두어도 됩니다.)

물론 짧은 여행을 하는 사람이라면 은행에 가서 계좌를 개설할 필요까지는 못 느낄 겁니다. 약간의 현금과 신용카드가 있으면 어지간한 쇼핑은 문제가 안 될 테니까요. 하지만 체류가 좀 길어진다면 은행에 개인 수표 계좌^{checking account}를 개설하거나 현금 카드^{ATM card}를 만들어 쓰는 것이 편리합니다. 절차가 복잡할 텐데 어떻게 설명하나 걱정하지 말고, 은행에 가서 I'd like to open an account.(계좌를 개설하고 싶은데요.)라고 입을 떼면 됩니다.

▲◀ 이 전표들은 모두 Bank of America의 양식으로, 위쪽은 예금 계좌(savings account)에서 출금(withdrawal)을 신청할 때 쓰는 양식이고, 아래쪽은 개인 수표 발행을 위해 계설한 계좌(checking account)에 입금(deposit)을 할 때 쓰는 양식입니다.

- **Savings Withdrawal** 예금 계좌 출금 (savings는 '저축', '저금'이라는 뜻이 있는데, 이때는 항상 복수로 씁니다. withdrawal은 '출금')
- **NOT NEGOTIABLE** 양도 불가 (이 증서 자체를 수표처럼 유통할 수 없다는 뜻입니다. negotiable은 '양도할 수 있는')
- **ACCOUNT NUMBER** 계좌 번호
- **RECEIVED FROM BANK OF AMERICA** Bank of America로부터 (아래의 금액을) 받았습니다
- **PLEASE SIGN IN TELLER'S PRESENCE FOR CASH RECEIVED.** 현금을 받을 때 은행 출납원이 보는 앞에서 서명해 주세요.
- **NAME (PLEASE PRINT)** 이름을 또박또박, 인쇄체로 써 달라는 것. (서명(signature)하는 란이 아닙니다.)

- **Checking Deposit** 개인 수표 예금 (deposit은 '예금', '입금')
- **CURRENCY** 지폐 입금액 (사전적 의미는 '통화, 지폐, 유통')
- **COIN** 동전 입금액
- **CHECKS** 수표 입금액
- **TOTAL OF CHECKS LISTED ON REVERSE** 뒷면에 적은 수표의 총액
- **SUBTOTAL** 이상의 4가지 항목을 더한 액수
- **LESS CASH RECEIVED** 빼기 현금 받은 액수 (수표를 입금하면서, 현금으로 일부 출금할 경우, 그 액수)
- **TOTAL DEPOSIT** 총 입금액 (입금 총액을 써넣습니다.)

① 계좌를 개설하려고 하는데요.

I'd like to open an account.

계좌를 '개설한다'고 할 때 쓰는 동사는 open입니다. account는 '거래 계좌'란 뜻이죠. 우리 식으로 하면 통장을 만드는 개념이죠. 하지만 미국엔 통장이 없습니다.

② 이 신청서 좀 작성해 **주시겠어요?**

Would you fill out this application, please?

은행에서 계좌를 개설하려고 할 때 신청서를 작성해달라는 말을 듣게 됩니다. 은행뿐만 아니라, 호텔, 도서관 등 어떤 시설을 이용하려고 할 때 꼭 듣는 말이기도 하죠. fill out은 양식에 '채워넣는다'는 뜻이고 application은 '신청서'죠.

③ 2주 후에 우편으로 받으실 겁니다.

You will receive them in two weeks by mail.

현재를 기준으로 얼마의 시간 '후에'라고 말할 때는 전치사 in을 씁니다. 따라서 '2주 후에'는 in two weeks가 되죠. 또 '우편으로'는 by mail이라고 하고요. 그래서 〈receive ~ in + 기간 + by mail〉은 '~을 …후에 우편으로 받다'는 의미입니다.

④ 그 계좌로 개인 수표와 ATM 카드를 사용할 수 있나요?

Can I use personal checks and an ATM card with it?

ATM은 Automated Teller Machine의 약자로 '자동 입출금기'를 말합니다. ATM card는 ATM에서 계좌 입출금을 하거나, 가맹점에서 지불할 때 쓸 수 있는 카드로, 수표처럼 쓴다고 해서 check card, 예금에서 바로 차감된다고 해서 debit card라고도 부르죠. 여기서 it은 the account를 가리킵니다.

❺ 이 1,500달러 수표를 제 계좌에 입금할 **겁니다.**

I'd like to put this $1,500 check into my account.

put ~ into the account는 직역하면 '~를 계좌에 넣는다'이죠. 결국 '입금하다', 즉 deposit과 같은 의미입니다.

❻ 지금부터 입출금을 하실 수 있습니다.

From now on, you can deposit and withdraw.

deposit은 '예금하다'죠. 하지만 미국인들은 make a deposit이라는 표현을 더 좋아합니다. withdraw는 '빼다', '인출하다'란 뜻입니다. from now on은 '지금부터'란 뜻으로 as for now라고도 씁니다.

❼ 이 여행자 수표 200달러를 현금으로 바꾸고 **싶은데요.**

I'd like to cash this 200 dollars of traveler's checks.

여기서 cash는 '현금으로 바꾸다'란 동사입니다. traveler's check은 말 그대로 '여행자 수표'죠. 물론 exchange this check for cash라고도 할 수 있지만, 위의 표현이 더 깔끔하고 미국스럽습니다. cash 대신에 clear라는 말도 씁니다.

❽ 돈을 어떻게 드릴까요?

How would you like your money?

'돈을 얼마나 좋아하십니까?'가 아닙니다. '돈을 어떻게 해드릴까요?'죠. 즉, 이 말은 돈을 찾거나 잔돈을 바꿀 때 '얼마짜리로 드릴까요?'라는 의미입니다. 지폐도 동전도 여러 종류가 있으니까요.

① 계좌 개설하기 (1)　　　　　🎧 24-1.mp3

때는 1년 전, 파견 근무 차 미국에 갓 왔을 무렵의 민준 씨. 장기간의 미국 생활을 편하게 하려면 무엇보다도 빨리 계좌를 터서 개인 수표(personal check)도 발행하고 현금 카드(ATM card)도 만들어야겠다고 생각한다.

창구 직원 이쪽에서 모셔도 될까요?	Teller	[1]**Can I serve you here?**
민준 계좌를 개설하고 싶은데요.	Minjun	I'd like to open an account.
창구 직원 개인 수표 발행 계좌로 하시겠어요, 저축 예금 계좌로 하시겠어요?	Teller	Do you want [2]**checking account or savings account?**
민준 수표 발행 계좌요. 그걸로 개인 수표와 ATM 카드를 사용할 수 있나요?	Minjun	The checking account. Can I use personal checks and an ATM card with it?
창구 직원 맞습니다. 이 신청서 좀 작성해 주시겠어요? 그리고 사진이 있는 신분증을 좀 보여 주시겠어요?	Teller	Exactly. Would you fill out this application, please? And can I see your photo ID, please?
민준 여기 제 여권 있습니다.	Minjun	Here is my passport.

1 창구가 비어 다음 손님을 부를 때. Next!하고 부르는 경우도 있지만 그리 예의 바른 표현은 아니죠. 친절한 은행원 같으면 Can I serve you here?라고 합니다. 직역하면 '제가 여기서 당신을 모셔도 될까요?'죠. 비슷하게 쓰는 표현으로 I can help you down here.가 있습니다.

2 checking account는 개인 수표(personal check)를 발행할 수 있는 계좌입니다. 이 계좌를 개설하면 은행에서 수표책을 줍니다. 대금을 현금 대신 그 수표에 사인해서 지불하면 수표를 받은 사람이 은행에 가서 돈을 요구하고, 은행에서는 이 계좌에서 돈을 빼주죠. savings account는 수시로 입출금이 가능하지만 수표 발행은 안 되는 저축 예금 계좌입니다.

 잠깐만요!　　**통통 튀는 수표(bounced check)가 25달러라고요?**

일반 상점에 가면 종종 출납원(cashier)의 책상에 We charge $25 for each bounced check.이라고 씌어 있는 걸 보게 됩니다. 그런데 bounced check이 뭘까요?

만약 어떤 사람이 checking account에 남아 있는 돈보다 많은 액수의 수표를 발행하면, 수표로 대금 지불을 받은 사람이 은행에 결제를 요구해도 은행이 결제를 거부합니다. 이렇게 하여 반송된 수표를 bounced check이라고 하지요. 간단히 말해 부도 수표입니다. rubber check 혹은 NSF(Non Sufficient Fund) check이라고도 부르죠. 따라서 출납원 책상의 그 말은 '수표가 반송되면 수표 한 장당 25불씩 청구합니다.'란 뜻이죠. 대개 수표에 적혀 있는 발행인에게 연락해서 청구합니다.

계속해서 1년 전, 은행에서 계좌를 개설하는 민준 씨. 은행 창구 직원이 처음에 얼마를 입금할 것인지를 묻고 계좌를 개설해 주는데… 이렇게 해서 미국 은행의 계좌를 갖게 된 민준 씨다.

창구 직원 오늘은 얼마나 예금 하실 건가요?

민준 이 1,500달러 수표로 입금하려고 하는데요.

창구 직원 뒷면에 이서해 주시겠어요?

민준 예. 여기 있어요.

창구 직원 좋습니다. 잠시 기다려 주세요. 여기 고객님의 계좌번호입니다. 지금부터 입출금을 하실 수 있으세요.

민준 수표와 현금 카드는 어떻게 되나요?

창구 직원 2주 후에 우편으로 받으실 겁니다.

민준 예. 감사합니다.

Teller	[1]**How much** do you want to make for a deposit today?
Minjun	I'd like to put this $1,500 check into my account.
Teller	Could you [2]**endorse it on the back**?
Minjun	Yes, here you go.
Teller	OK. [3]**I'll be back in a moment.** Here is your [4]**account number**. From now on, you can deposit and withdraw.
Minjun	How about the checks and the ATM card?
Teller	You will receive them in two weeks by mail.
Minjun	OK. Thank you.

1 How much ~?는 '얼마나 많이'라고 양을 묻는 표현입니다.

2 endorse는 '이서하다'란 뜻입니다. indorse라고 쓰기도 하죠. back은 '뒷면'입니다.

3 '전 잠시 후에 돌아와 있을 거예요.'란 말은 '잠깐만 기다려 주세요.'란 뜻이죠. 비슷한 표현으로 It'll be just few minutes.나 Hold on a second, please.도 있습니다.

4 account number는 '계좌번호'입니다. 미국에서는 통장(bankbook) 대신 거래 명세표(transaction summary)를 씁니다.

⏱ **잠깐만요!** **미국엔 통장이 없다구요?**

우리나라의 은행에서는 계좌별로 통장(bankbook)을 발행하는데, 미국에서는 그런 통장을 사용하지 않습니다. 경우에 따라서는 거래할 때 입금 전표(deposit slip)나 출금 전표(withdrawal slip), 그리고 거래 내역을 기록할 메모지 비슷한 걸 주긴 하지만, 그나마도 별 필요가 없습니다. 웬만한 금액을 찾을 때는 곳곳에 있는 ATM을 이용하고, 큰돈을 쓸 때는 수표를 끊으니까 은행에 굳이 입출금을 위해 갈 필요가 없거든요. 은행에 간다 해도 전표와 ATM 카드만 있으면 출금이 가능합니다. 게다가 매번 입출금 거래가 있을 때마다 거래 명세서(transaction summary)가 나오고, 한 달에 한 번은 은행에서 입출력 내역과 잔고가 적혀 있는 통지서(statement of account)를 보내주니까 이래저래 통장이 필요 없죠.

몇 달간의 미국 생활을 편하게 하기 위해 잠시라도 은행계좌를 튼 송이씨. 아직 현금 카드를 발급받지 못해서 은행에 직접 들러 200달러를 찾는다.

Song-e	I'd like to withdraw $200.
Teller	[1]**Can you run your bank card on that machine?**
Song-e	I'm visiting this country now. And I haven't received my card yet.
Teller	I see. Then [2]**let me see your photo ID**, please.
Song-e	Here you are.
Teller	OK. How would you like your money?
Song-e	[3]**12 quarters, 5 ones, 5 tens and 7 twenties, please.**
Teller	Here is your money and transaction summary. Thank you.

송이 200달러를 출금하려고 하는데요.

창구 직원 은행 카드를 그 기계에 넣고 그어주세요.

송이 전 지금 이 나라를 방문 중입니다. 은행 카드는 아직 못 받았어요.

창구 직원 알겠습니다. 그럼 사진이 있는 신분증을 보여 주십시오.

송이 여기 있습니다.

창구 직원 좋습니다. 돈은 어떻게 드릴까요?

송이 25센트짜리 12개, 1달러짜리 5개, 10달러짜리 5개, 20달러짜리 7개로 주세요.

창구 직원 여기 돈과 거래 명세서가 있습니다. 감사합니다.

1　전표와 ATM 카드로 은행 창구에서 출금을 할 때는 teller 앞에 있는 카드 인식기에 카드를 넣고 위아래나 좌우로 그어야 하는데, 이것을 run이라고 합니다.

2　let me see ~는 '내가 ~를 보게 해달라'는 말로 Can you show me ~? 혹은 May I see ~?와 같은 표현입니다.

3　여기서 ones, tens, twenties 등으로 복수를 쓴 건 원래 one dollar bills, ten dollar bills, twenty dollar bills를 줄여 쓴 말이기 때문이죠. 이 경우 10 dollars가 아니라 10 dollar인 것은 '10 달러짜리의'란 뜻으로 bill을 꾸며주는 형용사처럼 쓰이기 때문입니다. 우리말로는 '1달러짜리 5장'이라고 하지만, 영어에서는 '5개의 1달러짜리 지폐' 식으로 말한다는 사실, 기억해 두세요.

🎧 24-4.mp3

오늘은 한국에서 올 때 가져온 여행자 수표 200달러를 현금으로 바꾸려 하는 송이씨. 일반 수표와는 달리 여행자 수표처럼 보증된 수표는 바로 현장에서 현금으로 바꿔준다고…

Song-e	I'd like to ¹**cash** this 200 dollars of ¹**traveler's checks**.
Teller	Picture ID, please?
Song-e	I have an ²**international driver's license** here.
Teller	Super. Can I get your signature here, please?
Song-e	Sure.
Teller	How would you like your money?
Song-e	8 twenty dollar bills, 3 ten dollar bills and ³**the rest in singles**.

송이 여행자 수표 200달러를 현금으로 바꾸려고요.

창구 직원 사진이 있는 신분증을 보여 주십시오.

송이 국제 운전 면허증 여기 있습니다.

창구 직원 좋습니다. 여기에 서명해 주세요.

송이 알겠습니다.

창구 직원 돈을 어떻게 드릴까요?

송이 20달러짜리 8장. 10달러짜리 3장. 나머지는 1달러짜리로 주십시오.

1 traveler's check은 '여행자 수표'입니다. 여기서 cash는 '현금으로 바꾸다'라는 동사죠.

2 international driver's license는 '국제 운전 면허증'입니다. 여권을 대신한 신분증으로도 쓸 수 있기 때문에 반드시 갖고 다니는 게 좋죠.

3 the rest in singles는 '나머지는 1달러짜리로'란 의미죠. single은 여기서는 '1달러짜리'라는 뜻으로 썼습니다. 1달러짜리가 10개이기 때문에 singles라고 복수로 썼죠.

잠깐만요! **미국의 은행! 이것이 궁금하다!**

❶ 미국 은행은 왜 이렇게 썰렁하지?

미국의 은행은 우리나라의 은행에 비해 드나드는 사람이 적어 아주 한산합니다. 미국에서는 은행원들의 손이 가는 모든 서비스에 돈이 들어갑니다. 우리나라 같으면 당연히 무료인 계좌 개설이나 입출금 등의 기본적인 업무에 수수료가 붙는 것은 물론이고, 심지어는 개설해놓은 계좌를 유지하는 데도 서비스료(service fee)를 받습니다. 물론 일정액 이상의 산고를 유지하면 면제되는 경우도 있지만요. 또 통장(bankbook)이 따로 없어서 한 달에 한 번씩 계좌에 대한 내역서(statement of account)를 발송해 주는데, 이 거래 내역서 역시 급한 사정으로 미리 은행에 가서 신청하게 되면 수수료가 붙습니다. 때문에 은행을 가지 않아도 인터넷 뱅킹을 이용하거나, 곳곳에 있는 ATM으로 24시간 내내 입출금, 거래 내역 조회 등은 물론 각종 요금의 지불 업무까지 다 볼 수 있는데 굳이 은행까지 가서 업무를 볼 이유가 없는 거죠. 또한 창구에서는 입출금에 관련된 업무만 보고, 계좌 개설을 비롯한 모든 다른 업무는 창구 안의 담당 직원 자리에서 일대일로 마주 앉아 처리합니다. 그러니 은행 창구(window)가 여러 개여도, 어떤 때는 한두 창구의 직원(teller)만 손님을 상대하고 있기도 합니다.

◀ 이 기계는 미국의 은행뿐 아니라 도시 곳곳에서도 흔히 볼 수 있는 ATM입니다. ATM을 이용하려면 Press your PIN number here.(비밀번호를 눌러 주세요.)의 의미는 알고 있어야 합니다. PIN은 Personal Identification Number의 약자로 개인 증명 번호, 즉 '비밀번호'를 말하죠. 가끔 카드가 들어가서 안 나오는 경우가 있는데, 그럴 때는 기기 옆에 있는 직통 전화를 들고 이렇게 말하세요.

The ATM ate my card. ATM이 제 카드를 먹어 버렸어요.
My ATM card got stuck inside the machine. 제 현금 카드가 기계 안에 끼어버렸어요.

❷ 미국 은행에서는 신용도를 어떻게 평가할까?

미국에서 신용(credit)은 귀중한 재산이나 다름없습니다. 은행에서 돈을 빌리거나 집을 구하거나 신용카드를 발급받는 등의 많은 거래에서 '신용도'를 기준으로 하기 때문이죠. 신용도는 그동안의 신용 거래 실적. 그러니까 집세는 제때 냈는지, 개인 수표를 부도낸 적은 없는지, 할부금은 제대로 냈는지 등의 정보로 평가합니다. 각 개인들의 이런 정보를 모아 평가하는 신용 평가 회사들에서는 평가 자료를 개인의 사회보장번호별로 기록하여 금융 기관이나 소매점 등에 제공합니다. 따라서 금융 기관에서는 그 번호 하나만으로 즉각 그 사람의 예금 계좌 내역이며 신용도 등을 확인할 수 있는 거죠. 따라서 미국에 온 지 얼마 안 되는 이민자나 유학생들은 신용 기록이 쌓일 때까지 여러 가지 거래에서 불이익을 감수할 수밖에 없습니다.

❶ 계좌를 개설하려고 하는데요.

I'd like to   .

---

❷ 이 신청서 좀 작성해 주시겠어요?

Would you   this

                    , please?

---

❸ 2주 후에 우편으로 받으실 겁니다.

You will   them

                                        .

---

❹ 그 계좌로 개인 수표와 ATM 카드를 사용할 수 있나요?

Can I   and

an ATM card   it?

---

❺ 이 1,500달러 수표를 제 계좌에 입금할 겁니다.

I'd like to   this

                                    .

---

❻ 지금부터 입출금을 하실 수 있습니다.

From now on, you can

                    .

---

❼ 이 여행자 수표 200달러를 현금으로 바꾸고 싶은데요.

I'd like to   this

                                    .

---

❽ 돈을 어떻게 드릴까요?

                    your money?

287

25 약국 가기

Can I get something for a cold?

감기약 좀 주실래요?

강의 및 예문듣기

사진으로 만나는 미국

미국은 병원비가 정말 비싸기 때문에 웬만큼 아프지 않고선 약국을 우선적으로 이용하게 됩니다. 미국에서는 보통 의사의 처방전^{prescription}이 있어야만 약을 살 수 있는데 약사의 조언을 받아 처방전 없이도 구입할 수 있는 over-the-counter drug도 있습니다. 뿐만 아니라 진통제^{pain killer}나 소화제^{digestive}, 1회용 반창고^{bandage} 같은 간단한 약은 근처의 대형 슈퍼마켓이나 편의점의 drug 코너에서도 구할 수 있죠. 약효가 좀 약한 대신 누구나 구입할 수 있는 이런 약들은 감기약, 두통약 등 의외로 종류가 많습니다. 때에 따라서는 대형 소매점이 약품 회사와 협약을 맺어 만들기 때문에 소매점의 이름으로 광고도 많이 나옵니다.

▲ 대형 몰(mall)의 약 조제 코너.

우리나라에 후시딘, 대일밴드, 까스활명수가 있듯이, 미국에도 어떤 약 종류를 대표할 정도로 유명해진 상표들이 있는데요. 예를 들어 1회용 반창고는 Band-Aid란 걸 찾으면 됩니다. 아스피린은 Aspirin을 찾으면 되고요. 또 미국에서 소화제 하면 열 명 중 아홉 명은 Pepto Bismol을 얘기하죠. 진통제로는 Advil이나 Tylenol이 대표적입니다. 또 간단한 상처^{scratches}에는 Mercurochrome으로 소독하

고 First Aid cream이란 연고를 발라주면 되죠. 우리나라에 많이 알려진 낯익은 상표들도 볼 수 있습니다. 예를 들어 진통제 중의 Tylenol이 그렇고, 변비약이라면 Dulcolax라는 완하제^{laxative}가 있죠. 속이 쓰릴 때는 한국에서 먹던 Zantac(잔탁이 아니라 [재닉]이라고 발음하는 편이 구하

기 수월합니다)을 찾으면 되고요.

약국은 drugstore나 pharmacy라고 하는데, drugstore는 약뿐 아니라 각종 일용 잡화도 함께 파는 경우가 많습니다. 뿐만 아니라 사진 인화 서비스를 겸하거나 우편 업무도 취급하는 곳도 있고요. pharmacy는 의사의 처방전대로 약을 '조제해주는 곳'으로, 대개는 따로 분리되어 있죠. 따라서 의사 처방전을 가지고 약을 조제하려는 경우에는 pharmacy인지 확인해 보아야 합니다. 또, 대형 슈퍼마켓 약 코너에서 약은 눈에 잘 안 띄고, 약사도 없다면 점원에게 이렇게 물어보세요. Where can I find Band-Aids? 또는 I have trouble finding Pepto Bismol. 그러면 바로 찾아줄 겁니다.

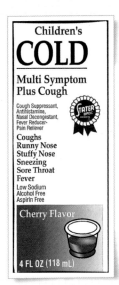

- **Children's COLD** 어린이 감기
- **Multi Symptom Plus Cough** 기침을 수반한 다양한 증상 (multi—는 '다양한'이란 뜻. symptom은 '증상')
- **Coughs** 기침
- **Runny Nose** 콧물이 흐름
- **Stuffy Nose** 코 막힘 (stuffy는 '막힌')
- **Sneezing** 재채기 (재채기 소리는 ahchoo)
- **Sore Throat** 목이 아픔 (sore는 '아픈', '쓰린', throat은 '목구멍')
- **Fever** 열
- **Cherry Flavor** 체리 맛 (flavor는 '맛', '풍미')

◀ 유명 수퍼마켓 Stater Bros의 pharmacy 코너에서 파는 어린이 감기약 상자입니다. pharmacy의 약 중에는 제약 회사의 상표가 붙은 brand medication이 있고, 이처럼 대형 유통 회사에서 감기약 제조사에 요청하여 상점 상표(store brand)를 찍어 파는 generic medication이 있습니다. 아무래도 generic medication 쪽이 가격이 좀 더 싸죠.

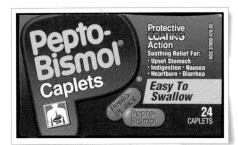

- **caplet** 정제 (capsule과 tablet의 합성어. 캡슐 모양의 알약)
- **Protective Coating Action** 보호막 작용 (위벽을 보호하는 막을 만들어준다는 말. protective는 '보호하는', coating은 '칠', '입히는 것')
- **Soothing Relief For** ~를 완화 경감시킴 (soothing은 '누그러뜨리는', relief는 '경감')
- **Upset Stomach** 체함 (upset은 '뒤집힌', stomach는 '위장')
- **Indigestion** 소화 불량 (digestion은 '소화')
- **Nausea** 구역질
- **Heartburn** 가슴앓이. (소화 불량으로 느끼는 상복부 통증)
- **Diarrhea** 설사
- **Easy To Swallow** 삼키기 쉽다. (swallow는 '삼키다')

▲ 소화제의 대명사로 불리는 '펩토 비즈몰'이란 약의 상자입니다.

①

감기약 좀 주세요.

Can I get some medicine for a cold?

미국에서도 간단한 약은 처방전 없이 살 수 있습니다. some medicine for는 '~를 위한 약'을 말하죠. 뒤에는 보통 증상(symptom)이 나옵니다. 사실 일상 회화에서 미국 사람들은 '약'이란 말 대신 something을 더 즐겨 씁니다. something for ~처럼 말이죠. 이 표현은 〈something to stop/fix + 증상〉으로 쓰기도 합니다.

②

그게 금방 효과가 있을까요?

Will it work instantly?

이때 work는 '영향을 미치다', '효과가 있다'란 뜻으로 쓰였습니다. '~에게 효과가 있다'라고 할 때는 work on ~을 씁니다. instantly는 '즉시'란 뜻이죠.

③

여기 적힌 지시 사항을 따르셔야 합니다.

You should follow the directions written here.

follow는 '따라가다', '(뜻을) 따르다' 등의 의미가 있습니다. directions는 '지침'이란 의미로 문어에서는 instructions라고도 많이 쓰죠. 여기서는 약 상자에 쓰인 복용 지침들을 가리킵니다. 어떻게 하라고 부드럽게 권고할 때는 You should ~(~하세요, ~하셔야 합니다)로 말을 시작하죠.

④

이 처방전대로 약을 지어 주시겠습니까?

Could you fill this prescription, please?

fill the prescription은 '처방전대로 약을 조제한다'는 말입니다. prescription은 병원에서 써주는 '처방전'도 되지만, 처방전대로 만든 '처방약'을 가리키기도 하죠. fill은 여기서 '(처방약을) 조제하다'의 뜻입니다.

⑤ 이 약을 얼마나 자주 먹어야 하나요?

How often do I take this?

약을 받으면 얼마나 자주 먹어야 하는지 물어봐야겠죠? '얼마나 자주'는 How often을 쓰면 되고, 약을 '먹다', '복용하다'는 동사 take를 써서 How often do I take this?라고 물어보세요.

⑥ 식후, 하루에 세 번 세알씩 복용하세요.

Take three pills after each meal, three times a day.

'약을 먹는다'고 할 때는 eat이나 have를 쓰지 않습니다. 꼭 take를 쓰죠. take에 '취하다'란 의미가 있기 때문이죠. 마시는 약인 경우에도 drink가 아니라 take를 씁니다. '약을 바르다'라고 할 때는 apply 또는 put on을 씁니다. 그래서 '이 상처에 뭘 발라야 하죠?'라고 물어보고 싶으면 What should I put on this scratch?라고 하면 됩니다.

⑦ 부작용은 없습니까?

Are there any side effects?

약을 사면서 혹시 생각지 못한 부작용이 있을까 걱정된다면 이 표현을 알아두세요. side effect는 '부가되는 효과', 즉 '부작용'이죠. 나쁜 반응(negative side effect)뿐 아니라 좋은 효과(positive side effect)까지도 포함합니다.

⑧ 아마 약간 졸릴 수도 있을 겁니다.

It may make you a bit sleepy.

감기약이나 진통제의 side effects에 대해서 물어보면 대개는 약간 졸릴 수도 있다고 말해주죠. 이때 듣는 말이 It may make you a bit sleepy.입니다. 이때 sleepy는 '졸리는'이란 의미로 drowsy로도 많이 씁니다.

① 감기약 구입하기　　🎧 25-1.mp3

몸이 으슬으슬한게 감기 기운이 있는 송이씨. 감기약 정도는 처방전 없이 살 수 있다는 언니의 말에 송이씨는 약국으로 향한다.

Pharmacist	What can I do for you?
Song-e	[1]**I'm afraid I'm coming down with a cold.** [2]**Can I get some medicine for a cold?**
Pharmacist	Do you have a [3]**severe** cough?
Song-e	No, I don't have a cough. But [4]**I feel chilly and have a runny nose.** Is there anything you recommend?
Pharmacist	Try some of these. This is good for your [5]**symptoms.**
Song-e	Will it work instantly?
Pharmacist	I think so. It has [6]**prescription strength.** You should follow the directions written here.
Song-e	Oh, I see.

약사 뭘 도와드릴까요?

송이 아무래도 감기 기운이 있는 것 같아요. 감기약 좀 주세요.

약사 기침을 심하게 하나요?

송이 아뇨, 기침은 하지 않아요. 으슬으슬 춥고, 콧물이 계속 나요. 뭐 추천해주실 거 있어요?

약사 이걸 복용해 보세요. 이게 그런 증상에 잘 들어요.

송이 금방 효과가 있을까요?

약사 그럴 거예요. 그건 조제약만큼의 강도를 가지고 있거든요. 여기에 적힌 지시들을 잘 따르셔야 합니다.

송이 아, 알았어요.

1 come down with ~는 '(병에) 걸리다'란 뜻입니다. 우리말로 '~ 기운이 있다'는 건 이처럼 현재 진행형으로 표현하거나 I think ~를 써서 표현할 수 있죠.

2 Can I get some medicine for a cold? 외에도 Do you have anything for a cold?(감기약 좀 있어요?) What do you have for a cold?(감기약으로 뭐 있죠?) What should I take for a cold?(감기에 뭐 먹어야 해요?) What's good for a cold?(감기에 뭐가 좋아요?)를 쓸 수 있습니다.

3 severe는 '중한', '심한'이란 뜻이죠.

4 chilly는 '냉랭한', '오싹한'입니다. run에 '흐르다'란 뜻이 있어 runny는 '흐르는', runny nose는 '콧물'입니다.

5 symptom은 '증상'이란 뜻이죠.

6 일반적으로 처방전 없이 구입할 수 있는 약(over-the-counter medicine)들은 조제약에 비해 안전하긴 하지만 강도가 떨어집니다. prescription strength란 말은 처방전 없이 구입할 수 있는 약이지만 강도(strength)는 조제된 약(prescription)만큼 강하단 얘기죠.

송이씨에게 감기가 옮은 민준 씨. 괜찮겠거니 하고 방치해뒀다 병을 키우고 말았는데… 병원 진료를 마치고 받아온 처방전을 들고 약국으로 간다.

Minjun	Could you fill this prescription, please?
Pharmacist	OK. ¹**I'll be back in a moment.** Mr. Na! ²**Your prescription is ready.**
Minjun	How often do I take this?
Pharmacist	Take three pills after each meal, ³**three times a day**.
Minjun	Are there any side effects?
Pharmacist	It may make you a bit sleepy. ⁴**Try not to drive** if you can. But it's OK to ⁵**keep taking** it as long as you can.

민준 처방전대로 약 좀 지어 주실래요?

약사 알겠습니다. 잠시 기다리세요. 나 선생님? 처방약이 다 되었습니다.

민준 이 약을 얼마나 자주 먹어야 하나요?

약사 식후, 하루에 세 번 세 알씩 드세요.

민준 부작용은 없습니까?

약사 아마 약간 졸릴 수도 있을 겁니다. 가능하면 운전을 하지 않는 게 좋아요. 하지만 가능한 한 (약을) 계속 복용하는 건 괜찮아요.

1 I'll be back in a moment.는 '곧 돌아올게요.' 즉 '잠시만 기다리세요.'라는 표현이죠. Please hold on while I fill (the prescription).로도 말할 수 있습니다.
   대개는 여기서처럼 조금만 기다리면 약을 받을 수 있지만, 처방이 밀려 있으면 잠시 후에 오라고 얘기하기도 합니다. 또 drive through pharmacy라는 것도 있어서, 패스트푸드점에서 하듯이 차에 탄 채로 창구에 처방전을 내밀고 출구 쪽에서 약을 받는 곳도 있습니다.

2 Your prescription is ready.는 '처방전이 준비되었다.'고 생각하기 쉬운데, '처방약이 다 만들어졌다.'는 뜻으로 약사들이 약의 조제를 끝냈을 때 쓰는 표현입니다.

3 three times a day는 '하루에 세 번'. 1주일에 두 번은 twice a week, 2주일에 한 번은 once every two weeks와 같이 표현합니다.

5 〈try to + 동사원형〉은 '~하려고 노력하다'입니다. 따라서 〈try not to + 동사원형〉은 '~하지 않도록 노력하다'란 의미이죠.

6 keep -ing는 '계속해서 ~하다'란 의미입니다.

293

약국이나 병원에 가면 어디가 아프다고 자신의 증상을 정확하게 설명하는 것이 제대로 된 처방을 받는 데 무엇보다도 중요합니다. 영어에서는 '어디어디가 아파요'를 말할 때 주로 동사 have를 써서 '난 어디어디에 아픔을 가지고 있어요' 또는 '난 무슨무슨 병을 가진 신체 부위를 갖고 있어요'라는 식으로 표현합니다. 구체적으로 어떤 식의 표현들이 있는지 다음의 표현들을 한번 볼까요?

- **난 ~에 아픔을 가지고 있어요**

  I have a pain in my ankle. 발목이 아파요. (난 발목에 통증을 갖고 있어요.)

  I have a pain all over. 몸살이에요. (난 온몸에 통증을 갖고 있어요.)

  → 조금 아플 때는 slight pain, 심할 때는 severe pain, '쪼개질 듯이 아프다'는 splitting pain, '찌르는 듯이 아프다'는 stabbing pain 으로 표현합니다.

- **난 ~를 갖고 있어요**

  I have a cold in the nose/throat/head. 난 코감기/목감기/두통 감기야.

  I have a slight fever. 열이 좀 있어요. (난 약간의 열을 갖고 있어요.)

  I have a cough. 기침을 해요.

  I have a stomachache/headache. 복통/두통이 있어요.

  I have bug bites. 벌레에 물렸어요. (벌레 물린 자리를 갖고 있어요.)

- **난 ~한 신체 부위를 갖고 있어요**

  I have a sore throat. 목이 아파요. (난 아픈 목을 갖고 있어요.)

  I have a runny nose. 콧물이 계속 나와요. (난 콧물이 흐르는 코를 갖고 있어요.)

  I've got a blocked nose. = **I have** a stuffy nose. 코가 막혔어요. (난 막힌 코를 갖고 있어요.)

  * have got은 have의 구어체 표현

  I have an upset stomach. 속이 안 좋아요. (난 뒤집어진 위를 갖고 있어요.)

  I have a stiff shoulder. 어깨가 뻐근해요. (난 뻣뻣한 어깨를 갖고 있어요.)

- **feel을 쓰는 경우**

  I feel chilly. 으슬으슬 추워요.

  I feel dizzy. 현기증이 나요.

  I feel sick. = **I don't feel** well. 몸이 좀 안 좋아요.

① 감기약 좀 주세요.

Can I get some   ?

② 그게 금방 효과가 있을까요?

                 it   ?

③ 여기 적힌 지시 사항을 따르셔야 합니다.

You should   the   written here.

④ 이 처방전대로 약을 지어 주시겠습니까?

Could you   this   , please?

⑤ 이 약을 얼마나 자주 먹어야 하나요?

                           do I   this?

⑥ 식후, 하루에 세 번 세알씩 복용하세요.

                     three pills   each

                           ,

                           .

⑦ 부작용은 없습니까?

Are there any   ?

⑧ 아마 약간 졸릴 수도 있을 겁니다.

It may   a bit

.

| 정답 |
① medicine, for, a, cold
② Will, work, instantly
③ follow, directions
④ fill, prescription
⑤ How, often, take
⑥ Take, after, meal,
   three, times, a, day
⑦ side, effects
⑧ make, you, sleepy

26 병원 가기

I have a stabbing pain in my ankle.

발목이 찌르듯이 아파요.

강의 및 예문듣기

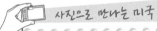 사진으로 만나는 미국

❶ 미국에서 병원 이용하기

미국의 가정은 대개 가정의를 정해두지만 막 이사를 왔다거나 여행 중이라 주치의가 없는 상황에서 병원에 가야 할 일이 생기면 난감하죠. 그럴 땐 주변의 사람에게 소개를 부탁하거나 전화번호를 찾아보면 됩니다. 전화번호부에

는 의사들의 연락처뿐 아니라 의사들을 소개해주는 Physicians Referral 업체의 광고까지도 나와 있거든요. 예약을 할 여유가 없다면 emergency, urgent care나 walk-in, 또는 patient welcome without appointments란 말이 나와 있는 병원이 있는지 보세요. 대개 그런 곳은 '응급 치료'를 하는 곳으로, 사전 예약을 하지 않고도 진료를 받을 수 있습니다.

일단 병원에 들어가면 일반적으로 접수대에서 어디가 안 좋은지, 의료 보험 카드 medical insurance card는 있는지 등을 확인하고, 대기실에서 기다리게 합니다. 잠시 기다리면 이번엔 간호사가 나와 진찰 전 확인을 위해 병력이나 알레르기 등을 묻습니다. 그런 다음 차례가 되면 의사를 만날 수 있죠. 이때를 위해 최소한 어디가 어떻게 아픈지 설명할 표현은 확실히 알고 가야 하죠.

- **family physicians** 가정의 (보통은 집집마다 이런 가정의가 있어, 아플 때는 일단 가정의를 찾아가 진찰을 받습니다. 그런 다음 필요하면 전문 병원을 추천하게 되죠.)
- **routine office hours** 일상 근무 시간 (routine은 '일상', office는 '직무', '관청')
- **suite** 방 (호수를 말할 때 씁니다.)
- **M.D.** Medical Doctor (그냥 doctor라고 하면 의사뿐만 아니라 박사를 가리키기도 하니까, MD라는 말을 써서 의사임을 나타냅니다.)

◀ Yorba Linda 지역에 있는 한 Medical Group의 안내판입니다. 이곳엔 여러 가정의들이 소속되어 있습니다. 일반적으로 이렇게 한 건물에 여러 의사들이 사무실을 두고 있는 경우가 많죠. 이런 건물을 medical building이라고 부르기도 하고요.
안내판에는 일상적인 진료 시간(Routine Office Hours)과 가정의들의 이름이 나와 있고, 월요일부터 금요일까지 오전 8시 30분부터 오후 5시까지 근무를 하고, 토요일과 일요일 그리고 저녁에는 203호실로 연락하도록 되어 있네요.

referral 참고, '참조하다'란 뜻의 refer에서 나온 명사 (보통 가정의가 진찰 후 환자 등을 다른 병원으로 보내는 것도 referral이라고 합니다.)
· free community service 무료 공동체 서비스

◀ 전화번호부(Yellow Page)에 나와 있는, 의사 추천 서비스를 하는 업체의 광고입니다. 미국의 전화번호부에는 이처럼 병원뿐 아니라, 병원이나 의사를 추천해주는 업체도 소개되어 있습니다.

❷ 미국의 의료비와 의료 보험

미국은 치료비가 상상을 초월할 정도로 비쌉니다. 병원에 한 번 갔다 하면 100달러 이상은 쉽게 청구될 정도죠. 따라서 의료 보험 없이 병원 문턱을 들어서려면 상당한 비용을 감수해야 합니다. 의료 보험료 또한 만만치가 않습니다. 물론 직장인의 경우는 고용주가 일정 부분을 덜어주기 때문에 부담이 좀 덜하지만, 그렇지 않은 사람들은 의료 보험에 가입해도 비싼 의료비를 내야 하죠. 게다가 의료 보험에 가입했다고 해서 모든 의료 서비스에 혜택이 있는 것도 아닙니다. 물론 모든 의료 서비스를 포함하는 보험이 없는 건 아니지만 보험료가 엄청나게 비쌉니다. 이런 이유 때문에 미국에는 의료 보험에 가입하지 않는 사람의 비율도 상당히 높은 것으로 알려져 있습니다. 빈민층을 위한 연방 정부의 무료 진료free care 서비스가 있기는 하지만, 그 대상이 일부 극빈층으로 한정되어 있어 혜택을 받는 사람은 별로 많지 않죠. 그래서 많은 사람들은 쉽게 병원에 가지 못하고, 가능하면 약으로 해결하려고 합니다.

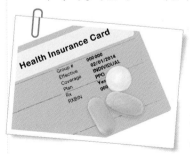

반면 인접 국가인 캐나다의 경우에는 많이 다릅니다. 주 정부가 의료 보험 조합을 관할하는 캐나다에서는 상대적으로 저렴한 보험료만 내면 높은 질의 의료 서비스를 받을 수 있습니다. 특히 저소득층은 납부한 보험료를 매년 세금 보고 후에 되돌려 받고요. 또 여행자들을 위한 병원은 따로 마련되어 있어서, 여행자도 큰 부담 없이 병원을 이용할 수 있습니다.

1단계

핵심표현 익히기

오디오 파일을 3번씩
듣고 따라 말하세요.

1 잭슨 선생님과 진찰 약속을 하려고 하는데요.

I'd like to make an appointment to see Dr. Jackson.

appointment는 '약속'이란 뜻이고 make an appointment to ~는 '~하기로 약속하다'입니다. to 대신 with를 쓰면 '~와 약속하다'죠. 여기서 see는 '만나서 면담하다(consult)'란 의미로, 진찰을 위해 의사를 만나거나, 상담을 위해 변호사를 만날 때 씁니다. 개인적으로 만난다면 meet을 쓰죠.

2 오후 3시에는 30분 동안 스케줄이 비어 있어요.

There's an opening at 3 p.m. for 30 minutes.

미국에서는 작은 진찰실에 가려고 해도 대부분 예약을 해야 하기 때문에 예약에 관한 표현을 잘 익혀두어야 합니다. 의사의 스케줄이 언제 비었다는 말을 잘 알아들어야 진찰을 받을 수 있겠죠? '비어 있다'는 말은 opening을 이용해 There's an opening이라고 하고 〈at + 시간 + for + 기간〉을 덧붙여 말합니다. 이때 opening은 '틈', '시간적 여유' 정도의 의미입니다.

3 성함을 부를 때까지 기다려 주세요.

Please wait until I call your name.

예약을 했어도 앞서 온 환자의 진료가 끝나지 않는 경우도 있습니다. 이럴 때는 간호사가 이름을 부를 때까지 기다리라는 뜻으로 Please wait until I call your name.이라고 말하죠. '~할 때까지 기다려 달라'는 의미의 Please wait until ~을 기억해 두세요.

4 발목이 찌르듯이 아파요.

I have a stabbing pain in my ankle.

'~가 아파요'라고 할 때 영어로는 〈I have a pain in + 신체 부위〉, 즉 '난 ~에 통증을 가지고 있어요'라는 식으로 표현합니다. pain은 '아픔', '고통'으로 셀 수 없는 명사이지만, 부분적인 아픔을 얘기할 때는 a를 쓸 수 있답니다. stab은 '찌르다'란 뜻으로 stabbing pain은 '찌르는 것처럼 아픈 것'을 가리키죠.

⑤ 기침이 멈추지 않고 온몸이 쑤시고 아파요.

My cough doesn't stop and I'm aching all over.

우리는 흔히 몸살에 걸렸다는 말을 하는데, 영어로는 '몸살'에 해당되는 특정한 단어가 없습니다. 몸살이란 것은 근육통에 걸려 삭신이 쑤신다는 의미이니까, I'm aching all over.라는 말로 '몸살에 걸렸다'를 대신해 보세요.

⑥ 알레르기 있어요?

Are you allergic to anything?

allergic은 우리가 보통 알레르기라고 하는 allergy의 형용사형으로 '알레르기가 있는'이란 뜻입니다. be allergic to ~는 '~에 알레르기가 있다'란 뜻인데, '~을 아주 싫어하다', '질색하다'라는 의미도 됩니다.

⑦ 심한 병 앓으신 적 있어요?

Have you ever suffered from **any serious diseases?**

병력에 관해서 질문할 때 큰 병을 앓은 적이 있는지 물어보는 경우가 있습니다. suffer from은 어떤 병을 앓는다는 의미이니까, 현재완료형인 have suffered from은 병을 앓은 적이 있다는 뜻이죠.

⑧ 제가 약을 좀 처방해 드릴게요.

I'll prescribe some medicine.

prescribe는 '(약을) 처방하다'란 뜻입니다. 이것의 명사형이 prescription이죠. 뒤에 for ~를 써서 '~를 위한'이란 의미를 추가하기도 합니다.

❶ 병원 예약하기

🎧 26-1.mp3

치통에 시달리는 민준 씨. 참을성이라면 누구한테도 뒤지지 않는 민준 씨지만 이번 치통은 정말 견딜 수가 없을 지경이다. 가까운 치과에 전화를 걸어 진료를 예약하는데…

접수 직원 파커 치과입니다. 뭘 도와드릴까요?	Receptionist
민준 가급적 빨리 의사 선생님과 뵐 약속을 했으면 하는데요. 이가 아파 죽겠어요. 내일 오전에 뵐 수 있을까요?	Minjun

접수 직원 파커 치과입니다. 뭘 도와드릴까요?

민준 가급적 빨리 의사 선생님과 뵐 약속을 했으면 하는데요. 이가 아파 죽겠어요. 내일 오전에 뵐 수 있을까요?

접수 직원 일정을 확인하는 동안 잠시 기다려 주세요… 죄송합니다. 의사 선생님이 오전에는 매우 바쁘세요. 하지만 오후 3시에는 30분 동안 스케줄이 비어 있어요.

민준 내일 오후 3시요. 알았어요.

접수 직원 저, 이름을 좀 말씀해 주시겠어요?

민준 나민준입니다.

접수 직원 알겠습니다. 그 시간으로 예약해 두겠습니다.

Receptionist	Parker's Dentist. May I help you?
Minjun	I'd like to make an appointment to see the doctor ¹**as soon as possible.** ²**My toothache is killing me.** Could I see the doctor tomorrow morning?
Receptionist	³**Hold on** while I check his schedule... I'm sorry, but the doctor's very busy in the morning. But there's an opening at 3 p.m. for 30 minutes.
Minjun	Tomorrow 3 p.m, I see.
Receptionist	Well, may I have your name, please?
Minjun	Minjun Na.
Receptionist	All right. ⁴**I'll put you down for that time.**

1 as soon as possible은 '가능한 빨리'라는 뜻입니다.

2 My toothache is killing me.(치통이 나를 죽이고 있어요.)란 말은 '이가 아파 죽겠어요.'란 말이죠. 영어에서도 이럴 때 '죽는다'고 합니다. 참고로 〈be dying to + 동사원형〉은 '~하고 싶어 죽겠어'란 뜻입니다.

3 hold on은 전화상뿐 아니라 얼굴을 보고 얘기할 때도 '잠깐만요.'의 뜻으로 쓰입니다.

4 put ~ down에는 '~를 내려놓다, ~를 적어두다, ~로 달아놓다' 등의 뜻이 있습니다. 여기서 put you down for that time은 '그 시간을 위해 당신 (이름)을 적어둔다', 즉 '예약 명단에 이름을 올려둔다'는 말이죠.

다음 날 오후, 치과에 도착한 민준 씨. 한국과 마찬가지로 진료를 받기 전에 먼저 간호사가 몇 가지 사항을 확인한다.

간호사 진료 받으시기 전에 몇 가지 여쭤볼게요. 심한 병을 앓으신 적 있으세요?

민준 아뇨.

간호사 근거에 알레르기 있으세요?

민준 제가 아는 한 없어요.

간호사 좋습니다. 성함을 부를 때까지 기다려 주세요.

Nurse	I'd like to ask you a few questions before your [1]**check-up.** Have you ever [2]**suffered from any serious diseases?**
Minjun	No, I haven't.
Nurse	Are you allergic to anything?
Minjun	[3]**Not that I know of.**
Nurse	All right. Please wait until I call your name.

1   check up은 '조사하다', '검사하다', check-up은 명사형으로 의사의 '진찰', '검진'을 말합니다.

2   병을 앓는다고 할 때는 〈suffer from + 병〉으로 말한다고 했죠? serious는 '심각한', disease는 '병', '질환'이란 의미입니다.

3   Not that I know of.의 원래 문장을 쓰면 I have not any allergy that I know of.입니다. 본인이 모르고 있는 알레르기가 있을 수 있기 때문에 이렇게 말한 거죠.

보통 진료 전에 간호사나 의사가 환자의 병력 등에 대해 묻는데, 이밖에도 다음과 같은 것들을 물어옵니다.

Have you ever had an operation? 수술 받은 적 있으세요?

Are you taking any medicine regularly? 정기적으로 드시는 약 있으세요?

Have you had any childhood diseases? 유아기 질병 앓은 적 있으세요?

* childhood diseases는 measles(홍역), mumps(볼거리), chicken pox(수두) 등을 말합니다.

💡 **이럴 땐 이렇게!**   **hospital** 간다니까 왜 놀라지?

우리는 '병원'하면 hospital이라고만 알고 있는데, 미국인에게 I'm going to the hospital.이라고 하면, 무슨 중병이 걸렸다고 생각하면서 놀랍니다.

미국에서 hospital이라 하면 입원 설비가 되어 있는 큰 병원, 그러니까 아주 중한 병이거나 생사와 관련된 긴급한 경우에 가는 병원을 가리킵니다. 입원 설비 없이 진찰하고 처방을 해주는 곳은 보통 clinic이라고 하죠. 여기서 진단한 결과, 입원해서 집중 치료(intensive care)를 받을 필요가 있다고 판단되었을 때 가는 곳이 hospital입니다.

날이 갈수록 기침은 더 심해지고 목소리는 맛이 가고 온몸이 아프기만한 송이 씨. 약 며칠 먹으면 낫겠거니 했는데 오산이었나 보다. 더 이상 견딜 수 없는 송이 씨는 어쩔 수 없이 병원에 간다.

Doctor	¹**How can I help you?**
Song-e	I think I have a ²**bad cold**. I took some medicine but it's not ³**going away**. My cough doesn't stop and I'm ⁴**aching all over**.
Doctor	⁵**Let me see...** ⁶**Is your throat sore?**
Song-e	Well, ⁷**it's a little hard to swallow**.
Doctor	⁸**How long have you been that way?**
Song-e	From about a week ago.
Doctor	You have a flu. Nothing serious, though. I'll prescribe some medicine.
Song-e	That's all?
Doctor	Yes, and ⁹**take a good rest**.

의사 어디가 아프세요?

송이 심한 감기에 걸린 것 같아요. 약을 먹었지만 떨어지지를 않아요. 기침은 멈추지 않고 온몸이 쑤시고 아파요.

의사 어디 한번 봅시다… 목은 안 아파요?

송이 음, 삼키기가 좀 힘들어요.

의사 그 상태가 얼마나 계속되었나요?

송이 약 1주일 전부터요.

의사 독감입니다. 하지만 그리 심하진 않아요. 제가 약을 좀 처방해 드릴게요.

송이 그거면 돼요?

의사 예, 그리고 푹 쉬세요.

1 How can I help you?는 '어떻게 도와드릴까요?'이지만, 병원에서 의사가 말하면 '어디가 아프십니까?'란 의미로 하는 말입니다. What can I do for you?라고도 하죠.

2 bad cold는 '독감'이란 뜻으로 뒤에 나오는 flu, 즉 influenza와 같은 의미로 통용됩니다.

3 go away에는 '떠나다'란 뜻이 있죠. 그래서 여기서는 감기가 '떨어지다'란 의미인 거죠.

4 ache에는 '아프다'란 뜻이 있습니다. ache all over라고 하면 그야말로 '삭신이 쑤시고 아프다'란 표현이 되는 거죠.

5 Let me see.는 '어디 좀 봅시다.'란 뜻인데 뒤에 아픈 부위를 덧붙여주면 '~ 좀 봅시다'란 의미가 되죠. 의사들이 아픈 곳을 들여다볼 때 쓰는 말입니다. Let's take a look at your ~(당신의 ~를 한번 봅시다.) 또는 Let me check ~이라고도 하죠.

6 Is your throat sore?는 Do you have a sore throat?라고도 많이 씁니다.

7 〈It's hard to + 동사원형〉은 '~하기 힘들다', swallow는 '삼키다'라는 뜻이죠.

8 way는 구어에서 '상태'란 의미를 갖습니다. 따라서 How long have you been that way?를 직역하면 '당신은 얼마나 오래 그런 상태로 있었나요?'가 되죠. When did it start?(언제부터 그러셨나요?)라고도 하지만, 친절한 의사라면 위와 같이 얘기합니다.

9 take a rest는 '쉬다'. 여기에 good이 들어가면 '푹 쉬다'가 됩니다.

계단에서 넘어진 민준 씨. 아무래도 발목을 다친 것 같다. 정형외과를 찾아 의사에게 증상을 설명하는데…

의사 어디가 아프세요?

민준 발목이 찌르는 것처럼 아파요. 계단에서 넘어졌거든요.

의사 발목을 좀 확인해 보죠… 많이 부었네요.

민준 너무 아파요. 부러졌나요? 깁스를 해야 하나요?

의사 뼈에는 아무 문제없습니다. 그저 발목을 삔 것뿐예요. 간호사가 바를 약을 드릴 거예요.

민준 다행이네요. 금방 나을까요?

의사 집에서 냉찜질을 좀 해주는 게 좋을 거예요. 일주일쯤 후엔 걷는 데 문제없을 겁니다.

민준 고맙습니다.

Doctor	¹**What seems to be the problem?**
Minjun	I have a stabbing pain in my ankle. I ²**fell down** the stairs.
Doctor	Let me check your ankle… It's very ³**swollen**.
Minjun	⁴**It hurts like crazy.** Is it broken? Should I ⁵**have my leg in cast?**
Doctor	⁶**Your bones are fine.** You just ⁷**twisted your ankle.** The nurse will give you some cream.
Minjun	That's good. Am I going to be all right soon?
Doctor	You probably need to ⁸**massage** it with ice at home, but you'll be able to walk in about a week.
Minjun	Thank you.

1 '뭐가 문제인 것 같아요?'라는 말은 곧 '어디가 아프냐?'는 말로, What's the matter?를 정중하게 돌려 말한 거죠.

2 fall down은 '넘어지다'란 뜻입니다.

3 swollen은 '부은', '부풀어오른'이란 뜻이죠.

4 hurt는 '상처를 주다'란 타동사로도 쓰이지만 '아프다'란 자동사로도 쓰입니다. like crazy는 '미칠 듯이'니까 '아주', '매우'란 의미인 거죠. like mad도 씁니다.

5 cast에는 '주형을 뜨다', '주조물'이란 뜻이 있습니다. 그래서 have ~ in cast는 '~를 깁스하다'란 뜻입니다.

6 Your bones are fine.이라는 말은 Nothing is wrong with your bones.와도 바꿔 쓸 수 있습니다. '뼈에 이상은 없다'는 뜻이죠.

7 twist는 원래 '꼬다'란 뜻이지만 '발목 등을 삐다(= sprain)'란 의미로도 많이 쓰입니다.

8 massage는 발음에 주의해야 합니다. 두 번째 음절에 강세가 있다는 걸 확실하게 나타내지 않으면 메시지 (message)하고 혼동될 수 있으니까요.

OMG, 차 사고를 당한 송이씨! 피가 철철 나는 게 상황이 생각보다 심각한 것 같다. 911에 전화를 걸어 구급차를 부른다.

Song-e	Help, I need an ambulance!
911	**¹What's the matter?** Are you OK?
Song-e	No! I just **²got in a car crash**! **³I'm bleeding!**
911	Where are you calling from?
Song-e	From the corner of 42nd St. on 5th Avenue.
911	I'll send an ambulance **⁴right away**.

송이 도와주세요, 구급차가 필요해요!

911 무슨 일이죠? 괜찮으세요?

송이 아뇨! 방금 차 사고를 당했어요! 피가 난다구요!

911 지금 전화하는 곳이 어디세요?

송이 5번가와 42번가의 교차 지점이에요.

911 지금 바로 구급차를 보내 드리겠습니다.

1 '무슨 일이세요?', '무슨 문제가 있어요?'라고 물을 땐 What's the matter?를 씁니다.

2 car crash는 '교통사고', (have) got in a car crash는 '교통사고를 당하다'입니다.

3 이외에도 응급 상황에 쓰는 표현들에는 다음과 같은 것들이 있습니다.

My roommate is not breathing. 제 룸메이트가 숨을 안 쉬어요.
I need to report fire at 560 34 St. 34가 560번지에 불이 났어요.
Please send the police! A man is threatening people with a gun!
경찰을 보내주세요! 총을 든 남자가 사람들을 위협하고 있어요!

4 right away는 '즉시', '바로'죠.

 잠깐만요!　성형외과 의사, 소아과 의사는 영어로 뭘까?

각 진료 과목 및 진료 과목별 전문의는 영어로 어떻게 표현하는지 살펴볼까요?

가정의: family physicians

외과: surgery - surgeon

안과: ophthalmology - ophthalmologist

치과: dental medicine - dentist

정신과: psychiatry - psychiatrist

정형외과: orthopedic surgery - orthopedist

산과: obstetrics - obstetrician

성형외과: plastic[reconstructive] surgery - plastic surgeon

이비인후과: E.N.T. (ear, nose, and throat) - E.N.T. doctor

내과: internal medicine - internist

소아과: pediatrics (또는 children's clinic) - pediatrician

피부과: dermatology - dermatologist

치과 교정: orthodontic medicine - orthodontist

신경외과: neurosurgery - neurosurgeon

비뇨기과: urology - urologist

부인과: gynecology - gynecologist

① 잭슨 선생님과 진찰 약속을 하려고 하는데요.

I'd like to   Dr. Jackson.

② 오후 3시에는 30분 동안 스케줄이 비어 있어요.

There's an   3 p.m.

30 minutes.

③ 성함을 부를 때까지 기다려 주세요.

Please   I

your name.

④ 발목이 찌르듯이 아파요.

I   a   in my

.

⑤ 기침이 멈추지 않고 온몸이 쑤시고 아파요.

My   doesn't stop and I'm

.

⑥ 알레르기 있어요?

Are you   anything?

⑦ 심한 병 앓으신 적 있어요?

Have you ever   any serious

diseases?

⑧ 제가 약을 좀 처방해 드릴게요.

I'll   .

27

세탁소 이용하기

I'd like to have this coat dry-cleaned.

이 코트를 드라이클리닝 맡겼으면 하는데요.

강의 및 예문듣기

 사진으로 만나는 미국

보통 미국의 가정은 세탁기와 건조기 등을 갖추고 있고, 아파트에는 공동 세탁기와 건조기가 있어서 빨래를 널지 않고 바로 입습니다. 빨래를 널어 말리는 광경은 시외에나 나가야 볼 수 있죠. 우리도 그렇듯이 대개 일반 세탁은 집에서 합니다. 하지만 드라이클리닝이나 망가진 옷을 수선할 때는 세탁소를 찾게 되죠.

◀ 이 동전 세탁기는 제가 살고 있는 Anaheim의 한 빨래방에서 찍은 겁니다. 세탁기 오른쪽에 있는 작은 기계가 동전 넣는 통입니다. 뚜껑 안쪽에는 사용법이 그림과 함께 간략하게 소개되어 있습니다. 뒤쪽에 보이는 것은 건조기고요.

Commercial Washer Instruction
상업용 세탁기 이용법

Lid must be closed to operate. 작동을 하려면 뚜껑이 닫혀 있어야 합니다.
1. **Measure detergent into wash tub.**
   세제를 재서 세탁조 안에 넣으세요.
2. **Load dry cloths loosely into the wash tub.**
   물에 젖지 않은 빨랫감을 헐겁게 세탁조에 넣으세요.
3. **Close lid.** 뚜껑을 닫으세요.
4. **Set wash temperature and/or fabric selector switches.**
   물 온도와/또는 섬유 종류 스위치를 선택하세요.
5. **Place coins in coin slots. If slide, push in then pull out.**
   동전을 동전 넣는 홈에 놓으세요. 만약 슬라이드 방식이라면 (밀판을) 밀어 넣었다가 다시 빼내세요.
6. **Add fabric softener when RINSE light comes on.**
   If <unbalanced/out of balance> is indicated open lid and balance it. Do not reach into washer until all moving parts have stopped.
   헹굼 불이 들어오면 섬유 유연제를 넣으세요. 〈한쪽으로 몰렸다/균형이 안 잡혔다〉는 지시가 뜨는 경우에는 뚜껑을 열고 빨래의 균형을 맞추세요. 움직이는 장치가 모두 정지되기 전까지는 세탁조에 손을 넣지 마세요.

- **commercial** 상업용의
- **washer** 세탁기(washing machine)
- **lid** 뚜껑
- **measure** ~를 재다
- **detergent** 세제 (세탁용 세제는 laundry detergent, 설거지용 세제는 dishwashing detergent)
- **tub** 통, 욕조 (여기서는 세탁조)
- **load** 쌓아 올리다, 짐을 싣다
- **loosely** 느슨하게, 헐겁게
- **temperature** 온도
- **fabric** 천, 섬유
- **slot** 홈, 가늘고 긴 구멍
- **slide** 미끄러지다 (손잡이가 달린 판 모양이 있어 그 위의 홈에 동전을 놓고, 판을 밀어 넣으면 안으로 돈이 떨어지죠. 그런 다음 판을 다시 당겨 빼내면 빈 판이 나오죠.)
- **softner** 유연제 · **rinse** 헹구다, 헹굼
- **indicate** 가리키다 · **balance** 균형을 잡다
- **reach** (손을) 내밀다, 뻗다

미국의 드라이클리닝 세탁소는 대개 규모가 크며, Dry-Cleaning이라고 표시가 되어 있습니다. 주로 사무실들이 모여 있는 지역에 많죠. 주택가에선 대형 식료품점^{grocery store}에 Dry-cleaning drop off / pick up 코너가 있는 곳이 많으니, 거기에 드라이클리닝할 옷을 맡기고^{drop off}, 찾아가면^{pick up} 됩니다.

또 옷이 찢어졌거나 길이가 맞지 않아 늘리거나 줄여야 할 때는 간판에 alteration(변경, 개조)이란 말이 있는 세탁소를 찾으세요. 대개는 We do alteration이라고 되어 있습니다.

미국을 여행하는 중이라면 비용이 일반 세탁소의 두 배에 가까운 호텔의 세탁 서비스를 사용하느니 다리품을 좀 팔더라도 저렴한 동전 세탁기를 찾는 게 낫습니다. 미국에서는 동전 세탁소^{coin laundry}나 빨래방^{laundromat}을 어딜 가나 볼 수 있거든요. 대개 세탁은 한 통에 75센트~2달러, 건조는 50센트~1달러 정도 듭니다. 시간이 별로 없는 사람은 맡겨놓고 가면 개서 배달해 주기도 합니다. 경제적이며, 용량도 크고, 성능도 좋아 여행객이 아닌 사람들도 많이 이용하죠.

◀ 앞에서 소개한 빨래방에 있던 것으로, 세제와 표백제 등을 파는 자판기입니다. 세제를 팔 때는 세제에 따라 세척력이 다르기 때문에 자동판매기에서는 무게 단위로 판매하지 않고, 1회에 필요한 분량씩(by 1 load) 판매합니다.

- **change** 잔돈, 동전 교환기 (coin dispenser)
- **soap** 비누, 세제
- **bleach** 표백제 (색깔이 있는 경우에는 색을 더 선명하게 해주는 표백제(color safe bleach)도 많이 나옵니다. 머리 염색 방법 중에 부분 탈색하는 걸 '브릿지'라고 하는데, 원래 bleach에서 나온 말이죠.)
- **softner** 유연
- **select item** 품목을 선택하세요
- **push slide in** 미끄럼판을 밀어 넣으세요
- **pull slide out** 미끄럼판을 당겨 빼세요
- **laundry bag** 빨래 담아가는 비닐백

① 세탁기가 이상한데요. 이게 돌 생각을 안 해요.

There's something wrong with **the washer.** **It won't spin.**

우리가 흔히 빨래방이라고 하는 곳을 영어로는 Laundromat이라고 하는데, 원래는 상표명이었기 때문에 첫 글자를 대문자로 쓰기도 하죠. 이런 곳에서 세탁기가 잘 돌지 않을 때 직원에게 할 수 있는 말입니다. There's something wrong with ~는 '~에 뭔가 이상이 있는 거 같다'는 의미입니다.

② 세탁해서 개어주기도 하나요?

Do you do wash and fold?

do에는 '처리하다'란 의미가 있어 명사와 함께 써서 '~하다'란 의미를 만듭니다. do alteration은 '수선하다', do leather는 '가죽 제품을 세탁하다', do wash and fold는 '세탁해서 개어주는 서비스를 하다'란 의미죠. fold는 '접다'란 뜻입니다.

③ 이 얼룩들을 뺄 수 있을까요?

Can you take out these stains?

take out에는 '(얼룩을) 빼다'란 뜻이 있습니다. take out 대신에 remove, get rid of, get ~ out of 등도 쓸 수 있죠. stain은 '얼룩', '더럽히다'란 뜻입니다. blot, spot 등도 비슷한 의미의 단어죠.

④ 이 바지 단 좀 줄여 주실래요?

Could you hem these pants?

hem은 원래 '옷단', '천의 가장자리를 감치다'란 뜻입니다. 그런데 요즘은 바지가 길이를 수선해 입도록 단을 박지 않은 채 나와, 감침질하는 것과 길이를 줄이는 것을 동시에 하게 되면서 hem이 '길이를 줄인다'는 의미가 되었죠. 바지건 소매건 단을 늘릴 때는 let out이나 lengthen, 줄일 때에는 take in이나 shorten을 씁니다.

⑤ 언제쯤 찾을 수 있나요?

How soon can I get it back?

get back은 '돌려받다', '되찾다'죠. have back, receive back 등으로도 씁니다. How soon은 '얼마나 빨리'란 뜻입니다. 위와 같은 뜻으로 How soon can you get it done? 또는 How long will it take to get ready?라고 물을 수도 있지요.

⑥ 언제 찾아가시겠어요?

When would you like to pick it up?

세탁소에 옷을 맡기면 주인은 언제 찾아갈 건지 묻게 되죠. 이때 듣게 되는 말입니다. pick up은 맡긴 옷을 찾아간다는 뜻입니다.

⑦ 혹시 모르니까 오시기 전에 전화 좀 주세요.

Give me a call before you come, just in case.

급하게 세탁을 부탁할 경우에 주인에게서 들을 수 있는 말입니다. 그때까지 안 될 수도 있으니까, 미리 전화를 하시고 오라는 부탁이죠. just in case는 '만약의 경우에 대비해서', '혹시 모르니까'라는 뜻입니다.

⑧ 제가 준비할 수 있는 가장 빠른 시간은 내일 오후 3시입니다.

The earliest I can have it ready is 3 p.m. tomorrow.

역시 급하게 세탁을 맡길 경우에 주인이 할 수 있는 표현이죠. 여기서 the earliest는 '가장 빠른 시간', have ~ ready는 '~를 준비시키다'란 의미이죠. 그래서 The earliest I can have it ready는 '내가 그것을 준비시킬 수 있는 가장 빠른 시간', 즉 '내가 일을 다 마쳐서 그것을 준비해놓을 수 있는 가장 빠른 시간'이란 의미가 됩니다.

① 빨래방 이용하기 🎧 27-1.mp3

동전 세탁소, 일명 빨래방을 애용하는 민준 씨. 오랜만에 빨랫감을 싸들고 빨래방에 왔다. 빨랫감과 세제 등 넣을 거 다 넣고 빨래를 돌리려는데, 어라, 이게 작동을 안 하네.

민준 실례합니다. 세탁기가 이상한데요. 이게 돌 생각을 안 해요.

직원 아마도 옷들이 균형을 잃어서 그럴 거예요.

민준 그럼 어떻게 하죠?

직원 뚜껑을 열고 빨래를 평평하게 다시 놓으세요. 뚜껑을 닫으면 자동으로 시작할 거예요.

민준 알았어요. 오, 이제 되네요. 그런데, 세탁해서 개어주기도 합니까?

직원 그럼요. 배달도 원하세요?

민준 아뇨, 그건 괜찮아요.

Minjun	Excuse me. There's something wrong with the washer. It won't ¹**spin**.
Clerk	Perhaps it's because the clothes inside made it ²**lose balance**.
Minjun	³**What should I do?**
Clerk	⁴**Open the lid and redistribute the clothes evenly.** Close the lid, then the machine will start ⁵**automatically**.
Minjun	All right. Oh, now it's ⁶**working**. Anyway, do you do wash and fold?
Clerk	Sure. Do you want delivery too?
Minjun	No, ⁷**that's OK**.

1 spin은 '돌다'란 의미죠. turn은 어떤 것의 주위를 도는 것이고, spin은 어떤 축을 중심으로 빠른 속도로 회전하는 걸 말합니다.

2 lose balance는 '균형을 잃다'란 의미입니다. balance에는 '균형', '균형을 맞추다'의 뜻이 있죠.

3 What should I do?는 직역하면 '내가 무엇을 해야 하나요?'인데, 여기서는 작동 방법을 묻는 거죠.

4 redistribute는 re(다시)와 distribute(분배하다, 배치하다)가 합쳐져서 '재분배하다', '다시 배치하다'라는 뜻을 갖습니다. lid는 '뚜껑'이라는 뜻입니다. 그래서 눈꺼풀을 eyelid라고 하죠.
   보통 '~조차'의 의미로 많이 알고 있는 even이 형용사로 쓰이면 '평평한'이란 뜻이 됩니다. 그래서 evenly는 '고르게', '평평하게'란 뜻이죠.

5 automatically는 '자동적으로'라는 뜻입니다.

6 이럴 때 work는 '작동하다'의 의미입니다.

7 that's OK는 '괜찮습니다.' '그건 됐어요.'란 의미입니다.

모레 중요한 프레젠테이션을 앞둔 송이 씨. 평소 가장 아끼던 정장을 꺼내 세탁소에 다림질을 맡긴다.

Song-e	[1]**Could you press this suit?** And I'd like to have this shirt [2]**starched lightly.**
Clerk	Sure. When would you like to pick it up?
Song-e	I need them [3]**the day after tomorrow.**
Clerk	I'll [4]**put a rush** on them. But give me a call before you come, just in case.
Song-e	I will. How much will it be?
Clerk	$13. Here's your [5]**claim check.**

송이 이 정장 다림질 좀 해주실래요? 그리고 이 셔츠 살짝 풀 좀 먹여 주었으면 하는데요.

직원 그러죠. 언제 찾아가시겠어요?

송이 모레 그것들이 필요한데요.

직원 빨리 처리해 드리죠. 하지만 혹시 모르니까 오시기 전에 전화 좀 주세요.

송이 그럴게요. 얼마예요?

직원 13달러예요. 교환증 여기 있습니다.

1 다림질 해주는 비용은 보통 드라이클리닝 비용의 70~80% 정도 됩니다. suit는 보통 '한 벌짜리 정장'을 가리킵니다.

2 lightly는 '가볍게'라는 뜻입니다. 풀을 '빳빳하게' 먹여달라고 하려면 lightly의 반대인 heavily를 쓰면 됩니다. 셔츠의 칼라 부분에만 풀을 먹이려면 Please starch the collars on the shirt.라고 하면 되죠.

3 the day after tomorrow는 '내일 다음날'이니까 '모레'죠.

4 rush는 '돌진하다, 돌진, 급행'의 뜻으로, put a rush는 '빨리 처리하다'란 의미죠. rush order는 정상적인 배달 일자보다 빠른 주문을 가리키고요. 물론 그런 만큼 더 비쌉니다.

5 claim check은 물건을 맡겨 놓았다는 증명서, 즉 '예치증', '교환증'을 말합니다. 이럴 때 check은 '보관표'죠.

⏱ 잠깐만요! **cool iron은 차가운 다림질?**

옷을 살 때 보면 세탁에 대한 지침들이 몇 가지 나와 있죠? 그런 것들을 washing symbols라고 합니다. 관련 표현에 대해 알아보고 가죠.

- washable 물세탁할 수 있습니다.
- hand wash 손빨래해 주세요.
- do not wash 물세탁하지 마세요.
- can be dry-cleaned 드라이클리닝할 수 있습니다.
- cool iron 낮은 온도에서 다리세요.
- do not iron 다림질하지 마세요.

송이 씨가 아끼는 코트에 얼룩이 생겼다. 송이 씨는 세탁소에 드라이클리닝을 맡기며 옷에 묻은 얼룩을 뺄 수 있는지 물어보는데…

Song-e	I'd like to have this coat ¹**dry-cleaned**.
Clerk	OK.
Song-e	Oh, by the way... Can you take out these stains?
Clerk	Let me see... I think so.
Song-e	How soon can I ²**get it back**?
Clerk	It'll be ready by Thursday afternoon.
Song-e	Can I have it back ³**any sooner**?
Clerk	The earliest I can ⁴**have it ready** is 3 p.m. tomorrow.
Song-e	That will be great.

송이 이 코트 드라이클리닝 맡겼으면 하는데요.

직원 알겠습니다.

송이 아, 그런데… 이 얼룩들 뺄 수 있을까요?

직원 어디 봅시다… 할 수 있을 것 같은데요.

송이 언제쯤 찾아갈 수 있을까요?

직원 목요일 오후까지는 준비될 겁니다.

송이 좀 더 빨리 돌려받을 수는 없을까요?

직원 제가 준비할 수 있는 가장 빠른 시간은 내일 오후 3시입니다.

송이 좋아요.

1 주로 세탁소에서는 드라이클리닝, 풀 먹이기, 다림질, 옷 수선 등을 부탁하게 되죠. 그럴 때는 이 문장에서 보는 것처럼 〈have + 옷 + p.p.〉 구문을 활용하세요. p.p. 자리에는 원하는 서비스에 따라 press(다림질하다), starch(풀 먹이다), dry-clean(드라이클리닝하다), mend(수선하다)의 과거분사형을 넣으면 됩니다.

2 get back이 '돌려받다'란 의미인 것처럼 back이 '되돌려'란 부사처럼 쓰이는 경우가 종종 있습니다. 그래서 give back은 '돌려주다', send back은 '돌려보내다'죠.

3 any sooner 대신 sooner만 써도 됩니다. '좀 더 빨리'란 뜻이죠. 그 외에도 가능한 한 빨리 해달라고 할 때 I'd like to have them back as soon as possible.이라고 할 수도 있습니다.

4 have it ready는 '그것을 준비된 상태가 되게 하다'란 의미입니다.

❹ 수선 맡기기

🎧 27-4.mp3

평소 즐겨 입던 바지가 찢어진 민준 씨. 똑같은 바지가 여러 벌 있긴 하지만, 알뜰한 민준 씨는 바지 한 벌도 허투루 버리지 않는다. 세탁소에 수선을 맡기는 민준 씨의 모습을 보시라!

민준 바지가 찢어졌어요. 좀 고쳐 주시겠어요?

직원 네, 그런데 아무래도 바느질 자국이 바깥으로 좀 보일 것 같은데요.

민준 어쩔 수 없을 것 같아요. 그리고 이 바지 길이를 좀 줄일 수 있을까요?

직원 어느 정도 길이를 원하시는데요?

민준 거기에 표시해 놨어요.

Minjun	My pants ¹**got ripped**. Can you mend them?
Clerk	Yes, but I'm afraid there will be some ²**stitches to be** seen outside.
Minjun	³**I guess I have no other choice.** And could you hem these pants?
Clerk	⁴**How long would you like to have the legs?**
Minjun	I've already marked them.

1 rip에는 '째다', '찢다'란 뜻이 있습니다. '찢다'의 뜻으로는 tear나 rend도 있죠. got ripped는 was ripped와 같은 말입니다. 이처럼 영어에서 get은 수동태를 만드는 be 대신 많이 쓰입니다.

2 stitch는 '한 땀', '바늘 자리', 즉 '바느질 실 자국'을 의미합니다.

3 I guess는 보통 '~인 것 같다' 정도로 해석하면 자연스럽습니다. have no other choice는 '다른 선택을 갖고 있지 않다', 즉 '선택의 여지가 없다'는 의미죠.

4 How long would you like to have the legs?는 '(바지의) 다리 길이를 얼마나 길게 해드릴까요?'라는 말이죠.

 잠깐만요! '고치다'라는 뜻의 다양한 영어 표현

뭔가를 고치거나 수리한다고 할 때 쓰는 단어가 여러 개 있는데, 단어마다 어감이 조금씩 다릅니다. 가장 일반적으로 쓰이는 것이 mend인데, '문제점이나 결점 등 눈에 보이지 않는 것에 대해서 개선한다'는 의미로 쓰이죠. 이에 비해 fix는 구어체에서 광범위하게 쓰이는데, '뭔가를 망가지기 이전의 상태로 돌려놓아 본래의 기능을 갖도록 하게 한다'는 뜻을 가집니다. 한편 repair는 조금은 기술을 필요로 하거나 기계 같은 걸 고칠 때 많이 쓰고, restore는 '원상태로 수리하거나 복원한다'는 뜻으로 좀 거창한 일에 대해서 쓰는 경우가 많죠.

잠깐만요! **모든 세탁소에서 수선을 해주는 건 아니다!**

우리나라는 대부분의 세탁소가 수선과 세탁을 같이 하지만 미국은 그렇지 않습니다. 옷을 수선해야 할 때는 간판에
alteration(변경, 개조)이란 말이 있는 세탁소를 찾아야 합니다. 다음은 바로 수선까지 해주는 세탁소의 전경입니다. 흐릿하긴 하
지만 왼쪽 확대 사진 속의 ALTERATIONS라고 적힌 글자가 보이죠?

▲▶ 이 세탁소는 Fullerton에 있는 Chief
Laundry(추정 세탁소)입니다. 가게에 설비를
갖추고 있어서(plant on premises) 당일날
맡겨 당일날 찾아가기도(same day service)
하는 것 같습니다. 수선(alteration)도 되고 세
탁한 물건은 솔질하거나(fluff) 개어 주는(fold)
서비스도 합니다.

- **plant in premises** 기계 설비를 가게 안에 갖추고 있습니다 (이 말은 기계가 가게에 있으니
  까 다른 곳에 갖다주지 않으므로 서비스가 좋고, 빠르다는 것을 강조한 광고문이죠.)
- **fluff & fold** 솔질과 개어주는 서비스
- **alteration** 수선
- **same day service** 당일 서비스 됨 (세탁소 외에 사진 현상소 등에서도 이런 표현을 씁니다.)

◀ Lido Cleaners란 세탁소에 하나는 단을 줄이고(hem), 하나는 드라이클리닝(D)을 하도록 바지 두
벌(Tot Pcs: = 2)을 맡긴 보관표의 손님 보관용 copy (customer copy)입니다. 1월 24일에 맡겼고,
1월 27일 토요일 오전 11시 이후에 찾도록(Pkup: 01/27/01–Saturday After: 11 AM) 되어 있습
니다.

• **D** dry-cleaning	• **A** alteration
• **PANTS** 바지	• **Hem** 바지 길이 조정
• **Tot Pcs** Total Pieces의 줄임말	• **Pkup** Pick up의 줄임말

① 세탁기가 이상한데요. 이게 돌 생각을 안 해요.

There's ░░░░░░░░░░░░░░░░░░░░░ with the

░░░░░░░░░. It won't ░░░░░░░░░░░░.

② 세탁해서 개어주기도 하나요?

Do you ░░░░░░░░░░░░░░░░░ and ░░░░░░░?

③ 이 얼룩들을 뺄 수 있을까요?

Can you ░░░░░░░░░░░░░░░░░ these

░░░░░░░░░?

④ 이 바지 단 좀 줄여 주실래요?

Could you ░░░░░░░░░░░░░░░░░░░░░?

⑤ 언제쯤 찾을 수 있나요?

░░░░░░░░░░░░░░░░░░░ can I ░░░░░░ it

░░░░░░░░?

⑥ 언제 찾아가시겠어요?

░░░░░░░░░░░ would you like to ░░░░░░ it

░░░░░░░?

⑦ 혹시 모르니까 오시기 전에 전화 좀 주세요.

Give me a call before you come, ░░░░░░░░░░░░

░░░░░░░░░░░░░░░.

⑧ 제가 준비할 수 있는 가장 빠른 시간은 내일 오후 3시입니다.

░░░░░░░░░░░░░░░░ I can ░░░░░ it

░░░░░░░ is 3 p.m. tomorrow.

| 정답 |
① something, wrong, washer, spin
② do, wash, fold
③ take, out, stains
④ hem, these, pants
⑤ How, soon, get, back
⑥ When, pick, up
⑦ just, in, case
⑧ The, earliest, have, ready